SEÑALES

SEÑALES

El lenguaje secreto del universo

LAURA LYNNE JACKSON

ARKANO BOOKS

Primera edición: octubre de 2020
Primera reimpresión: junio de 2021
Séptima reimpresión: julio de 2025

Título original: Signs: The Secret Language of the Universe

Traducción: Blanca González Villegas

Alquimia, 6 - 28933 Móstoles (Madrid) - España
Tel.: 91 617 08 67
www.grupogaia.es - E-mail: grupogaia@grupogaia.es

Depósito legal: M. 18.667-2020
I.S.B.N.: 978-84-17851-08-8

Impreso en España por Artes Gráficas COFÁS, S.A. - Móstoles (Madrid)

A
Mr. D,
Ray Chambers
y Jennifer Rudolph Walsh,
trabajadores de la luz que me inspiran y cuya amabilidad y amor me elevan en mi viaje.
Siempre os estaré agradecida a vosotros por vuestra luz y al universo por concederme la bendición que supone vuestra amistad.

Y a Garrett, Ashley, Hayden y Juliet,
mis estrellas polares, la luz de mi vida; sostenéis mi corazón en todo momento.

Y a mi increíble madre, Linda Osvald,
mi mejor maestra, líder intrépida de la luz y fuente de amor ilimitado. Todo lo que soy es gracias a lo que tú me has enseñado acerca del amor.

Y a ti, lector.
Quiero que sepas el regalo tan grande que constituyes para este mundo.
Eres más importante y más querido de lo que tu corazón podría calcular, y el universo está siempre intentando demostrártelo.

Y, por encima de todo, observa con ojos brillantes el mundo que te rodea, porque los mayores secretos están escondidos en los sitios más inverosímiles. Aquellos que no creen en la magia jamás podrán encontrarla.

Roald Dahl

Índice

INTRODUCCIÓN

Marie estaba sentada en la sala de espera del hospital. Le costaba trabajo respirar. Intentaba no mirar el reloj de la pared, pero no podía evitarlo. Levantó la vista y habían pasado cinco minutos. Volvió a mirar el reloj y habían transcurrido otros cinco. Tenía la sensación de que llevaba allí dos horas, no diez minutos. El tiempo transcurría muy lentamente. Nada le parecía real. Aquella espera, aquel no saber, le resultaban casi insoportables.

Poco rato antes, Pete, su marido desde hacía treinta y cinco años, había ingresado en urgencias para someterse a una operación de corazón de emergencia. Los cirujanos le habían dicho que tenían esperanzas de que todo saliera bien, pero Marie sabía que no había ninguna garantía. Tenía miedo y se sentía perdida. Sin embargo, lo que sentía por encima de todo era soledad.

«Dios, si estás ahí, cuida de Pete, por favor —pensó—. Te ruego que envíes a una legión de ángeles para que velen por él».

Y entonces pensó en el hijo que Pete y ella habían perdido años atrás, cuando aún era un bebé. Se llamaba Kerry. Aunque ya hacía casi tres décadas que había hecho el tránsito, Marie seguía sintiendo una conexión profunda con él. Le gustaba hablarle mentalmente.

«Kerry, si estás ahí, *te ruego que me envíes una señal* —pensó Marie—. Envíame una señal para decirme que tu padre va a salir bien. Por favor, Kerry. Tengo mucho miedo. Me sentaría muy bien saber que tú estás por aquí y que estás velando por tu padre».

Media hora más tarde entró una enfermera en la sala de espera. Vio que Marie seguía sentada en su silla, nerviosa, y se acercó a ella. Le preguntó si quería que le trajera algo. ¿Alguna cosa de la cafetería, quizá?

—Un café me sentaría muy bien —dijo Marie—. Con un poco de leche y sin azúcar, pero lo tengo que pagar yo.

Sacó un billete de cinco dólares y se lo entregó a la enfermera diciéndole:

—Muchísimas gracias.

La enfermera volvió a los pocos minutos con el café. Entregó a Marie el vaso y el cambio de sus cinco dólares y le dio un suave golpecito en el hombro.

—No se rinda —le dijo—. Sé que la espera puede resultar muy difícil. Dios tiene un plan. Nadie está solo nunca.

Marie, conmovida por la solidaridad de la enfermera, bajó la vista y miró sus manos.

Allí, en el ángulo superior izquierdo de uno de los billetes de un dólar que le acababa de entregar, había un nombre escrito con rotulador negro en letras mayúsculas.

KERRY

Marie lo miró fijamente, pestañeando para contener las lágrimas. Se sintió inundada por una enorme oleada de alivio. De alivio y de amor. Supo entonces que Kerry estaba allí, que estaba con ella y que le estaba diciendo que su padre iba a salir bien de la operación.

De pronto sintió que volvía a respirar con facilidad. Agradeció a Kerry el mensaje tan potente que le había enviado y puso a salvo el billete de un dólar en un apartado de su cartera.

Dos horas más tarde, los cirujanos entraron en la sala de espera y le dijeron que la operación había sido un éxito. Marie sonrió.

Ya lo sabía. Ya había recibido el mensaje.

Me llamo Laura Lynne Jackson y soy médium psíquica. Ayudo a la gente a conectarse con el Otro Lado. Y lo primero que quiero decirte es lo siguiente: para conectarte con el Otro Lado, no necesitas a un médium psíquico.

No me malinterpretes. Sé que lo que hago puede ayudar muchísimo a cualquier persona que esté abierta a recibirlo. Los mensajes que soy capaz de transmitir desde el Otro Lado pueden aportarnos una felicidad muy profunda y dar mucho más sentido y claridad a nuestras vidas. Pueden dirigirnos hacia los caminos de vida más elevados, aquellos para los que estábamos destinados.

Puedo conectar a las personas con sus seres queridos ya fallecidos y con un manantial común de energía, con un enorme tapiz de amor y luz que potencia nuestras vidas como nada más puede potenciarlas.

Todas estas cosas son bendiciones hermosas, y siento una alegría incomparable cuando consigo compartirlas con otra persona.

Sin embargo, debes ser consciente de que no necesitas acudir a mí para que comparta contigo estas bendiciones. No necesitas que yo acceda a este poder increíble. No necesitas que un médium psíquico reconozca y acceda a las señales que yo considero que son el lenguaje secreto del universo, una forma de comunicación que nos rodea en nuestra vida diaria y que todos tenemos a nuestra disposición.

Tengo la esperanza de que este libro te enseñe a sintonizar con ese lenguaje y te ayude a ver luz donde antes había oscuridad, a encontrar significado donde antes solo había confusión. Este conocimiento te puede hacer cambiar de camino, te puede impulsar hacia el amor, ayudarte a encontrar la alegría e incluso salvarte la vida.

Quiero que entiendas que, si este libro ha llegado a tus manos, ha sido por un motivo. No es casualidad que estés ahora leyendo estas palabras. Es una invitación que te envía el universo. Sea cual fuere el modo por el que han llegado hasta ti, te ruego que seas consciente de que no ha sido un hecho casual.

Se suponía que *debías* leerlas.

El principio fundamental de este libro es que el universo pone en nuestro camino a las personas, la información y los hechos que más necesitamos. Existen unas fuerzas rectoras muy potentes que nos guían hacia una vida más feliz y más auténtica.

He llegado a saber otra verdad: que cada uno de nosotros dispone de un Equipo de Luz, un grupo de ayudantes invisibles que trabajan juntos para guiarnos hacia nuestro camino más elevado. Este equipo está formado por nuestros seres queridos que ya han hecho el tránsito, nuestros guías espirituales (a menudo se les llama también ángeles de la guarda), un plano angélico superior y la energía de Dios, que se basa en la fuerza más poderosa que existe y que existirá jamás: el amor.

Si abres la mente y el corazón al lenguaje secreto que emplea tu Equipo de Luz, hasta tu modo mismo de vivir la vida cambiará. Tus relaciones con el mundo y con el universo serán distintas: mejores, más luminosas, más potentes.

Cuando aprendemos a reconocer los muchos modos en que el universo se comunica con nosotros y a confiar en ellos, vivimos lo que yo llamo una gran transformación. Este cambio de perspectiva nos vuelve más comprometidos, más capaces de conectar, más vitales y más apasionados. Hace que nos resulte más fácil captar el sentido verdadero de nuestra existencia y consigue que el viaje sea mucho más hermoso y significativo.

Una vez que hayas aprendido a ver estas señales y estos mensajes, ya no podrás *dejar de verlos* nunca. Tendrán para siempre la capacidad de llenar tu pasado, tu presente y tu futuro de significados nuevos y profundos y, con ello, transformarán tu vida.

He aquí otra verdad: el universo ha estado conspirando para ayudarnos desde antes de la llegada de nuestras almas a esta Tierra. Nuestros equipos están preparados desde hace mucho tiempo. Lo único que tenemos que hacer nosotros es mantenernos abiertos a estos mensajes de amor y de orientación. Cuando lo estemos, conoceremos la verdad más poderosa de todas: que el universo nos está amando, apoyando y guiando constantemente, hasta en nuestros días más oscuros.

Y ahora tienes este libro en tus manos. Y es por un motivo. Este libro es la invitación que te está haciendo el universo para que conectes con tu Equipo de Luz y descubras tu ser más auténtico, más valiente y más brillante.

Antes de empezar te voy a dar algunos datos sobre mí. Estoy casada y soy madre de tres hijos. Ejercí durante casi veinte años como profesora de secundaria de Lengua y Literatura inglesa en Long Island, en el estado de Nueva York. En Oxford había estudiado a Shakespeare y conseguí ingresar en dos importantes facultades de Derecho, pero, en vez de seguir estos estudios, decidí llevar a cabo mi pasión por la enseñanza. Al mismo tiempo, fui aceptando poco a poco mis dotes de médium psíquica. Un médium psíquico es una persona que recoge información sobre las personas y los hechos a través de medios distintos de sus cinco sentidos y es capaz de comunicarse con quienes ya han dejado esta Tierra.

Entre mis dotes de psíquica se cuentan la clarividencia (obtener información visual sin usar los ojos), la clariaudiencia (percibir sonidos por medios ajenos a los oídos), la claricognisciencia (saber algo que no es posible saber) y la clarisentencia (sentir cosas por medios no humanos).

También soy médium, lo que significa que utilizo estos dones como instrumentos para comunicar con personas que ya han abandonado la Tierra. Transmito esta información por medio de una lectura, en el transcurso de la cual adquiero la función de conducto entre el Otro Lado y la persona para la que realizo la lectura (a la que se denomina consultante). Me convierto en mensajera, en instrumento, en camino por el que fluyen de un lado al otro la energía y la información.

Al principio, mis dotes me inquietaban; las veía incluso con escepticismo. Por eso procuré que alguien las verificara. Solicité que me hicieran una prueba para ejercer de médium voluntaria para la Forever Family Foundation, organización sin ánimo de lucro cuyo objetivo es ayudar a los que están pasando un duelo, sobre todo a padres que han perdido a un hijo o a una hija. La Forever Family Foundation protege mucho a los que acuden a ella en busca de apoyo. Son personas que están pasando momentos de gran vulnerabilidad. Por ello, su proceso de selección es muy riguroso. Yo superé las pruebas y llevo ejerciendo como médium voluntaria en la fundación desde el 2004. En el 2011 me sometí a una prueba de ocho pasos por sistema quíntuple ciego realizada por científicos del Centro de Investigaciones Windbridge, en Arizona. Así me convertí en uno de los pocos médiums con certificado oficial para participar en investigaciones que existen en los Estados Unidos. Desde entonces he trabajado con científicos, explorando el misterio de nuestras conexiones mutuas y de cómo sobrevive la consciencia tras la muerte del cuerpo.

En mi primer libro, *La luz entre nosotros*, conté la historia de cómo llegué a aceptar mis dotes. En aquel libro se narraban casos de personas que habían descubierto, con mi ayuda, las muchas formas en las que estaban conectadas con el Otro Lado, ese amplio tapiz de luz, amor y energía que está un poco más allá de nuestros cinco sentidos. Sin embargo, una gran parte de él trataba de mí, de mi historia. Este libro es distinto, aunque en sus páginas también cuento algunos casos de conexiones personales que he visto y vivido.

Este libro trata de ti.

Trata del camino que te espera.

Trata de tu conexión con una idea muy sencilla pero poderosa: la de que el universo está constantemente enviándote señales y mensajes para comunicarse contigo y dirigirte hacia un camino de vida superior. Trata de la gran cantidad de verdades milagrosas y hermosas que nos pasan desapercibidas en nuestras vidas y de la manera en que podemos empezar a verlas con un cambio sutil, aunque significativo, de nuestra percepción.

ALGUNOS TÉRMINOS

Quiero aclararte el significado de algunos de los términos que empleo en este libro, antes de que empieces a leer los relatos que aparecen él.

Una **señal** es un mensaje que te envía el universo.

Cuando hablo del **universo** me estoy refiriendo a la energía de Dios, a esa fuerza de amor que lo abarca todo, que nos conecta a todos y de la que todos formamos parte. También forman parte del universo el reino angélico, los guías espirituales y nuestros seres queridos que ya han hecho el tránsito al Otro Lado.

El **Otro Lado**, por explicarlo de un modo sencillo, es el lugar al que van nuestros seres queridos cuando fallecen y donde residen nuestros guías espirituales mientras velan por nosotros. Es ese cielo del que habla mucha gente. El Otro Lado es nuestro hogar verdadero. Es el lugar al que regresaremos todos algún día. Es un lugar que se rige por el amor, y solo por el amor.

Las **señales** son un medio de comunicación utilizado por el Otro Lado. Pueden proceder de diversas fuentes: de nuestros seres queridos que ya han partido, de nuestros guías espirituales y de la Energía de Dios. Todos ellos forman parte del Equipo de Luz individual que tenemos cada uno y que trabaja para nosotros a diario.

Cuando empiece a comunicarse con nosotros, el Otro Lado empleará las que yo llamo señales por defecto: objetos, animales o hechos que nos impresionan. Así consigue hacernos ver un significado que, de lo contrario, podría pasarnos desapercibido. Las señales por defecto pueden ser, entre otras cosas, monedas, aves, mariposas, ciervos, números o alteraciones eléctricas (como, por ejemplo, mensajes vacíos en el teléfono móvil). Cuando estás pensando en una persona a la que echas de menos, te encuentras en la secadora una moneda de diez centavos puesta de canto (a mí me pasó esto mismo). El día de tu cumpleaños se te posa una mariposa en el brazo durante unos instantes. Pasa un coche cuya matrícula tiene la fecha de nacimiento de un ser querido que ya ha hecho el tránsito y en el que acababas de pensar. En el aniversario del tránsito de un ser querido recibes mensajes en blanco en tu teléfono móvil.

Otra señal por defecto es lo que podríamos llamar una coincidencia significativa o **sincronicidad**. Pone de manifiesto nuestra conexión activa e innata con los demás y con el mundo que nos rodea. Piensas en una persona y, de pronto, la tienes delante. Tarareas tu canción favorita y, de pronto, empieza a sonar en la radio del coche. Estás resolviendo un crucigrama y la palabra precisa que estás buscando sale en el telediario. Todas estas cosas pueden suceder sin que nosotros las pidamos ni las esperemos.

Podemos distinguir entre las señales por defecto y las que nosotros solicitamos expresamente: objetos, imágenes, palabras o frases, por raras u oscuras que sean. Este es el lenguaje secreto que podemos cocrear con el Otro Lado.

Yo he cocreado este lenguaje de diversos modos. A mis guías espirituales les suelo pedir naranjas. A mis seres queridos que han hecho el tránsito les pido armadillos, osos hormigueros y cerdos hormigueros. Los elijo porque son bastante raros y resulta difícil pasarlos por alto. Una de las señales que comparto con mi padre, que hizo el tránsito hace poco, es Elvis Presley. Este libro te enseñará a crear tu propio lenguaje con el Otro Lado, de tal manera que, cuando te lleguen las señales, no solo las reconozcas, sino que percibas el poder extraordinario que te aportan.

Podrías preguntarte cómo podemos saber con certeza que una señal es una verdadera señal y no una mera coincidencia, feliz pero aleatoria.

El psicoanalista suizo Carl Jung acuñó el término sincronicidad para describir aquellas coincidencias que parecen significativas. Le apasionaba la idea de que los hechos de nuestras vidas no son aleatorios, sino que manifiestan la realidad de que todos formamos parte de un orden más profundo, de una fuerza universal unificadora, que él llamó *unus mundus*, que significa «un solo mundo» en latín.

A lo largo de los años se ha estudiado y debatido mucho el significado de las coincidencias. Algunos científicos, como el médico psicólogo Kirby Surprise, han estudiado los que este llama eventos sincrónicos (ES) y han llegado a la conclusión de que no tienen más significado que el que nosotros queramos darles.

Sin embargo, otros científicos, investigadores y filósofos no lo tienen tan claro. El doctor Bernard D. Beitman, catedrático de Psiquiatría en la Universidad de Virginia, ha aspirado incluso a establecer un nuevo campo de estudio interdisciplinario llamado Estudios de Coincidencias, cuyo objetivo sería examinar la verdad que se encierra tras los eventos sincrónicos. La conclusión de que las coincidencias son aleatorias parte del supuesto de que no tienen ningún sentido ni significado. El doctor Beitman ha dicho: «Si no se dispone de pruebas que lo apoyen, este supuesto no tiene nada de científico».

A lo largo de nuestras vidas vamos decidiendo por nuestra cuenta lo que significan para nosotros estos sucesos sincrónicos, estas coincidencias mágicas. ¿Son aleatorios? ¿O son señales? No es más que una cuestión de creencias personales.

Glennon Doyle, escritora y trabajadora de la luz cuya obra me resulta inspiradora, ha dicho: «La fe es creer en el orden invisible de las cosas».

Yo sé en qué creo. Llevo toda mi vida trabajando para entender mis habilidades y he realizado lecturas para muchos centenares de personas. He visto y aprendido lo suficiente como para llegar a la conclusión de que las señales son un hecho muy real. Tengo una fe inquebrantable en este lenguaje de conexión.

No puedo citar ningún estudio científico concreto que demuestre de manera concluyente que esto es cierto. Sin embargo, sí puedo mostrarte la evidencia que me ha convencido, los casos notables y poderosos de personas que han abierto su corazón y su mente a una manera nueva de mirar el mundo y que han vivido una gran transformación que les ha cambiado la vida. Las he visto pasar a un camino de vida más elevado y dinámico y he observado cómo comparten a su vez su bella luz con el mundo que les rodea. He presenciado cómo conectan con sus Equipos de Luz del Otro Lado para llegar a entender por fin la hermosa verdad del universo.

Todos somos hojas en ramas distintas de un mismo árbol.

No estamos solos nunca.

Cada una de nuestras vidas tiene una importancia enorme.

Estamos conectados para siempre unos con otros y con la luz, el amor y la energía del universo.

La Tierra es una escuela en la que todos estamos aprendiendo una lección colectiva de amor. Somos seres espirituales que estamos aquí para aprender lo que significan la conectividad y la bondad. Cuando confiamos en la realidad de las señales, empezamos a aprender esta lección con más rapidez y de la manera más hermosa y gratificante. Empezamos a ver de verdad la conectividad. Comenzamos a entender que estar vivos en la Tierra ahora mismo, en este momento, es un gran don, y que nuestras decisiones no solo afectan a nuestras propias vidas, sino también a ese gran tapiz de luz y de energía que es nuestro mundo.

Por eso he escrito este libro. Lo tienes ahora en tus manos porque creo que estamos destinados a hacer juntos este viaje hacia una manera de vivir más atenta, más consciente y más significativa. Debemos hacer brillar en este mundo nuestra luz más auténtica de manera plena y valerosa.

LA MUERTE NO ES NADA

La muerte no es nada.
No cuenta.
Solo me he escabullido al cuarto de al lado.
No ha pasado nada.

Todo sigue tal como estaba.
Yo soy yo, y tú eres tú,
y la antigua vida que vivíamos juntos con tanto aprecio está
intacta, inalterada.
Lo que éramos el uno para el otro lo seguimos siendo.

Llámame por mi nombre familiar de antes.
Habla de mí con la soltura que tenías siempre.
No cambies tu tono.
No adoptes un aire forzado de solemnidad ni de tristeza.

Ríete como nos reíamos siempre de los chistecitos que
disfrutábamos juntos.
Diviértete, sonríe, piensa en mí, reza por mí.
Que mi nombre sea para siempre esa palabra familiar que fue
siempre.
Que se pronuncie sin esfuerzo, sin el más leve asomo de sombra.

La vida significa lo que significó siempre.
Es la misma que fue siempre.
Hay una continuidad absoluta e ininterrumpida.
¿Qué ha sido esta muerte sino un accidente sin trascendencia?

¿Por qué tendrías que olvidarme, solo porque no me ves?
Solo te estoy esperando, durante un tiempo,
en un lugar muy próximo,
a la vuelta de la esquina.

Todo está bien.
Nada se ha dañado; nada se ha perdido.
Un breve instante y todo será como era antes.
¡Cómo nos reiremos de la tristeza de la separación cuando
volvamos a reunirnos!

HENRY SCOTT-HOLLAND

PRIMERA PARTE

SIEMPRE CON NOSOTROS

«Comprendí por primera vez en mi vida que en el mundo no hay más que misterio, que se oculta tras el tejido de nuestros días penosos y atribulados y brilla con fuerza sin que nosotros lo sepamos siquiera».

Sue Monk Kidd

Sal al aire libre, date un paseo y contempla el mundo que te rodea. Mira los árboles y las casas, el cielo y las nubes, los coches, los letreros y la gente que pasa. Cuando desaceleramos nuestra vida por un instante y nos hacemos cargo de verdad de la belleza y el espectáculo que nos ofrece el mundo (cuando le prestamos una atención más plena), apreciamos mejor la suerte tan grande que tenemos.

Pero ¿y si, cuando dedicamos una mirada larga y atenta a todo lo que nos rodea, en realidad no estamos viéndolo todo? ¿Y si no estamos viendo más que una parte de lo que hay en realidad? ¿Y si nos estamos perdiendo toda una capa de la realidad?

¿Y si con solo abrir nuestro corazón y nuestra mente a un nuevo vocabulario de visión y de comprensión empezáramos a ver un cuadro mucho más amplio? ¿Y si el mundo se convirtiera de pronto en un tapiz magnífico de conexiones, de señales, de luz y de amor, todo ello entretejido en la urdimbre habitual de la vida a la que estamos tan acostumbrados?

Las historias que vas a leer a continuación tratan de personas que hicieron eso mismo, de personas que abrieron el corazón y la mente y descubrieron un modo nuevo y maravilloso de ver el mundo que las rodeaba.

Cuando empezaron a ver estas cosas, ya no pudieron dejar de verlas nunca más. Habían cambiado para siempre. Y resultó ser algo maravilloso.

Algo maravilloso que también te puede pasar a ti.

1

NARANJAS

¿HAS VIVIDO ALGUNA VEZ uno de esos momentos en los que te dispones a hacer algo importante pero te sientes fuera de tu zona de confort, hay mucho en juego, estás sometido a presión y, a pesar de todas las cosas positivas que podrías estar pensando, lo que en realidad te viene a la mente es: «¿Qué demonios estoy haciendo aquí?»?

Yo sí los he vivido. Con mayor frecuencia de lo que quisiera reconocer. Poco después de la publicación de *La luz entre nosotros* me invitaron a dar una conferencia en un gran acto empresarial en California. Entendí inmediatamente que el universo me estaba invitando a compartir el mensaje del Otro Lado y me sentí de lo más impresionada y sumamente honrada.

Tenía que salir a un escenario delante de seiscientas de las personas más influyentes de Hollywood y decirles algo que las conmoviera, les planteara un desafío y las inspirara. ¡Y, por si fuera poco, tenía que compartir el escenario con otros oradores curtidos y relevantes, entre ellos un expresidente de los Estados Unidos! Nunca me habían invitado a pronunciar un discurso en tales condiciones. Y, dado que el universo me había elegido a mí para llevar a cabo esta tarea, también me sentía presionada ante la necesidad de transmitir su mensaje de forma potente. No quería decepcionar al Otro Lado.

Cosa rara, no me sentía aterrorizada. Estaba nerviosa, sí, pero también emocionada. Quería subir a aquel escenario. Quería respetar el mensaje que me había enviado el Otro Lado. De modo que fui allí, pronuncié mi conferencia, y solo después, cuando me bajaba del escenario, se me ocurrió preguntarme: «¿He respetado plenamente el mensaje del Otro Lado, tal y como debía hacerlo? ¿Lo he hecho suficientemente bien?».

Aunque yo sabía que me habían guiado hacia aquel camino, anhelaba recibir algún tipo de confirmación. Sentada entre bastidores, dirigí mis pensamientos al Otro Lado y pedí una señal que me indicara que había respetado su mensaje.

Pedí al universo que me enviara una naranja.

Eso fue lo que pedí: una naranja.

Si el universo ponía, de una forma u otra, una naranja en mi camino, yo sabría que estaba exactamente donde debía estar y haciendo lo que debía hacer. Sabría que había transmitido plenamente su mensaje.

Cuando hubo terminado la parte del acto dedicada a las conferencias, nos hicieron pasar a los oradores y a los asistentes a un gran espacio abierto donde se estaba sirviendo un almuerzo. Doblé una esquina y vi unas mesas grandes de madera dispuestas ante el comedor. Tenían un fin decorativo, para establecer un ambiente, y lo normal hubiera sido que estuvieran cubiertas de flores frescas, de plantas o de algún otro adorno.

Pero aquel día no era así.

Aquel día estaban cubiertas de naranjas. Y no eran solo unas pocas. *Había miles y miles de naranjas.*

Quiero decir que estaban por todas partes. Amontonadas en la entrada, apiladas junto a los mostradores, en todas las mesas. Era deslumbrante. Claro está que la mente racional puede decir: *Sí, pero alguien había decidido ya emplear las naranjas como tema decorativo desde mucho antes de que tú pidieras aquella señal.*

Yo, sin embargo, no las recibí con esta actitud. Para mí fueron una afirmación hermosa. Lo que yo había rezado siempre al Otro Lado era: «Servíos de mí de la manera que yo pueda ser más útil como vehículo de amor y sanación en este mundo. Y solo os ruego que me guieis por el camino». Y aquellos miles de naranja eran precisamente eso: una señal. El universo me estaba diciendo: «Eres miembro de este equipo y has hecho tu parte. Has cumplido tu papel. Gracias».

Cuando vi las naranjas, me quedé pasmada, y luego sonreí, y después me eché a llorar. ¡Yo había pedido una sola, pero el universo me había enviado miles! Así son el amor, el apoyo y el cuidado que recibimos.

Las naranjas reforzaron cuatro verdades ante mis ojos:

Un Equipo de Luz está constantemente velando por nosotros.
Nos aman.
Todos estamos conectados y comprometidos con el viaje de los demás.
Cuando pides una señal al universo, este te responde.

Para mí, las naranjas fueron un intercambio impresionantemente claro. Yo pedí y el universo me respondió. No obstante, este juego de llamada-respuesta no siempre se ve con facilidad. El barullo y las dudas, el miedo y el ruido que acompañan a la vida cotidiana pueden oscurecer nuestra capacidad para percibir cosas que no son tan evidentes.

Las historias que aparecen a continuación tratan de personas que no estaban nada seguras de lo que estaban viendo. Algunas de ellas ni siquiera creían en la posibilidad de comunicarse con el Otro Lado; sin embargo, las vivencias que se relatan aquí cambiaron para siempre sus creencias y su forma de ver el mundo. Cada persona hace un viaje distinto. Hay unas que son más escépticas que otras y que necesitan más afirmaciones. Algunas perciben en seguida el amor y el apoyo y aprenden rápidamente a acceder al poder místico de las señales, y las emplean para aportar cambio y sentido a sus vidas.

Lo que tienen en común todas estas historias es que las señales en sí suelen ser cosas sencillas o corrientes. Existen en la vida cotidiana y, en circunstancias normales, no nos llamarían la atención.

Una simple naranja, por ejemplo. Sin embargo, al elegir como señal un objeto corriente, una frase, una canción o un número, creamos un medio de conexión.

Las señales están ahí. Las afirmaciones están ahí. El *amor* está ahí. Lo único que tenemos que hacer es aprender a recibirlos.

2

CEREALES EN EL COCHE

En el 2015 me invitaron a dar una conferencia en un acto organizado por Penguin Random House, la editorial que publica mis libros en lengua inglesa. Enviaron un coche a mi casa de Long Island para recogerme y llevarme hasta Manhattan. Pasé todo el viaje callada. Pensaba en la charla que iba a dar y en las cosas que quería compartir con los asistentes. Debo deciros que yo tengo dos modos de funcionar: el modo normal y el modo lectura. Cuando estoy abierta al Otro Lado, estoy abierta de verdad. Sin embargo, cuando estoy en modo normal, me cierro herméticamente. He observado que, si me abro demasiado y hago demasiadas lecturas, puedo llegar a agotarme física y emocionalmente. Puedo quedar extenuada.

Además, leer la energía de una persona sin que esta te dé permiso para hacerlo es una invasión; es algo parecido a mirar a hurtadillas la ropa interior de alguien: simplemente, no está bien. Por ello, durante el viaje a la ciudad yo estaba en modo normal y había cerrado esa parte de mí que está abierta al Otro Lado.

A pesar de lo cual... alguien se hizo presente.

Alguien conectó con el conductor.

Al principio, no dije nada; de hecho, quien habló primero fue el conductor, un hombre maduro y agradable que se llamaba Máximo.

—¿Le puedo preguntar de qué trata su libro? —me dijo educadamente.

Le conté quién era yo y de lo que hablaba mi libro.

—Ah, vaya —respondió—. Ese libro me vendría estupendamente a mí.

No hizo falta nada más. El Otro Lado no necesitó más permiso que este. El que estaba haciéndose presente, fuera quien fuese, irrumpió en ese momento con energía.

Hice una pausa, considerando si debía expresar lo que estaba recibiendo. Sin embargo, me pareció que no estaría mal, teniendo en cuenta que había sido Máximo quien había abierto la conversación.

—Tiene usted un hijo al Otro Lado, ¿no es cierto? —le pregunté, aunque la conexión era tan clara que más que una pregunta era una afirmación.

—Así es —dijo Máximo—. Mi hijastro. Se llama Rodrigo.

Sin embargo, el nombre que yo estaba oyendo no era ese.

—-Hummmm —dije—. El hombre que estoy oyendo empieza por uve. Suena parecido a la palabra *virgen*.

—¡Santo cielo! —exclamó Máximo—. Virgil. Lo llamábamos Virgil.

Entonces, Virgil me enseñó una cosa que parecía estar totalmente fuera de lugar.

—¿Por qué me está ofreciendo un cuenco de cereales de desayuno? —pregunté al conductor—. ¿Por qué quiere que le hable a usted de los cereales?

Máximo respiró hondo.

—Era muy aficionado a tomar cereales —dijo entre risas—. Se pasaba el día comiéndolos, en el desayuno, en el almuerzo, en la cena. A mí me preocupaba, porque pensaba que no tomaba los nutrientes necesarios, pero a él le encantaban.

Y a continuación me reveló que había recibido hacía poco una señal procedente de Virgil.

—Sabe usted, en cierta ocasión tuvimos una conversación, sin que viniera a cuento, sobre las señales que nos enviaríamos el uno al otro si uno se moría —me explicó—. Y su señal eran las Tortugas Ninja. Era un gran aficionado a las Tortugas Ninja.

Me contó entonces que, cuando Virgil hizo el tránsito, con poco más de veinte años, a él se le había olvidado ya aquella conversación. Un día, sin embargo, la hija menor de Máximo llegó a su casa y anunció su nueva obsesión.

—Está loca por las Tortugas Ninja —me dijo Máximo—. De repente le dio la manía de tener todo aquello en lo que saliera una de estas tortugas. Sin causa aparente. Pero yo sé que se trataba de Virgil, que había venido y estaba velando por ella. Supe que aquella señal era también para mí.

Virgil me enseñó entonces otra cosa más: un hombre mayor cuyo nombre empezaba por M. Me enseñó que aquel hombre era su abuelo, y que estaban juntos en el Otro Lado. Se lo comuniqué a Máximo.

—Ay, Dios mío —exclamó Máximo—. Virgil se me apareció en un sueño y yo lo vi con mi padre, que también se llamaba Máximo. Estaban juntos.

En aquel momento me di cuenta de que todos los mensajes que me transmitía Virgil eran mensajes que Máximo ya había recibido.

—Usted no me necesita —le dije—. Ya se está comunicando con su hijo. En este momento se ha hecho presente solo para corroborar sus experiencias. Pero usted ya se está comunicando con él todo el tiempo.

Toda mi conversación con Máximo me confirmó lo que él ya sabía: que su hijo seguía con él y que sentía un hondo deseo de establecer conexión. Máximo ya sabía que Virgil se estaba poniendo en contacto con él a través de sus sueños, a través de su hija y por otros medios. Las señales, el lenguaje, el hecho mismo de que Máximo aceptara aquella conexión ya estaban allí. Toda duda que él pudiera albergar acerca de la veracidad de aquella forma de comunicación había quedado disipada por Virgil, que la confirmaba a través de mí.

Lo más probable es que tú y yo no lleguemos a coincidir nunca en un mismo coche. Es posible pero, ¿sabes?, no es una cosa con la que podamos contar. De modo que voy a aprovechar esta oportunidad, ahora mismo, aquí mismo, para darte a ti lo que Virgil dio a Máximo a través de mí: confirmación.

Estás recibiendo señales. El universo, la energía de Dios, tus seres queridos al Otro Lado y tus guías espirituales te las están enviando, están intentando contactar y conectar contigo. Está pasando. Está pasando *muchas veces*. Y, en lo más profundo de tu ser, ya sabes que es así.

Seguro que estás pensando: «De acuerdo, pero ¿cómo sucede? ¿Cómo se manifiesta una señal? ¿Cuál es el motor que impulsa estas señales, el que las hace posibles? ¿Cuál es su batería, su fuente de energía?

Somos nosotros.

Cuando nos despojamos de nuestros cuerpos, todos pasamos a formar parte de una misma fuerza vital universal, un torbellino inmenso de luz, de amor y de energía. En otras palabras, nuestra energía (nuestra luz y nuestro amor, nuestra consciencia) no se acaba cuando morimos físicamente. Se conserva, y se vincula a la energía de luz de todos los demás que han formado parte de la historia de la existencia, conectándose con una gran fuerza vital única. Esta es la energía que impulsa los potentes cordones de luz que nos conectan con el Otro Lado, y la que hace brotar las señales que el Otro Lado nos envía a nosotros.

La energía somos nosotros. La batería está hecha de luz y amor. La fuente de energía es el universo eterno mismo.

Y el resultado es una fuerza que nos puede enviar una naranja (o mil naranjas) precisamente cuando más lo necesitamos.

3

EQUIPOS DE LUZ

TODOS TENEMOS UN EQUIPO DE LUZ en el Otro Lado. Estos equipos nos envían señales. Y estas señales proceden de tres fuerzas distintas:

1. Recibimos señales de la energía de Dios, que es a lo que me refiero cuando hablo de las señales del universo. Esta es la fuerza de amor más elevada y más poderosa, y cada uno de nosotros estamos conectados directamente con ella y también unos con otros a través de ella.
2. Recibimos señales de nuestros guías espirituales, es decir, del reino angélico.
3. Recibimos señales de nuestros seres queridos que han hecho el tránsito.

Si bien es posible que estemos muy familiarizados con la idea de que la energía de Dios y el universo interactúan con nosotros, quizá te estés preguntando qué (o quiénes) son nuestros guías espirituales.

Mi experiencia me ha enseñado que todos tenemos en el Otro Lado unos maestros, mentores y protectores cuyo propósito es velar por nosotros y dirigirnos hacia nuestro mejor y más elevado camino vital. Algunos los llaman ángeles de la guarda. Yo los llamo guías espirituales. Estos guías no son personas que hayamos conocido durante esta vida, no son amigos o parientes nuestros que ya hayan hecho el tránsito; aunque no cabe duda de que estos amigos y parientes también contribuyen a guiarnos. Los guías espirituales establecen, desde antes de que nazcamos, lo que yo llamo contratos del alma, en los que se comprometen a desempeñar un papel en nuestras vidas.

Nuestra relación con ellos no es complicada. Están aquí para ayudarnos, eso es todo. No piden nada a cambio. No tienen otra misión. Forman parte de la amplia energía amorosa del universo, y nos los han asignado expresamente a nosotros. Están conectados con la forma más pura y más elevada del amor y la energía que constituyen el universo, que abarca tanto este plano como el Otro Lado. La misión que tienen encomendada, y a la que se dedican de corazón, es procurar que todo lo que suceda en nuestras vidas vaya dirigido al desarrollo de nuestra alma.

Como ya he dicho, los guías espirituales, junto con la energía de Dios y aquellos de nuestros seres queridos que ya han hecho el tránsito, componen nuestro Equipo de Luz al Otro Lado.

Si el concepto de guías espirituales te resulta un poco extraño, has de saber que no es nuevo: ha existido desde los albores de la humanidad. Cada cultura les ha dado un nombre distinto, pero han formado parte desde siempre del tapiz de la existencia humana.

En el cristianismo se les llama ángeles, o ángeles de la guarda, y desempeñan un papel destacado en la Biblia.

En el hinduismo se les llama devas o devis, y se considera que son unos seres celestiales invisibles para el ojo humano, aunque sí los pueden detectar los que han abierto su «ojo divino» y han despertado.

En el islam, la creencia en los ángeles, que están hechos de luz y hacen de mensajeros de Alá, es uno de los seis pilares de la fe.

Los antiguos griegos también creían en ellos. La misma palabra *ángel* procede del griego ἄγγελος (ángelos), que significa «mensajero».

¿Podemos saber quiénes son nuestros guías espirituales? Sí. Una de las mías se me presentó en una visión fugaz cuando yo me estaba duchando y fui capaz de oír su nombre y de sentir una conexión con ella.

Sin embargo, eso no sucede todas las veces. Creo que, para que pasen esas cosas, debemos encontrarnos en un estado de consciencia muy receptivo y abierto, mucho más de lo que lo estamos normalmente en nuestras vidas, tan agitadas y desordenadas.

De todas formas, no es necesario que sepamos quiénes son, porque ellos sí saben quiénes somos nosotros. En último extremo, siempre deberemos tener un cierto grado de confianza para aceptarlos y apreciarlos plenamente y por completo, aun cuando sepamos su nombre, como lo sé yo. Lo importante es que sepas que puedes llamarlos en cualquier momento para pedirles ayuda (¡sí, incluso para encontrar un sitio libre donde aparcar!).

Yo he estado abierta al Otro Lado durante una gran parte de mi vida y he visto los efectos que han tenido los guías espirituales en las vidas de muchos centenares de personas. Mi experiencia me ha servido para apreciar mejor la devoción intensa y el poder que tienen nuestros Equipos de Luz del Otro Lado.

Estamos conectados a la energía de Dios. Estamos conectados con el reino angélico y con nuestros guías espirituales del Otro Lado. Y estamos conectados con nuestros seres queridos que han hecho el tránsito. Estas fuerzas de amor, juntas, componen nuestros Equipos de Luz.

Y nuestros Equipos de Luz están constantemente enviándonos señales y mensajes.

Cuando participo en actos, acuden a mí personas que me cuentan sus historias de conexión, porque saben que soy un «lugar seguro», que no me voy a reír ni a burlarme de ellas y que respetaré sus relatos. Lo cierto es que esto no me pasa solo cuando participo en un acto. Hace poco, uno de mis médicos me confió una cosa mientras me estaba examinando.

El doctor G es mi médico desde hace años; hasta asistió en el parto de una de mis hijas; pero no sabía que yo era médium psíquica. Cuando se enteró de que estaba escribiendo un libro, me preguntó de qué trataba, y así fue como llegó a saber a qué me dedico. Calló un momento, se quedó algo pensativo, y después, casi titubeando, me contó el caso de una cosa «rara» que le había sucedido.

Según me explicó, unos años antes, cuando estaba pescando en un barco ante la costa de Florida, sintió que de pronto le recorría el cuerpo una oleada abrumadora de electricidad. Un torrente de electricidad que lo inundó de pies a cabeza. Cuando le sucedió aquello, percibió inmediatamente la energía y la presencia de su padre. Sintió que allí mismo, rodeado de agua, le bañaba un sentimiento profundo de amor a él. No entendía nada.

Lo primero que pensó fue: «¿Estoy loco o es que ha venido mi padre a despedirse de mí?». Su padre había estado enfermo, pero nadie creía que su fallecimiento fuera inminente. Miró entonces su reloj y tomó nota de la hora. Intentó llamar a su madre pero, tan lejos de la costa como estaba, no tenía cobertura. Alrededor de una hora y media más tarde, llegó a la costa y volvió a llamar a su madre.

Antes de que hubiera tenido tiempo de decirle nada, ella le contó con delicadeza que su padre acababa de fallecer.

Él le preguntó a qué hora exacta había sucedido y ella le respondió que había sido en el instante mismo en el que había sentido la oleada de electricidad en el barco.

—Nunca había contado esta historia a nadie —me dijo—. Absolutamente a nadie. Pensé que nadie se creería que había sucedido, y a mí mismo me resultaba difícil de aceptar. Sin embargo, el hecho de que me sucediera en el momento preciso en que falleció mi padre fue muy potente. Creo que se trataba de mi padre, que me decía adiós.

—Créalo —le dije—. Era real. ¡Qué despedida tan hermosa le dio su padre!

Lo animé a que compartiera aquella historia con otras personas, empezando por su madre. Era un don que *tenía* que compartir.

A veces, cuando recibimos señales del Otro Lado, las rechazamos o nos dejamos convencer por nuestra mente lógica para olvidarlas. No se las comentamos a nadie, porque tememos que nos tomen por locos.

Sin embargo, en lo más profundo de nuestro ser reconocemos que son ciertas. Estas historias se deben compartir, respetar y celebrar. Cuando aceptas estas historias como tu verdad, tu vida se transforma.

4

YO PORTO TU CORAZÓN

Un niñito llamado Caleb hizo a su madre una pregunta extraña justo antes de cumplir seis años.

—Mamá —le dijo—, ¿cuánta vida me queda?

Su madre, Eliza, respiró hondo. Sabía que cumplir seis años era para su hijo una especie de obsesión. Sabía que no quería cumplir esa edad. El niño ya le había hablado de aquello, había algo en ello que le daba miedo. Eliza se subió la manga derecha de la blusa y extendió todo el brazo.

—Esta es tu vida —le dijo a Caleb, señalándose todo el brazo.

Después, se señaló un punto próximo al hombro y le dijo:

—Y aquí es donde estás tú. Tu vida acaba de empezar.

Caleb le preguntó entonces qué le pasaba a la gente cuando se moría.

Eliza le dijo que existen varias creencias distintas sobre eso. Ella prefería creer que las personas que fallecen vuelven bajo una forma diferente.

—¿Cómo te gustaría a ti volver? —le preguntó a Caleb—. ¿Te gustaría volver bajo la forma de Salami?

Salami era el gato de la familia.

Caleb se lo pensó unos momentos.

—No quiero volver hecho un gato —dijo por fin—, porque entonces tendría que lamerme el culo.

Eliza y Caleb hicieron un trato: cuando ella volviera, regresaría siendo su madre, y cuando volviera él, lo haría como su hijo.

—Fue como un contrato —cuenta Eliza—. Nos estrechamos la mano para sellarlo.

Eliza describe así a su hijo:

—Caleb... Ay, bueno, la verdad es que es un chico muy especial. Desde muy pequeño procuraba estar muy cerca de nosotros; era muy tímido y un poco temeroso, y siempre estaba subido a los hombros de su padre o en mis brazos, haciendo arrumacos; muy cariñoso, muy dado al contacto físico, muy tierno y afectuoso. Cuando estaba con otras personas, podía ser callado y reservado, pero con nosotros hablaba sin parar. Estaba lleno de ideas. Rebosaba ideas. Y era capaz de contar cuentos, historias inventadas, muy complejas, y construía pequeños mundos con su juego de construcciones, con cualquier material; hacía grandes parques de bomberos y cines con asientos y partes móviles, y para todo lo que construía tenía una explicación: por si tiene que aterrizar el helicóptero, por si se rompe el puente, y esta es la pista de aterrizaje del helicóptero, y todo eso. Le encantaba contar historias y construir cosas. Era un niño verdaderamente asombroso.

Cuando Caleb tenía cinco años, estaba empezando a aprender a escribir. Sin embargo, quería contar una historia muy importante, y sus padres compraron un cuadernito forrado en tela y tomaron al dictado toda la historia que él les relató. Se titulaba *La llama y la Dominina*, y se prolongó a lo largo de muchos días y noches. Trataba de que el gato de la familia, Salami, se iba de acampada con los animales de goma con los que se bañaba Caleb. Eliza y Tim recogieron el relato tal y como su hijo lo contó. Todo eran palabras suyas literales.

Terminaron llenando las noventa páginas del cuaderno.

Cuando Caleb tenía seis años y medio, sus padres lo llevaron al dentista. Tenía un diente de más entre los definitivos y había que quitárselo. Cuando el dentista les dijo que tendría que perforar el hueso del paladar de Caleb para extraer el diente, Tim y Eliza optaron por sedarlo durante la operación. El dentista aplicó anestesia general al niño..., pero algo salió mal.

De repente, a Caleb dejó de latirle el corazón.

—El dentista advirtió por fin lo que estaba pasando, pero todas las técnicas de reanimación básicas (la RPC, la intubación) fracasaron —cuenta Eliza—. Consiguieron por fin reanimarle, pero algunos de sus órganos estaban fallando.

Caleb pasó los dos días siguientes en el hospital. El corazón le fallaba repetidamente, y los médicos lo reanimaban. También le fallaban otros órganos, entre ellos los pulmones.

—No superaba ninguna prueba neurológica —dice Eliza—. En la mañana del tercer día, los médicos nos dijeron que teníamos que dejarlo marchar.

Fue entonces cuando Eliza me llamó. Teníamos un amigo común que la animó a que hablara conmigo. Por fin, me llamó desde el hospital. En cuanto respondí a su llamada de teléfono, vi a Caleb y el lugar en el que se encontraba.

—Ya está al Otro Lado —le dije—. Estoy intentando acompañarlo hasta su cuerpo, pero hay algo que me lo impide. ¿Lo tiene rodeado de hielo?

En efecto, los médicos habían aplicado hielo al cuerpo de Caleb en un intento por reducirle la temperatura. Durante la llamada, intenté convencer a Caleb para que volviera, pero nada daba resultado.

—¿Qué puedo hacer por ti, Caleb? —le pregunté—. ¿Qué necesitas que haga?

Creí por un momento que Caleb iba a poder volver. Eliza, en la habitación del hospital, advirtió que a su hijo se le habían igualado de pronto las pupilas, que antes tenía desiguales. Fue un momento de esperanza, una indicación minúscula de que Caleb podía estar intentando volver. Pero aquello no duró. Caleb se fue.

—Quedó muy claro que no lo iba a conseguir —cuenta Eliza—. Un poco más tarde, lo perdimos.

Aquella pérdida resultó devastadora. Si Eliza consiguió seguir adelante fue solo por la necesidad de cuidar de su hija y de su familia. Le dije que podía llamarme siempre que quisiera, pero no tuve noticias suyas durante una temporada. No perdí la esperanza de que acudiera a mí cuando estuviera preparada. Eliza me dijo más tarde:

—Estaba encenagada en un lodo oscuro. Sentía que quería morirme. Solo era capaz de pensar en que el mundo de Caleb se había vuelto negro. ¿Estaba atrapado en alguna parte? ¿Había terminado todo, sin más? ¿Dónde está? Pasé semanas enteras sumida en aquella desesperación y depresión intensas y desesperadas. Buscaba a Caleb dentro de toda aquella negrura y no lo encontraba.

Sin embargo, de lo que Eliza no se daba cuenta era de que Caleb, a su vez, también la estaba buscando a ella.

Se estaba comunicando. Estaba intentando enviar un mensaje a su madre. Pedí a nuestro amigo común que hiciera llegar a Eliza un texto de mi parte. Le escribí: «Caleb no se ha marchado. Las almas siguen adelante. Siguen desarrollándose en el Otro Lado. Caleb hizo el tránsito rodeado de amor, y no está solo, y está bien, y te quiere, y está intentando enviarte mensajes».

Cuando Eliza leyó mi texto, se quedó paralizada.

—Fue como si de pronto se hubiera encendido una luz entre tanta negrura —relata.

Hablamos las dos un poco después. Eliza me explicó que ella ya había sospechado que Caleb le estaba enviando mensajes, pero que no llegaba a creerse que fueran verdaderos. Por ejemplo, a Caleb le habían interesado mucho, desde siempre, determinadas series numéricas, sobre todo la 1111, cuatro unos seguidos. Siempre que veía un reloj que marcaba las 11:11, pedía a sus padres que le hicieran una foto. Dos semanas después de su fallecimiento, Eliza se encontró con una amiga suya en el parque. Después de hablar un rato las dos, la amiga se marchó a almorzar. Mandó a Eliza por el móvil una foto del ticket de su almuerzo, y el total eran once dólares con once centavos: 11,11. Al día siguiente, esa misma amiga fue a otro restaurante y también envió una foto a Eliza. En esta ocasión, lo que le envió fue una foto del número de la calle en la puerta del restaurante: 1111.

—El 1111 salía por todas partes —cuenta Eliza—. Y después empecé a tener sueños muy vívidos en los que Caleb iba a hombros de Tim... Muy vívidos, mucho. Daba la impresión de que Caleb estaba muy feliz, como si fuera aquello lo que intentaba decirme. Pero yo no sabía qué creer.

Hicimos una lectura, y fue muy potente. Caleb se hizo presente con mucha fuerza. Toda la energía y toda la pasión que habían caracterizado a su vida en la Tierra seguían allí, pero ampliadas. Rebosaba amor y emoción.

—Quiere que os explique cómo se está en el Otro Lado —dije a Eliza—. Dice que es como sentir el máximo amor que se puede llegar a vivir, multiplicado por ocho mil millones por ciento.

Había mucho más, un flujo constante de impresiones y de ideas.

—Mamá, papá, esto es maravilloso —decía Caleb—. Es como el espacio exterior, pero mejor. Puedo estar en todas partes a la vez. Puedo ser oscuridad y luz. No os podríais creer lo fantástico que es.

»Ahora estoy en casa —le dijo a su madre—. Y también es tu casa, solo que tú no lo recuerdas.

El mensaje de Caleb era muy concreto. Quería hacer saber a sus padres que la misión de ellos había sido darle amor sin condiciones, y que ellos habían cumplido esta tarea por completo y muy bien. Dijo que había venido a la Tierra para estar poco tiempo y que no había estado destinado a sufrir; y, en efecto, no había sufrido. Repetía una y otra vez que morirse era como quedarse dormido y despertarse en el mejor de los sueños. Lo que más le importaba era que sus padres supieran que estaba bien... y que ellos también estarían bien, porque no lo habían perdido después de todo. Seguía estando con ellos, y seguiría siempre.

—Después de la lectura, se disiparon en parte el duelo y el terror, porque yo creía de verdad que Caleb estaba en aquel lugar tan hermoso —dice Eliza—. Aquella pérdida seguía siendo devastadora, más de lo que soy capaz de expresar con palabras, pero yo comprendía ahora que todos formábamos parte de aquella cosa kármica profunda que estaba sucediendo, de aquel plan pensado para nosotros y para Caleb. Había descubierto que todos estamos interconectados y que, al estarlo, nunca podemos llegar a morir del todo. Lo que había sucedido tenía que pasar, y sucedió sin dolor ni sufrimiento; y aquello me permitía dejar atrás mi ira.

Sin embargo, Eliza reconoce que «seguía dudando». Todavía no estaba dispuesta a confiar del todo en su conexión duradera con Caleb. Y Caleb lo sabía. Sabía que tenía que hacer algo más.

De modo que decidió enviar más señales.

Llegaron en la lectura que llevé a cabo con Eliza. Eran unas señales muy concretas, dirigidas a convencer a sus padres de que él seguía estando allí. En el funeral de Caleb, sus padres habían soltado seiscientos globos. Eliza no me había contado aquel detalle, pero, en el transcurso de la lectura, Caleb me pidió que dijera a Eliza que había recibido todos los globos... y que iba a enviárselos a ella de nuevo a modo de señales.

—Dice que recibió, incluso, el globo rojo —dije a Eliza—. ¿Había un globo rojo?

Eliza no entendía aquello. Los globos habían sido de todos los colores; ¿por qué iba Caleb a hablar de un solo globo rojo? Entonces cayó en la cuenta: recordó que a Caleb, cuando era más pequeño, un vendedor de un concesionario de automóviles le había regalado un globo rojo, pero él lo había dejado escapar y se había echado a llorar al ver que se perdía en las alturas. Después se había pasado horas llorando por haberlo perdido.

—Ya lo he recuperado —dijo Caleb.

Estuvo enviando sus globos a lo largo de los días y las semanas posteriores a la lectura. Un día, Eliza y Tim estaban sentados en el porche trasero de su casa, pensando en Caleb y llorando juntos, cuando pasó un globo flotando despacio ante ellos.

—Es Caleb —dijo Tim.

Pocos días más tarde, un fin de semana, mientras iban en el coche, Tim y Eliza pasaron por una calle en la que no habían estado nunca. Al doblar una esquina vieron un mural enorme pintado en la pared medianera de un edificio; un mural que representaba unos globos gigantes y de vivos colores. A la semana siguiente entró flotando en su patio trasero otro globo que permaneció inmóvil mucho tiempo hasta que se alejó despacio por el aire.

—Vayamos donde vayamos, vemos manojos de globos o globos sueltos que pasan flotando cerca de nosotros —dice Eliza—. Están en todas partes.

Le dije también a Eliza que Caleb le iba a enviar una poesía.

Yo no era capaz de descifrar de qué poesía se trataba, pero estaba claro que era una poesía. Eliza me dijo que, durante las semanas posteriores al fallecimiento de su hijo, habían recibido muchos regalos de sus amigos y familiares, pero nadie les había dado ningún libro de poesías ni ninguna poesía suelta. Varios días después de la lectura, Caleb llegó hasta mí de nuevo y me pidió que enviara a su madre un brazalete por el Día de la Madre, para el que faltaba poco. Quería que el brazalete tuviera grabado un verso de una poesía determinada.

El verso decía: «Llevo tu corazón conmigo».

Conseguí el brazalete y se lo envié por correo a Eliza con una tarjeta en la que le explicaba lo que había pasado. Le decía: «Quizás hayas recibido ya la poesía de Caleb. Dijo que ya te la había enviado». Eliza se lo pensó mucho, pero no entendía cómo podía habérsela mandado.

Hasta que, por fin, cayó en la cuenta.

Corrió hasta una estantería que estaba en el pasillo de su casa. Después de buscar por los estantes, extrajo un libro. Se lo había regalado un amigo en los días posteriores al tránsito de Caleb. Era un libro infantil ilustrado en el que aparecía un poema muy conocido de E. E. Cummings, que se titulaba *Llevo tu corazón conmigo*.

llevo tu corazón conmigo (lo llevo en
mi corazón) nunca estoy sin él (vaya donde vaya,
vienes tú, querida, y haga lo que haga yo solo
es cosa que haces tú, querida mía)

no temo
ningún destino (pues tú eres mi destino, cariño) no quiero

ningún mundo (pues tú, tan hermosa, eres mi mundo, mi verdad)
y todo lo que ha significado una luna lo eres tú
y todo lo que cantará un sol eres tú

aquí está el secreto más hondo que no conoce nadie
(aquí está la raíz de la raíz y el brote del brote
y el cielo del cielo de un árbol que se llama vida, que crece
más alto de lo que puede esperar el alma u ocultar la mente)
y esta es la maravilla que mantiene separadas a las estrellas

llevo tu corazón (lo llevo en mi corazón)

Caleb estaba dispuesto a enviar una señal más.

Tenía un mensaje muy concreto para su padre, que había estado presente durante la lectura, escuchando, acostado junto a Eliza en la cama de Caleb.

—Caleb está diciendo: «Papá, tienes una cosa muy importante en el bolsillo o en la cartera» —les dije. En aquellos momentos, Tim estaba en pijama y no llevaba la cartera encima, pero sí un colgante, y le preguntó si Caleb se refería a él.

—No es un colgante —transmití—. Es como una pequeña obra de arte. Y Caleb quiere deciros que él está tan cerca de vosotros como esa pequeña obra de arte que lleva papá en la cartera.

Sin embargo, Tim sabía lo que llevaba en su cartera; sabía que no contenía ninguna obra de arte. Estaba tan seguro de ello que ni se molestó en ir a buscarla.

No se sentó a vaciar su cartera hasta más tarde, aquel mismo día, para cerciorarse bien.

Y encontró en ella una cosa que parecía un recibo pequeño. Era un papelito doblado. Lo desplegó cuidadosamente y se quedó boquiabierto.

Era un dibujo de tres flores amarillas junto a un árbol, obra de Caleb.

Yo les dije que tres flores amarillas y un árbol serían a partir de entonces una nueva señal que les enviaría Caleb.

A la mañana siguiente, Eliza estaba sentada en su comedor, mirando por la ventana. Había árboles y flores amarillas por todas partes; ¿cómo podría saber ella cuáles eran las que les enviaba Caleb?

Se fijó entonces en una pegatina pequeña que estaba adherida a uno de los tres ventanales de la cocina, y se levantó para retirarla. Caleb había pegado en las ventanas docenas de pegatinas de flores y de mariposas. Con el tiempo, algunas se habían ido cayendo y otras las habían arrancado. Ya habían desaparecido casi todas; de hecho, solo quedaban tres.

Eliza se quedó inmóvil de pronto. Retrocedió para contemplar las tres últimas pegatinas.

Cada una era de una flor amarilla.

Eliza volvió a sentarse en su silla. Llamó a Tim, que estaba en el cuarto de estar, y le enseñó las tres flores amarillas.

—Se acerca mucho —dijo Eliza—. Solo falta el árbol.

Tim se rio. Se sentó junto a Eliza y le contestó, señalando con el dedo:

—Mira a través de la ventana.

Y allí, en su jardín, enmarcado perfectamente por los ventanales y por las tres pegatinas de flores amarillas, había un árbol alto y hermoso, lleno de hojas verdes.

Las señales han seguido llegando. Hace poco, durante una acampada, Jenna, la hermanita de Caleb, que tiene tres años, le dio a su madre con toda su inocencia un pequeño ramillete de flores que acababa de coger: eran exactamente tres narcisos amarillos.

—¿Por qué me los das? —le preguntó Eliza.

—No sé —dijo Jenna—. Algo me acaba de decir que te los dé.

Y globos..., siempre globos. Y también números consecutivos.

—El contador de carga de mi coche eléctrico marcaba ayer mismo 111 millas —me dijo Eliza—. Y yo pensé, «Caray, qué bonito», pero me dejé convencer por mi mente lógica de que aquello no era una señal de Caleb. Al día siguiente llegué a casa, enchufé el coche para recargarlo y el contador de carga volvía a marcar 111 millas.

Las señales continúan, y siempre que tengo alguna duda, pasa algo increíble que me golpea en la cara.

Tim, que había sido el más escéptico de los dos desde el principio, optó por pedir a Caleb una señal propia y secreta. No dijo nada de ello a nadie. A la mañana siguiente de haber pedido esta señal, Eliza le dijo que saliera a meter en casa a los gatos de la familia.

—¿Por qué? —preguntó Tim.

—Porque huelo una mofeta.

Tim volvió a sentarse en la cama.

—¿Qué pasa? —le preguntó Eliza.

—La mofeta —respondió él—. Yo también la huelo. Pedí a Caleb que me enviara una mofeta. Y ahora, aquí está: una mofeta.

En el transcurso de mi lectura con Eliza, Caleb me había dicho una cosa más. Me dijo que sus padres iban a luchar para que se promulgara una ley que llevaría su hombre.

Ahora está camino de promulgarse, en el estado donde vivía Caleb, la llamada Ley de Caleb, que obliga a los dentistas a tener presente un anestesista en todas las operaciones, en vez de administrar la anestesia ellos mismos.

—La lucha ha sido difícil —contaba Eliza—, porque los dentistas son un grupo de presión poderoso. Pero Caleb está luchando a nuestro lado. Cuando la hermana de Tim, que es médica, envió su primer correo electrónico sobre el proyecto a nuestro congresista, el correo salió exactamente a las 11:11 de la mañana.

A pesar de todas las señales y mensajes que envía Caleb, hay veces en que sus seres queridos siguen sintiendo el dolor de haberlo perdido en esta Tierra. Algunas noches, Eliza y Tim leen juntos pasajes de *La llama y la Dominina*, para que la voz de Caleb vuelva a cobrar vida en su casa una vez más, tan llena de amor, de pasión, de emoción y de ideas.

—Lo echo de menos a cada instante del día, todos los días —dice Eliza—. Pero también hay mucha alegría en el hecho de saber que sigue estando aquí con nosotros. Cuando mis amigos me preguntan por él, siempre me dicen: «¿Cómo está?», como si siguiera presente.

... hasta de un duelo inexpresable alzan el vuelo cosas hermosas.

A. R. Torres, «Las lecciones de la pérdida»

5

LIBÉLULAS Y CIERVOS

CARLA Y CHRIS, CON SUS DOS HIJOS PEQUEÑOS, Calder y Caleb, se llamaban a sí mismos «las cuatro Ces». Eran un equipo, siempre juntos, siempre riendo, siempre pasándolo bien.

—Lo que a Calder le llena de alegría en la vida es bromear —dice Carla, que se casó con Chris en 2003 y puso en marcha con él una empresa de producciones de televisión—. Es un bromista. Calder y Caleb compartían habitación y les encantaba gastarse bromas el uno al otro.

Su felicidad era como un sueño, hermosa y perfecta, hasta que, inconcebiblemente, el sueño tocó a su fin.

Cuando Calder tenía solo siete años, se electrocutó con una luz defectuosa en una piscina e hizo el tránsito.

Era impensable, imposible: ¿por qué tenía que cesar toda la risa? Carla y Chris buscaron respuestas, buscaron un alivio, pero no parecían encontrar nada que se lo diera.

Sin embargo, durante los días y semanas posteriores al fallecimiento de su hijo, Carla no se podía quitar de encima la sensación de que Calder seguía estando presente de alguna manera.

—Yo tenía la sensación de que me estaba enviando mensajes —me dijo Carla—. Sin embargo, como aquello no tenía ningún sentido, me parecía que la verdadera explicación tenía que ser que me estaba volviendo loca.

Una tarde, cuando Carla iba en su coche, apareció una libélula pequeñita, recién nacida, que estuvo volando alrededor de su cabeza y aterrizó junto a la ventanilla del pasajero. Carla no tenía ni idea de cuándo ni cómo había entrado en el coche. Siguió conduciendo y la libélula no se movió. Se detuvo en un semáforo, bajó la ventanilla, pero la libélula siguió en el sitio.

—Cuando llegué por fin a mi destino, salí del coche y la pequeña libélula salió conmigo; estuvo volando a mi alrededor un rato y después se alejó volando.

Y en ese momento, Carla pensó una cosa.

—Me pregunté: ¿será Calder? —cuenta—. El dolor seguía estando muy reciente, y me di cuenta de que me había pasado todo el viaje llorando. Me quedé allí plantada, intentando determinar qué era lo que acababa de pasar. Yo sentía que Calder intentaba transmitirme un mensaje, pero no era capaz de entender que fuera real.

Durante el resto de aquel verano, Carla estuvo viendo libélulas por todas partes. En el pomo de la puerta. En una pared. En el baño.

—Yo estaba en la piscina y mi cuñada me decía: «¿Sabes que tienes posada una libélula en la cabeza desde hace un rato?» —relata Carla—. Y estaba rodeada de chicos que salpicaban el agua y hacían un montón de ruido; pero la libélula seguía posada en mi cabeza, tan tranquila. No quería marcharse.

Pero ¿cómo era posible que una libélula fuera un mensaje de nadie?

Carla me encontró por medio de una amiga común y vino a mi casa de Long Island para que hiciésemos nuestra lectura. Me ocupé de que mi madre se llevara a su casa a nuestro perro, Roscoe, para que no interrumpiera, pero dejé que nuestro gato se moviera con libertad. Carla y yo nos sentamos a la mesa de la cocina. Al cabo de unos momentos, Calder se hizo presente. Me enseñó una cosa que me movió a hacer una pregunta a Carla.

—¿Eres alérgica a los gatos, por casualidad?

Carla me dijo que sí, que lo era.

—Vaya. Pues yo tengo un gato que está siempre aquí conmigo, en la cocina, y Calder me está diciendo: «No deberías haber echado al perro, deberías haber echado al gato»; y ahora se va a encargar él de que no entre el gato en la cocina, por ti.

En efecto, a nuestro gato (que siempre se sienta junto a cualquier persona que entra en la cocina) no se le vio por ninguna parte durante la lectura.

Calder siguió llegando de la manera más notable, muy lleno de energía, de emoción y de amor.

Cuando yo conecto con alguien del Otro Lado, lo más habitual es que les pida que me envíen su nombre, a modo de validación. Sin embargo, no siempre capto el nombre completo. Puedo recibir un sonido fuerte o la imagen de una sola letra. En el caso de Carla, capté una C mayúscula que se refería alguien del Otro Lado. Después, capté que había otra C, y otra, y otra, todas ellas aquí en la Tierra: cuatro C mayúsculas en total. Le dije a Carla lo de las cuatro C y ella me explicó lo que querían decir: eran Chris y ella, y sus hijos Caleb y Calder. El núcleo, la unidad, el equipo.

Entonces pasó una cosa maravillosa en la lectura.

Calder me hizo saber que su familia se disponía a emprender un viaje, y Carla me confirmó que era cierto. A continuación, Calder me enseñó el modo preciso en que pensaba enviar un mensaje a su madre durante el viaje para que supiera que él iba a estar allí con ellos todo el tiempo. Es muy poco habitual que una persona que ha hecho el tránsito dé tantos detalles acerca de la señal que piensa enviar. Calder, sin embargo, la expuso con mucha claridad.

—Calder os va a enviar un ciervo —dije—. Lo veo con mucha claridad. Y quiere que sepáis que tendréis un encuentro directo con el ciervo. Carla, dice que esto es para ti, para que sepas que él está contigo y a tu lado todo el tiempo. Como quiere enviarte un mensaje directo, tu encuentro con el ciervo será directo.

Calder quiso comunicar otro mensaje importante a su madre.

—Dice que te está enviando mensajes constantemente y que ve que tú los recibes, pero que dudas de ellos inmediatamente —dije—. Calder te está diciendo: «Deja de hacer eso. Deja de dudar».

Después de la lectura, Carla se guardó el mensaje sobre lo del ciervo. No sabía bien cómo entenderlo. ¿Un encuentro directo? ¿Qué quería decir aquello?

Pocas semanas antes de que la familia emprendiera viaje a Inglaterra, Chris y Carla decidieron ir a pasar el fin de semana a los cayos de Florida. Carla se quedó dormida durante el largo viaje en coche hacia el sur. La despertó de pronto Chris, que decía: «Huy, caray».

—¿Qué pasa? —preguntó Carla.

—Acabamos de pasar por delante —dijo él—. Estaban junto a la carretera. ¡Yo no los había visto nunca!

—¿Qué era? ¿Qué es lo que has visto?

—Cuatro ciervos de los cayos.

Los ciervos de los cayos son una subespecie de ciervos poco comunes, en peligro de extinción, que viven solo en los cayos de Florida. Son más pequeños que los comunes y muy huidizos. Aunque Chris había estado muchas veces en los cayos, no había visto nunca uno. Y ahora, de pronto, había encontrado cuatro al borde de la carretera.

—¿No es increíble? —dijo Chris—. ¡Cuatro ciervos de los cayos!

La reacción de Carla le sorprendió. La pobre se echó a llorar a lágrima viva, desolada por haberse perdido aquel mensaje que era para ella.

—Estaba desolada —cuenta—. No los había visto. Chris me había despertado un segundo demasiado tarde. Le expliqué por qué estaba tan alterada, le conté que Laura había dicho que el mensaje del ciervo debía ser para mí. Él se ofreció a volver atrás con el coche para buscar a los ciervos de los cayos, pero yo pensé: «Venga, no tengo que ser tan exigente». ¿Qué probabilidades hay de ver no uno, sino cuatro ciervos de los cayos desde la carretera? Nosotros éramos las cuatro C y había cuatro ciervos. De modo que lo dejé, y pasamos un fin de semana maravilloso. Sin embargo, en lo más profundo de mi ser, seguía sintiéndome desolada.

El domingo por la mañana salieron de Cayo Hueso y emprendieron el largo viaje de vuelta a casa en coche. A los pocos minutos, Chris detuvo el vehículo ante un bar que se llamaba El Pub Sin Nombre. Dijo a Carla que tenía que ir al baño, y entró.

Sin embargo, no le había dicho toda la verdad. Fue al baño, en efecto, pero no porque tuviera necesidad de ello. Había oído hablar de aquel bar y de una de sus tradiciones. Los clientes escribían el nombre de una persona en un billete de un dólar y fijaban el billete a la pared o al techo con cinta adhesiva, en homenaje a esa persona. Chris escribió en un billete el nombre CALDER con un rotulador fino y fijó el billete a un lugar bien visible de la pared. Salió del bar y se dirigió al coche, pero se quedó paralizado. Había visto una cosa que le parecía increíble.

Mientras Chris estaba en el bar, Carla se había quedado con Caleb en el coche. Miraba sin ver por el parabrisas delantero, sumida en sus pensamientos. Pensaba en Calder. Caía una lluvia fina y el aparcamiento estaba vacío; solo había unos pocos coches más y unas mesas para merendar al aire libre. Vio de reojo un movimiento y se volvió hacia el borde del aparcamiento.

Allí estaba un ciervo que salía de entre una pequeña hilera de arbustos.

Carla se quedó boquiabierta. Salió del coche despacio y con cuidado, procurando no asustar al animal. Sin embargo, este no parecía asustado. Miraba fijamente a Carla y después, cosa increíble, empezó a caminar despacio hacia ella. En ese momento, salía Chris del bar.

—No te muevas —le dijo Carla—. Haz una foto.

El ciervo llegó a tres metros de Carla, tan cerca que ella podía verle los ojos, claros y hermosos. Después, se acercó despacio medio metro más. Y, después, más todavía. Carla contenía la respiración y no se movía. El ciervo se acercaba todavía más.

Llegó un momento en que se encontró a solo medio metro de Carla. Ella extendió la mano despacio, con la palma hacia arriba. El ciervo se adelantó y apoyó suavemente la nariz en la mano de ella. Pasó así unos momentos, dejando que Carla le acariciara la cara. Después, ladeó la cabeza y levantó la vista hacia ella. Sus miradas se cruzaron. Al cabo de un rato que pareció larguísimo, el ciervo se volvió y se apartó. Carla, Chris y Caleb se quedaron inmóviles, viendo cómo se dirigía hacia los arbustos. Cuando llegó allí, se volvió, les echó una última mirada y desapareció por fin entre la vegetación hasta perderse de vista.

Carla se quedó allí plantada en un estado próximo a la conmoción. Nunca había estado tan cerca de un animal, aparte de los gatos y de los perros, y mucho menos de uno salvaje. Cuando el ciervo se acercó a ella, se puso nerviosa; sin embargo, cuando le apoyó la cabeza en la mano, no sintió más que dulzura y alegría.

—¿Qué ha pasado? —preguntó a Chris—. ¿Ha sido de verdad?

—Ha sido de verdad —dijo Chris—. Y tanto.

Carla pasó revista a sus emociones. Tenía ganas de llorar, pero no lloró.

—Lo que había pasado no tenía nada de triste —dijo—. En aquellos momentos, lo único que sentíamos Chris y yo era asombro. Puro asombro.

Se habían quedado inmóviles en el aparcamiento, y Chris fue el primero en hablar.

—Bueno, si esto no ha sido un mensaje de Calder, no sé qué lo será.

Ya en el coche, Carla se echó a llorar.

—No lloré de tristeza, ni de duelo, ni de nada así —dice—. Más bien fue de alivio. Alivio por no haberme perdido mi gran momento con Calder. Me había quedado muy afectada por no haber visto a los cuatro ciervos de los cayos. Intenté disimularlo, pero había pasado todo el fin de semana muy afectada. Calder, sin embargo... Calder no iba a consentir que me perdiera aquel momento.

A partir de entonces, los ciervos pasaron a ser una de las señales de las que se sirve Calder para hacer saber a sus padres que sigue presente, que sigue estando con ellos, que sigue formando parte de la familia.

—Los vemos por todas partes, pero de maneras más bien raras —explica Carla—. Una vez llevamos a Caleb al parque acuático y al gran tobogán de agua. Mientras hacíamos cola para deslizarnos por el tobogán, empecé a pensar en Calder, porque bajar por el tobogán con su hermano había sido siempre una de las cosas que más le gustaban. Y en ese momento alcé la vista y vi que el hombre que estaba en la cola delante de nosotros llevaba puesta una camiseta sin mangas que le dejaba al descubierto un gran tatuaje en el bíceps. El tatuaje representaba un ciervo grande y hermoso.

Carla dice:

—En aquel instante supe que Calder estaba allí mismo, en el tobogán, con Caleb y conmigo.

A Carla le cambió la vida el hecho de recibir aquella señal tan notable y de aceptarla como una comunicación procedente de Calder.

—Me dio fuerza y me abrió el corazón y la mente para recibir señales de Calder —dice—. Me convenció de que él está siempre con nosotros, de verdad. Soy incapaz de explicar con palabras lo doloroso que resulta perder a un niño pequeño de manera tan repentina. Y estoy convencida de que recibir aquel mensaje de Calder me ayudó a superarlo. Fue toda una bendición. Las Cuatro C seguimos juntas y lo estaremos siempre.

6

COLEGAS DEL OTRO LADO

EN EL TRANSCURSO DE MI LECTURA con Carla, sucedió otra cosa notable.

Muy al principio de la lectura, cuando Calder estableció el contacto y yo ni siquiera sabía todavía el nombre de su hermano, él insistió mucho en presentarme a otro chico que había hecho el tránsito hacía poco. Me dio mucha información sobre él: su nombre, cómo había muerto, qué tal le iba... Y yo se lo conté todo a Carla.

—Me está trayendo a un chico que está al Otro Lado y que se llama Caleb —le dije—. Es un chico que fue al dentista, le pusieron anestesia e hizo el tránsito. Calder me dice que Caleb y él están juntos y que trabajan en equipo al Otro Lado.

Y entonces me enteré de quién era Caleb. Calder me había traído al hijo de Eliza y Tim.

Carla y Eliza no se conocían entre ellas, pero sus hijos sí. Sus hijos, que se habían cruzado en diversas ocasiones y de diversas maneras, eran amigos en el Otro Lado. Carla no tenía claro cómo interpretar esto. Entonces Calder transmitió más información.

—Espera un momento... ¿Hay aquí también un niño que se llama Caleb?

Carla me dijo que sí, que el hermano menor de Calder se llamaba Caleb.

—Eso es lo que me está diciendo Calder —proseguí—. Se ríe y dice que tiene a un Caleb aquí y a otro Caleb allá.

Aquello representó para Carla una hermosa validación, no solo de que su hijo seguía con ella, sino de que tampoco estaba sola en su duelo y en su pena. La amistad entre Calder y Caleb era una confirmación de que todos estamos conectados los unos con los otros y de que todos debemos ayudarnos mutuamente a curarnos y a desarrollarnos aquí, en la Tierra. Y de que los que están al Otro Lado trabajan juntos para facilitarlo.

Calder le dijo a su madre que su nuevo amigo Caleb y él tenían un plan: querían que sus madres se conocieran.

Después de la lectura, Carla buscó a la madre de Caleb, Eliza, y, en efecto, las dos se hicieron buenas amigas. Tenían una cosa en común que pocas personas podían compartir con ellas: las dos tenían un hijo pequeño que había hecho el tránsito. De hecho, Calder y Caleb habían cruzado con pocos meses de distancia. Carla y Eliza pudieron comunicarse sus sentimientos y ayudarse mutuamente a afrontar su duelo. Eliza era, en cierto modo, una de las poquísimas personas que podían aportar a Carla un consuelo como este, y Calder había sido consciente de ello y se había puesto en contacto con ella guiándola para que su camino se cruzara con el de su madre. Y, claro está, Caleb hizo lo mismo con su madre, Eliza.

¡Piénsalo! Esos dos chicos que habían hecho el tránsito se habían reunido en el Otro Lado y habían guiado a sus madres respectivas para que se conocieran. Era su forma de ayudarlas a sanarse. ¡Qué demostración tan poderosa de la presencia y de la orientación continuada que nos aportan nuestros seres queridos que han hecho el tránsito! ¡Y qué testimonio tan potente del modo en que nuestros caminos están conectados entre sí, aquí, en la Tierra!

Lo cierto es que yo he visto esto bastantes veces: las almas del Otro Lado trabajan en equipo para organizar hechos importantes aquí, en la Tierra. Trabajan juntas en los que yo llamo Equipos de Luz ampliados y nos impulsan para que establezcamos y sepamos apreciar nuestros contactos con otras personas que pueden enriquecer nuestras vidas y ayudarnos a desarrollarnos.

Calder pudo organizar el contacto de su madre con Eliza a través de mí, pero, como ya he dicho, la intervención de un médium psíquico no es indispensable para que seas capaz de recibir estas señales y mensajes y obrar en consecuencia. Lo más probable es que ya los estés recibiendo, porque nuestros Equipos de Luz son incansables en su labor de llamarnos la atención.

Sin embargo, tal y como he mencionado ya, estas señales y mensajes suelen perderse entre el barullo y el caos de nuestras ajetreadas vidas. No los vemos, o los vemos pero no los captamos, o los despreciamos. Por eso tiene tanta importancia para nosotros que estemos atentos a su presencia, que nos encontremos en un estado potenciado de atención ante las conexiones amorosas que tenemos disponibles aquí, en la Tierra. Debemos estar abiertos a las personas que son dirigidas hacia nuestro camino, porque es posible que hayan sido enviadas para que nos ayuden a curarnos y a desarrollarnos.

Hablaré más adelante, en este mismo libro, del modo de conseguir ese estado potenciado de la conciencia, pero, de momento, espero que las historias cruzadas de Caleb y de Calder te hagan ver el poder impresionante que tienen nuestros trabajadores que están al Otro Lado y cómo nos transmiten a todos mensajes que nos afirman y nos cambian la vida.

7

CORAZONES Y NAIPES

EN EL TRANSCURSO DE UN VIAJE DE TURISMO ORGANIZADO, Nancy Miller caminaba por una pequeña aldea de pescadores en una región rural remota de Vietnam cuando vio en el suelo una cosa poco corriente. Aunque estaba entre lagos, colinas y selvas densas, sin ningún lugareño a la vista, vio que en una zona pequeña del camino de tierra había varios naipes dispersos. Nancy preguntó a su guía por qué estarían allí aquellos naipes y si tenían algún significado dentro de esa cultura.

—No, no significan nada —dijo el guía—. No sé qué hacen aquí. No lo entiendo.

Y entonces, por algún motivo, Nancy pensó en su madre, que también se llamaba Nancy.

—Me vino a la cabeza una idea, sin más —relata Nancy ahora—. Pensé: si mi madre fuera un naipe, sería la Reina de Corazones, porque era una persona con mucho amor.

El grupo siguió caminando y Nancy no volvió a acordarse de los naipes.

Los padres de Nancy se hicieron novios en el primer curso de la escuela secundaria y contrajeron matrimonio cuando tenían poco más de veinte años. Estuvieron casados sesenta y cuatro años. Tuvieron cuatro hijas: Nancy y sus tres hermanas menores, Linda, Kim y Meg, y siete nietos. Entre todos formaban una familia excepcionalmente unida.

—Para mi madre, la familia lo era todo —explica Nancy—. Lo más importante para ella era tenernos a todos a su alrededor. Le encantaba cocinar para nosotros, decorar la casa para las fiestas y salir de vacaciones en familia. Y cuando se iba de vacaciones sin nosotros, lo único que hacía era ir de tiendas para poder traernos regalos. Todos manteníamos una conexión muy estrecha con ella.

La salud de la madre de Nancy empezó a decaer hace unos años. Se vio obligada a ir en silla de ruedas y en su casa de Long Island tenían que atenderla su marido, Kenny, y personal de asistencia clínica. Nancy, que vive en la ciudad de Nueva York, la llamaba todos los días para ver cómo estaba.

—El día en que mi marido y yo salíamos de vacaciones para Vietnam, llamé por la mañana a mi padre y le pregunté por ella —recuerda Nancy—. Él me dijo: «No muy bien, pero no te preocupes. Saldrá adelante», así que tomamos el avión para hacer el vuelo de doce horas hasta Hong Kong.

En el transcurso del vuelo, Nancy se levantó en plena noche para ir al baño. Entró, cerró la puerta y rompió a llorar.

—Tenía un dolor horrible en el hombro. Eso era lo que me había despertado, y de pronto me eché a llorar sin más —cuenta—. No sabía por qué estaba tan emotiva.

Cuando aterrizaron en Hong Kong, horas más tarde, Nancy consultó su teléfono y vio que había recibido un mensaje de texto de su hermana Meg. Solo decía: «Llámame».

Lo hizo, y Meg le contó que la madre de las dos se había ido.

—Falleció justo cuando a mí me dio el dolor en el hombro. Mi padre me dijo que una de las últimas cosas que hizo mi madre fue decir en voz alta «Kenny, te quiero», mientras él estaba en otra habitación.

Nancy, apesadumbrada, siguió adelante con su viaje por Vietnam.

Cuando llegó a aquella aldea de pescadores y vio los naipes en la tierra, pensó en su madre y en cuánto la echaba ya de menos.

Al día siguiente, el grupo de turistas tuvo que recorrer penosamente un camino de tierra que conducía a un antiguo templo budista situado a unas cuatro horas de la aldea de pescadores. Y allí, junto al camino, había otro montón de naipes dispersos. «Qué coincidencia tan rara», pensó Nancy.

Al día siguiente, el grupo se desplazó a una población remota, a varios kilómetros de distancia, y fueron andando por un camino que conducía a un museo del arroz. Y allí, a pocos pasos de distancia del borde del camino, había otro grupo de naipes dispersos.

—Esta vez me detuve a mirarlos —cuenta Nancy—. Mi madre tenía un dicho favorito: a la tercera va la vencida. Y aquella era la tercera vez que veía naipes en el suelo.

Nancy avanzó un paso hacia los naipes y se detuvo.

—Uno de los naipes se encontraba separado de los demás —relata—. Todos los demás estaban boca abajo. El que estaba aparte estaba boca arriba.

Nancy se inclinó a recogerlo. Era la reina de corazones.

Matemáticamente, la probabilidad de acertar una carta concreta en una baraja francesa normal es de una entre cincuenta y dos. Dicho de otro modo, la probabilidad de decir el nombre de una carta y sacarla al azar de la baraja es de menos del dos por ciento. Bastante baja para un jugador.

Pero, con todo, es posible. Puede pasar. Podría alegarse que el hecho de que Nancy encontrara una reina de corazones en pleno campo, en Vietnam, fue una pura coincidencia.

—Yo tuve muy claro que era un mensaje que me enviaba mi madre —dice ella—. Y cuando vi el naipe, dije: «De acuerdo, mamá; ahora ya sé que estás bien. Gracias por decírmelo».

Nancy hizo una foto del naipe y se la envió a su hermana Meg con el comentario: «No te creerás lo que me ha pasado».

—Y Meg me dijo: «Vale; yo también voy a pedir a mamá que me envíe una reina de corazones».

Meg, en Nueva York, estuvo atenta a cualquier señal de una reina de corazones. Sin embargo, pasó una semana sin que viera ningún indicio de la carta en cuestión. Una mañana llegó a su oficina temprano, más temprano de lo habitual. Ya se había olvidado de su petición. Estaba sentada ante su escritorio, preparándose para su jornada de trabajo, cuando oyó que una persona gritaba desde otro despacho tres palabras.

Las tres palabras eran «reina de corazones».

Meg se levantó de un salto y entró corriendo en el otro despacho, que estaba varias puertas más allá. Encontró allí a dos mujeres y les preguntó cuál de las dos acababa de gritar «reina de corazones». La mujer que estaba sentada tras la mesa dijo que había sido ella.

—¿Y por qué has dicho eso precisamente? —le preguntó Meg.

—Bueno, es que estaba intentando acordarme del nombre de una tienda de ropa para decírselo a Nancy, aquí presente, y no lo recordaba, y de repente caí —dijo la mujer—. Se llama Reina de Corazones.

¡Y, para colmo, la amiga se llamaba Nancy!

A partir de entonces, otros miembros de la familia quisieron recibir sus propias señales de Nancy. La reina de corazones se convirtió en su clave común para conectar con ella.

—Mi hermana Kim estaba visitando una tienda de antigüedades, que es una actividad que le encantaba hacer a mi madre con nosotros —cuenta Nancy—. Cuando se disponía a marcharse de la tienda, vio un naipe suelto sobre un buró: la reina de corazones.

Kim envió inmediatamente un mensaje a Nancy: «¡Ya he recibido mi corazón!». Poco más tarde, Ali, la hija de Kim, fue a casa de uno de sus clientes del trabajo y le presentaron a una mujer que llevaba tatuada en el hombro izquierdo una imagen grande y luminosa de la reina de corazones.

Envió a sus tías un mensaje: «¡He recibido mi corazón!». Después, la tía de Nancy, Sue, fue a ver un espectáculo en Broadway. Su asiento estaba cerca del escenario y, mientras esperaba a que subiera el telón, observó que en el ángulo inferior de este había un naipe cosido. Era lo único cosido en el telón, y parecía no tener ningún objetivo concreto..., y era la reina de corazones. «¡He recibido mi corazón!», dijo a todos. Aquello se repetía una y otra vez. Cuando Nancy se dirigía al acto de homenaje en memoria de su madre, vio una lancha motora aparcada en un patio, junto a la carretera. Se llamaba... Reina de Corazones. Después, vio su señal en una tarjeta de felicitación. Después, en un cuadro. En un anuncio de una revista. Siempre la reina de corazones.

—Comprendo que algunas personas dirán que no son más que casualidades —afirma Nancy—. Sin embargo, lo que yo respondería es que son muchísimas casualidades, ¿no te parece?

Dos meses después de que su madre hiciera el tránsito, Nancy se puso en contacto conmigo y me pidió que realizara una lectura para ella, su padre y su hermana Meg en el cumpleaños de esta. Ese día yo tenía previsto desplazarme para asistir a un acto, pero lo cambiaron de fecha en el último momento y pude hacer la lectura. De hecho, me sentí arrastrada a hacer la lectura. Cuando me senté con Meg, Nancy y el padre de las dos, les hablé de lo fuerte y potente que era la madre de Nancy al Otro Lado.

—Es verdad que está haciendo que pasen cosas aquí —les dije—. Me parece increíble lo fuerte que es.

Aunque la madre de Nancy había hecho el tránsito hacía solo dos meses, ya era toda una profesional curtida en el arte de enviar señales y mensajes. Me transmitió inmediatamente lo que había estado empleando para conectarse con sus seres queridos en la Tierra.

—Veo que os envía un gran corazón a todos —dije—. Corazones, corazones, corazones.

—Cuando oí eso, no dije más que «caramba» —recuerda Nancy—. Nosotros ya sabíamos que mi madre nos estaba enviando corazones; cuando ella lo confirmó, fue maravilloso. Hasta mi padre quedó impresionado.

Kenny, el padre de Nancy, era el escéptico del grupo. Era médico internista y tenía mentalidad de científico. No creía que la familia fuera capaz de establecer contacto con su mujer. Sin embargo, cuanto más oía decir a sus hijas que habían «recibido sus corazones», más se interesaba. Cuando Nancy le preguntó si quería asistir a la lectura de Meg, esperaba que le dijera que no, pero se llevó una sorpresa muy agradable cuando accedió.

—Siempre que le contábamos lo de la reina de corazones, él nos miraba como diciendo: «¿estáis de broma?» —cuenta Nancy—. Estaba empezando a aceptarlo poco a poco.

Nancy creía que lo que necesitaba su padre era recibir su propia señal.

Kenny cumplía los ochenta y seis años el día de San Patricio, pocas semanas después del tránsito de su esposa. Se reunió toda la familia para celebrarlo con tarta, tarjetas y regalos. A la mañana siguiente, Nancy bajó a la cocina y se encontró a su padre sentado a la mesa, leyendo. En la cocina solo se percibía un leve sonido musical. Nancy intentó determinar de dónde venía, pero no encontraba la fuente. Sonaba como si alguien estuviera cantando *Cumpleaños feliz*, casi como si fuera una de esas tarjetas de felicitación que tienen un chip que suena cuando se abren.

—¿Oyes eso, papá? —preguntó.

—¿Que si oigo qué? —respondió él. Nancy sabía que su padre no oía bien, así que dejó el tema. Al cabo de unos minutos entró en la cocina su marido, Stu.

—¿Quién canta? —preguntó Stu.

Entró Kim y también lo oyó; pero nadie sabía de dónde salía, y el padre de Nancy no lo oía.

Al final, el grupo decidió localizar el origen de aquel cántico tenue y misterioso de *Cumpleaños feliz*. Abrieron todos los cajones y todos los armarios. Abrieron el horno y la nevera. Por fin, alguien abrió el armario que estaba debajo de la pila.

—De pronto, el canto sonó con más fuerza —cuenta Nancy—. Y mi padre dijo: «Ah, ya lo oigo». Y en el momento en que dijo aquello, la música cesó.

Nancy y su hermana sacaron el cubo de la basura y registraron su interior en busca de la tarjeta de felicitación musical. Pero no estaba en la basura. Ni en ninguna otra parte del armario.

—Rebuscamos en todos los sobres que había en la basura, en todos los trozos de papel de envolver, en todo —dice Nancy—. Al final, nos rendimos. No llegamos a descubrir de dónde había salido aquella música.

Sin embargo, esto no quiere decir que no supieran por qué la habían oído.

—En cuanto mi padre la oyó por fin, cesó. Fue entonces cuando lo entendí —relata Nancy—. Era mi madre, que le estaba cantando *Cumpleaños feliz*. Él tenía que oírla, y al fin la oyó. Era la señal especial que le enviaba ella a él.

La familia sigue viendo corazones por todas partes. La espuma en forma de corazón en un café con leche. El badajo en forma de corazón de una campana colgada de un techo. El relieve en forma de corazón sobre la entrada de una antigua iglesia en Barcelona, donde viajaron hace poco Nancy y su marido. Los globos de helio en forma de corazón que llevaban doce turistas que pasaron sucesivamente ante la mesa en la que estaba sentada Nancy en una terraza de un café.

—Durante nuestro viaje a Barcelona, tomamos la decisión de alojarnos en un hotel concreto en el último minuto —cuenta Nancy—. Era el hotel donde habían estado mi madre y mi padre en el 2008. Y, cuando llegamos allí, observé inmediatamente una cosa situada en la vidriera de la fachada. Era inconfundible. Había una colección de corazones metálicos de colores dispuestos alrededor del nombre del hotel.

—Pregunté al recepcionista qué significaban todos aquellos corazones. Y él me respondió: «No tengo idea; vinieron ayer y alguien los montó allí». De modo que aquellos corazones habían llegado justo a tiempo para mi visita.

Para Nancy, todos esos corazones forman parte del vocabulario maravilloso que emplea su madre para seguir conectada con esa familia a la que tanto quiere. Son el lenguaje secreto que comparte con ellos.

—A mí no me cabe duda de que mi madre está siempre con nosotros —dice Nancy—. De que siempre está aquí. Y cuando tengo un día malo y la echo mucho de menos, y siento que necesito su presencia un poco más, le digo: «Mamá, te necesito; envíame otra señal». Y entonces veo un corazón en alguna parte. Continúo echándola de menos todos los días, pero me consuela mucho saber que sigue estando con nosotros.

Hasta el padre de Nancy se ha convencido ya del todo y sigue buscando y reconociendo las señales que le manda la mujer con la que pasó su vida.

—El gran regalo que le hizo mi madre fue hacerle saber que la muerte no es el final —dice Nancy—. Ahora él tiene fe. Entiende que al Otro Lado nos espera algo hermoso, muy hermoso.

8

COLIBRÍES Y LUZ

¿A QUIÉN NO LE ENCANTA ver colibríes? A mí me parecen unas criaturas realmente fantásticas, aunque no los veo con mucha frecuencia. Casi nunca, ahora que lo pienso. Sin embargo, cuando encuentro uno, me deja maravillada. Me pregunto cómo una cosa tan minúscula puede aportar tanta alegría y felicidad. Los colibríes pesan, por término medio, menos de diez gramos… De hecho, no llegan a pesar tres gramos.

Sin embargo, ese envoltorio minúsculo contiene un gran estallido de magia.

¿Sabías que los colibríes existen desde hace cuarenta y dos millones de años? ¿Y que el corazón del colibrí late más de mil doscientas veces por minuto? ¡Vienen a ser unos veinte latidos por segundo! ¡Y las alas minúsculas del colibrí pueden moverse hasta noventa veces por segundo! Con un aleteo tan rápido, es la única ave capaz de detenerse en un punto durante el vuelo durante mucho tiempo. Gracias a ello, cuando encontramos uno de estos pajaritos, por lo general podemos verlo bien, porque les gusta pararse a saludar y a pasar un rato con nosotros.

Quizá por todo esto, los colibríes desempeñan un papel simbólico destacado en muchas culturas. Los indios americanos, por ejemplo, ven en ellos a unos sanadores y colaboradores que traen suerte y amor a todos los que reciben su visita. Los antiguos aztecas creían que los dioses les encomendaban aquellas tareas que exigían una ligereza excepcional, como la de transmitir bendiciones de una persona a otra. Según reza un dicho azteca, los colibríes llevan los pensamientos de los hombres de aquí para allá. Si alguien te quiere hacer el bien, el colibrí viene a traerte ese deseo.

Los colibríes han desempeñado en mi vida todos esos papeles: han sido colaboradores, sanadores, mensajeros, portadores de amor... Pero poseen otra particularidad: estas criaturas especiales suelen ser mensajeras del Otro Lado.

Priya Khokhar era una de las cuatro hijas del hombre al que ella llamaba cariñosamente Abba, que significa «padre» en la lengua urdu. Este hombre, Shahid, ejercía una influencia profunda sobre todas sus hijas.

—Era una fuerza que había que tener en cuenta —dice Priya de Shahid, que trabajaba como diseñador de jardines—. Una personalidad muy fuerte, el que llevaba las riendas en todo momento. Además, era muy creativo y comprensivo. En Pakistán, muchos padres quieren que sus hijas estén ya casadas a los veintiuno o veintidós años, pero mi padre no nos trataba nunca como si fuésemos seres inferiores o desiguales. Nos crio enseñándonos amplitud de miras e independencia. No decía nunca: «No puedes hacer esto». Siempre decía: «Puedes hacer esto y más».

Cuando terminó la universidad, Priya se trasladó a Estados Unidos para trabajar en el sector tecnológico. Su hermana Natasha vivía cerca de ella, en la costa oeste, y las dos se hablaban casi todos los días. Un día, Priya recibió una visita inesperada de Natasha y del marido de esta, John.

—John me miró y me dijo: «Han pegado un tiro a Abba» —recuerda Priya—. A mí me costó trabajo comprender lo que quería decir con aquello.

Preguntó:

—¿Está bien?

—No, no lo está —respondió John.

Habían matado a Shahid de un tiro ante su casa, en Pakistán, delante de su mujer.

—Pakistán es un país muy violento —explica Priya—. Hay mucha delincuencia, rencillas familiares, políticas, rencores. Nuestra familia había tenido sus enfrentamientos y sus dramas a lo largo de los años y mi padre llevaba siempre una pistola. Aquella mañana, sin embargo, había salido de su casa sin ella por primera vez en cuarenta años. Un hombre vestido de negro se le acercó y le pegó un tiro.

Las hermanas estaban conmocionadas. Aquello parecía imposible.

—Lo único que yo quería hacer era volverme a Pakistán en avión para poder verlo antes del entierro —dice Priya—. Sin embargo, en la religión musulmana los entierros se llevan a cabo pronto, y no fue posible. A pesar de todo, volví a mi país y me quedé allí dos meses. No lloré, y la verdad es que no conseguía asimilar lo sucedido. Sin embargo, cuando regresé a los Estados Unidos, me derrumbé. Dejé el trabajo y pasé un mes metida en la cama.

El día del cumpleaños de Shahid, la familia de Priya se reunía y todos hacían un brindis en su honor con un vaso de Johnnie Walker Black con un cubito de hielo, la bebida favorita de su padre.

—También íbamos al Costco a comprar flores, que le encantaban, y a comernos perritos calientes de un dólar de los que venden en el Costco, que también le entusiasmaban —cuenta Priya—. Era nuestro ritual, y así lo manteníamos vivo, recordando, contando anécdotas y riéndonos.

A pesar de todo, la falta de su padre le pesaba mucho, sobre todo después de que empezara a salir con un compañero de trabajo, Dave, y de que decidieran por fin casarse.

—Había muchos momentos en los que pensaba: ¿qué diría Abba de esto? —explica Priya—. Lo que yo necesitaba era que mi padre me diera ánimo, como me lo había dado siempre.

Yo estoy emparentada con Priya: su hermana Natasha está casada con mi hermano John. Cuando vino a visitarme la madre de ambas, me ofrecí a hacerle una lectura. La mañana del día en que la íbamos a realizar, algo me hizo despertarme sobresaltada a las cinco de la madrugada. Algo fuerte. Era Shahid, que esperaba con impaciencia el momento de conectarse con su familia.

—Tu marido tiene una personalidad muy potente —le dije a la madre de Priya aquel mismo día durante la lectura—. Lleva toda la mañana acosándome.

En la lectura, Shahid dejó muy claro lo que quería comunicar a su familia. Quería que supieran que, cuando hizo el tránsito, no había sentido ningún dolor, que todo había pasado muy deprisa y que, de hecho, se había estado sintiendo cansado y que, aunque lamentaba mucho haber dejado a su familia, estaba en un buen lugar y rodeado de personas que lo querían. Era feliz. Una sobrina de Shahid había muerto joven, y Shahid se había reunido ya con ella en el Otro Lado.

Esto representó un gran consuelo para su esposa. Sin embargo, Priya era algo más escéptica.

—Supongo que no soy una persona tan espiritual —explica—. No compartía la creencia de que pudiésemos conectarnos con el Otro Lado.

Nunca me había pedido que le hiciera una lectura, y yo no se la hice; sin embargo, la familia tuvo la amabilidad de invitarme a su boda. Se celebró en la rosaleda de una hermosa mansión antigua de Fremont, en el estado de California, un día en que se vería por la noche una asombrosa luna de sangre.

Cuando iba a empezar la ceremonia, la madre de Priya vino a hablar conmigo. Me dijo que estaba muy contenta por Priya, pero que también se sentía algo apesadumbrada porque faltaba la presencia de su padre.

—Lo echo mucho de menos —me dijo—. Es muy triste.

Acto seguido, bajó la voz y me preguntó:

—¿Está aquí?

Y..., bum, la energía de él irrumpió con fuerza en mi pantalla.

Le dije que Shahid estaba presente, sin duda alguna. Y no solo eso, sino que me decía que iba a dar a conocer su presencia durante la ceremonia.

—No me dice cómo —dije—, pero está muy animado porque asegura que va a organizar un espectáculo. Sin embargo, quiere que sea una sorpresa.

A la madre de Priya se le iluminó el rostro de emoción. A decir verdad, yo también estaba emocionada esperando ver qué era lo que Shahid tenía pensado para nosotros. Algunos invitados habían oído mi conversación con la madre de Priya, y no tardó en correr la voz de que Shahid tenía preparada una sorpresa para la boda. Conteníamos el aliento esperando que comenzara el espectáculo.

La ceremonia en sí tuvo lugar bajo un cielo nublado. El acto religioso fue presidido por un imán. En su discurso, habló del concepto que se tiene de la otra vida en el islam, y dijo que podía compararse con un cono. Si habías establecido muchas conexiones y habías llevado la luz a muchos, en la otra vida estarías en lo alto del cono, donde llega más luz. Habló de la conexión intensa que existía entre Priya y Dave. Dijo que eran unos haces de luz que habían conectado entre sí antes de esta vida, que habían vuelto a conectarse durante esta y que estarían juntos en la otra.

Al oír las palabras del imán, me llamó la atención lo mucho que concordaban con las lecciones que había aprendido del Otro Lado, con lo que yo llamo la luz que nos une, los cordones brillantes de luz que nos conectan, la creencia de que somos cuerpos de luz que viajamos por el tiempo y por el espacio, recorriendo mundos, conectados eternamente unos con otros y a una fuerza de energía superior.

Mientras hablaba el imán, Priya y Dave estaban de pie frente a frente, cogidos de las manos. De pronto, se desplazaron las nubes del cielo y aparecieron entre ellas los rayos del sol.

—Lo sentí antes de verlo —recuerda Dave—. Sentí el calor en mi piel. Alcé la mirada y vi un único rayo de luz que caía directamente sobre Priya. Ella relucía, mientras todo lo que la rodeaba seguía a oscuras.

Era cierto. El rayo de sol cayó sobre Priya y sobre nadie más. Hay fotos tomadas durante esta parte de la ceremonia que lo confirman: todo estaba oscuro y en sombra, a excepción de Priya, que resplandecía.

—Sentí que el sol asomaba, y me di cuenta de que brillaba justo sobre mí —relata Priya—. En un primer momento, no le di ninguna importancia. Sin embargo, aquello fue solo la primera de las cosas maravillosas que sucedieron.

Pocos instantes más tarde, mientras Priya y Dave seguían frente a frente, algunos invitados empezaron a soltar exclamaciones de asombro. Al principio, yo no me di cuenta de lo que pasaba, aunque no tardé en verlo.

Unos quince centímetros por encima de las cabezas de Priya y Dave bailaba y se movía de un lado a otro un hermoso colibrí, que terminó por detenerse y quedarse volando inmóvil, flotando en el aire cálido durante lo que pareció ser una eternidad.

La llegada del colibrí a la ceremonia en el momento preciso en que se iban a casar Priya y Dave, y el modo en que se quedó allí, observando, esperando, bendiciendo a la pareja... ¿Cómo podía no ser aquello una señal?

—Empecé a sollozar —recuerda Priya—. En aquel momento, lo comprendí claramente: mi padre estaba allí. Yo lo sentía. Estaba allí, conmigo.

»Algunos podrán decir que la llegada de aquel colibrí en esos momentos fue una coincidencia. Para mí, sin embargo, no lo fue. Era mi padre, que me decía: «Te quiero. Estoy aquí».

Desde aquel día notable, Priya y Dave (pero sobre todo Dave) han visto colibríes por todas partes.

—No pasan dos días sin que vea alguno —dice Dave—. El día después de la boda, vi que llegaba volando hasta mí un colibrí, que me miró durante dos o tres segundos y después se alejó velozmente. No recuerdo que me hubiera pasado eso nunca hasta entonces.

De este modo, los colibríes se convirtieron en una señal que envia Shahid a su hija y al marido de esta. Es la manera que tiene de hacerles saber que vela por ellos.

—Los veo constantemente —dice Dave—. En los árboles, en los arbustos, en los bancos, en el sendero que hay detrás de mi apartamento, en todas partes. Se han convertido en un elemento principal de mi vida. La gente está harta de que le cuente cosas de ellos.

—Ya nos hacíamos bromas al respecto —dice Priya—. Cuando veíamos colibríes, sabíamos que era mi padre, que venía a ver qué hacía Dave para darle el visto bueno.

Y Dave no es el único que los ve. Un día salió de paseo con la madre de Priya y apareció ante ellos un colibrí, que estuvo flotando en el aire unos momentos.

—Es él —dijo la madre de Priya—. Es Shahid, que nos hace saber que está con nosotros.

Cuando Dave y Priya estaban buscando una casa nueva, fueron a ver una que se vendía cerca de la de Natasha y John. El barrio era bueno, pero la casa no les gustaba a Priya ni a Dave. Sin embargo, cuando Dave salió al balcón, apareció volando ante su cara un colibrí que se quedó inmóvil en el aire durante cinco segundos.

Cuenta cinco segundos. Es más tiempo del que te figuras. Dave se apresuró a entrar de nuevo y dijo a Priya:

—Esto es una señal. Tenemos que comprarnos esta casa.

Tuvieron que cambiar de agente inmobiliario, hacer equilibrios económicos y, en esencia, resolver diversas dificultades, pero acabaron comprándose la casa, y se alegran mucho de ello.

—Estamos muy cerca de mi hermana y de su familia —dice Priya—. Mi padre habría querido que estuviésemos juntos. La familia era lo más importante para él. Siempre decía: «La familia tiene que estar unida». Y por eso se ocupó de que nos quedásemos con esa casa.

Priya y Dave asistieron hace poco al festival Burning Man, que se celebra cada año; dura una semana entera y tiene lugar en una zona del desierto de Black Rock, en el estado de Nevada. Sentados en su campamento, con un grupo de unos diez amigos, la conversación fue a parar al tema de su boda.

—Les contamos lo del colibrí y les dijimos que veíamos colibríes por todas partes. Alguien dijo entonces que sería estupendo ver uno ese día —dice Dave—. Sin embargo, estábamos en pleno desierto. No había ni árboles ni arbustos. Es decir, no teníamos la menor posibilidad de conseguirlo.

Los miembros del grupo se subieron a sus motos y fueron a un campamento próximo, el salón de té Skinny Kitty.

—Me acerqué al mostrador y pedí té; y, cuando levanté la vista, solté un enorme chillido.

Los demás miembros del grupo se acercaron a ver por qué gritaba Priya.

—Me parecía increíble —dice Dave—. En aquel campamento había animales disecados por todas partes, y allí mismo, en el mostrador, había un pequeño colibrí disecado. Todos comentaban que aquello parecía una locura. Y lo era. O sea, habíamos encontrado un colibrí en pleno desierto.

Dave comprende que a algunas personas no les impresionen tanto como a él todas esas apariciones de colibríes.

—Estoy acostumbrado a que algunas personas pongan cara de incredulidad cuando les cuento mis historias —dice. Pero no le importa el escepticismo—. No puedo discutir con los que dicen que son coincidencias. Lo único que sé es que los colibríes significan mucho para mí.

»Cuando una persona me dice que no cree en esas cosas —añade—, yo siempre pienso: «Vale; pero si no estás abierto a ellas aunque sea un poquito, te puedes estar perdiendo una cosa verdaderamente maravillosa».

Para Priya, esas criaturas minúsculas de rápido aleteo se han convertido en una parte significativa de su vida.

—Puede que otros digan que es una coincidencia, pero para mí no lo es —afirma—. Es mi padre, que me hace saber que está conmigo y que está velando por mí. Y eso me consuela mucho.

»Lo que yo diría a las personas que no están muy seguras es que estén abiertas ante la posibilidad. Que estén abiertas a sus seres queridos. En el universo funcionan muchas cosas que no conocemos.

La muerte pone fin a una vida, no a una relación personal.

MITCH ALBOM, *Martes con mi viejo profesor*

9

JIRAFAS, TORRES EIFFEL Y UNA CANCIÓN QUE HABLA DE GATOS

Cuando Alexander era niño, sentía una curiosidad extraña por lo que pasa cuando morimos.

—Era raro que un chico de ocho años estuviera pensando en adónde vamos cuando nos morimos mientras jugaba al baloncesto —cuenta él mismo—. Pero así era yo. Pensaba mucho en ello. Crecí con miedo a la muerte, con miedo a perder a mis padres y con miedo a no poder volver a jugar al baloncesto con mi padre.

Mantuvo esta curiosa obsesión a lo largo de los años. Leyó libros sobre la otra vida y sobre las experiencias próximas a la muerte. No llegó a entender nunca por qué sentía aquel interés tan fuerte por este fenómeno. En el 2013 le quedó claro de pronto.

—Si observas el transcurso de mi vida, fue como si el universo me hubiera estado preparando desde una edad muy temprana para lo que sucedió en el 2013 —dice Alexander—. Ese fue el año más negro de mi vida.

Alexander se había criado con los padres más cariñosos y alentadores que cabría desear.

—Mi madre era mi corazón —cuenta—. Era la persona más extraordinaria y entregada del mundo, y tenía unas ganas de vivir y una pasión increíbles por aprender cosas.

Su padre, un empresario de mucho éxito, era su maestro y su mejor amigo.

—Yo hablaba con él casi todos los días —relata Alexander—. Era una parte importantísima de mi vida.

Alexander fue a la universidad y estudió Derecho, pero, aun así, sabía que lo que quería era seguir los pasos de su padre en el mundo de la empresa. Por ello, él también se convirtió en un empresario de éxito, recibiendo a cada paso la inspiración de sus padres. Cuando se casó, a principios del 2013, su madre y su padre le acompañaron hasta el altar.

Un día, pocos meses más tarde, Alexander llamó a su madre para darle las buenas noches.

—Teníamos pensado vernos al día siguiente —cuenta—. Recuerdo que le noté la voz algo rara, pero no creí que fuera nada grave. Al día siguiente sufrió un ictus masivo y quedó en coma.

Su madre solo salió del coma durante unas pocas horas, cuando llevaba diez días en el hospital, y después quedó en un estado de conciencia mínima. Falleció cinco meses más tarde.

Durante los meses sucesivos, Alexander y su esposa intentaron sin éxito concebir un hijo. Al cabo de unos meses, la pareja empezó a seguir tratamientos de fertilidad. Un día que tenían planeado ir en coche al aeropuerto para coger un avión y pasar el fin de semana con el padre de Alexander en la playa, tuvieron que cancelar el viaje por el calendario del tratamiento.

—Llamé a mi padre y le dije que, lamentándolo mucho, no podríamos ir, porque estábamos intentando darle un nieto —cuenta Alexander.

Aquella noche, a las diez y media, sonó el teléfono. Era la asistenta de su padre, para decirles que este había cogido un avión y que se habían estrellado. Su padre había fallecido.

—De haber ido, mi mujer y yo habríamos estado en ese avión —dice Alexander—. Y ahora mi padre estaba muerto.

La noticia lo dejó hundido.

—Fue devastador —relata—. Me destrozó. Destrozó todas las fibras de mi ser. Ya no encontraba sentido a nada y todas las noches me quedaba dormido llorando. Era un dolor inmenso.

Un amigo íntimo lo puso en contacto conmigo, con la esperanza de que una lectura pudiera aportarle algo de consuelo. El amigo no me dio ningún dato acerca de él, y hasta me dijo *mal* la inicial de su nombre de pila. Supongo que aquello era una prueba que tenía que pasar para superar el escepticismo de Alexander.

Mi lectura con Alexander fue extraordinaria. Sus seres queridos que estaban en el Otro Lado debían saber que le haría falta mucha validación para convencerse de que estaba conectando con sus padres.

Su padre fue el primero en hacerse presente. Me contó cómo había hecho el tránsito al Otro Lado y me dio los nombres de pila de las demás personas que habían perecido con él en el avión. Me dijo que no había tenido un funeral, sino dos. Hasta me dijo el nombre de uno de los personajes de la política que habían hablado en el funeral.

Sin embargo, a Alexander le hacía falta un poco más de confirmación.

Durante los meses siguientes estuvimos hablando y comunicándonos por mensajes de texto de cuando en cuando, y en una de nuestras conversaciones Alexander me pidió una señal muy concreta de su padre.

—Teníamos una canción —dice Alexander—. Era nuestra canción. Debía haber unas cinco personas en el mundo que supieran que aquella era nuestra canción: mi mujer, mi hermana, dos personas que han hecho el tránsito y yo. No lo sabía ni siquiera mi mejor amigo. Así que pedí a mi padre que enviara a Laura la letra de esa canción; aquella sería la señal de que él estaba conmigo.

Me pidió que me volviera a poner en contacto con él cuando hubiera recibido la letra de la canción que compartían.

Pasaron las semanas y los meses y no sucedió nada. No me llegó ninguna canción. El padre de Alexander se hizo presente varias veces, incluso en lecturas que hacía yo con otros consultantes, sin que yo tuviera idea de que él los hubiera conocido... hasta que apareció en sus lecturas, se entiende. Siempre irrumpía como si tuviera acceso VIP. Estaba claro que mis guías espirituales (o supongo que debo llamarlos mis «guardias de seguridad» espirituales) no eran capaces de cerrarle el paso. También venía a mí en momentos inesperados de días inesperados. Era una presencia tan hermosa y enérgica que yo sentía como si hubiera pasado a formar parte de mi vida. Le contaba a Alexander las visitas de su padre, y a él le encantaba enterarse de aquellas irrupciones agradables, pero seguía sin llegar ninguna canción.

Una noche, después de una jornada de trabajo duro, Alexander y su mujer fueron a cenar a un restaurante mexicano. Mientras cenaban, yo les envié un mensaje de texto, porque había recibido unas palabras de ánimo de su padre, que me pedía que se las pasara a su hijo. Alexander leyó el texto, sonrió y le dio el teléfono a su mujer.

Ella leyó el texto y rompió a llorar.

—¿Lo has visto? —le dijo.

—¿Que si he visto qué? —preguntó Alexander.

Solo había leído las primeras líneas del texto, que en realidad era muy largo. La parte que había podido ver terminaba con una flecha con la que se abría en su teléfono el resto del mensaje. Él solo había leído la primera parte y no se había fijado en la flecha. Su mujer, sin embargo, lo había leído todo. El texto contenía la letra de la canción «Cat's in the cradle», de Harry Chapin: ¡era la canción que tenían en común Alexander y su padre!

Yo había sentido la presencia del padre de Alexander aquella noche, cuando me estaba quedando dormida, y me había venido a la cabeza la letra de la canción. Busqué la letra en Google y la copié a un mensaje de texto que envié a Alexander.

Desde entonces, la canción se ha convertido para Alexander en una señal de la presencia de su padre. Un día iba a mantener una reunión de negocios importante en una cafetería con tres personas a las que aún no conocía. Mientras se dirigía hacia allá, se sintió nervioso. Cuando se sentó, se le ocurrió que le gustaría haber podido hablar con su padre antes de la reunión.

En aquel preciso instante empezó a sonar la canción «Cat's in the cradle» en el equipo de música de la cafetería. Había llegado cuando más falta le hacía a él oírla. Bajó la cabeza, pues se le habían llenado los ojos de lágrimas. Se disculpó y se retiró al baño para llorar a gusto.

—Fue un momento muy hermoso de conexión con mi padre —dice—. Era mi padre, que me hacía saber que yo estaba haciendo lo correcto, que estaba haciendo un buen trabajo y que él estaba allí, velando por mí.

La proyección que había hecho Alexander de la necesidad que tenía de sentir el apoyo de su padre y la respuesta instantánea de este haciendo sonar la canción precisa en el momento preciso revelan exactamente el funcionamiento del lenguaje secreto del universo.

Cuando la madre de Alexander hizo el tránsito, él creó otra señal para que la empleara ella. Se trataba de una señal atípicamente concreta.

—El animal favorito de mi madre era la jirafa —dice Alexander—. Le encantaban y siempre hacíamos bromas acerca de ellas. Y su ciudad favorita en todo el mundo era París. Hablaba el francés con soltura.

Entonces, ¿cuál fue la señal que pidió Alexander? Una jirafa y una torre Eiffel juntas. No por separado, sino juntas, al mismo tiempo.

Cuando Alexander me lo dijo, me eché a reír. Recuerdo que pensé que se trataba de una señal muy particular, pero también sabía que, cuando hablamos a nuestros seres queridos que están en el Otro Lado, ellos escuchan. Y el universo tiene modos mágicos de traernos nuestras señales.

No mucho más tarde, fui a hacer una lectura de grupo en la casa de una persona a la que yo no conocía hasta entonces. Antes de hacerla, pedí permiso para usar el baño y refrescarme un poco. Al entrar en él, me llamó la atención una cosa que vi en la pared, y en aquel preciso instante sentí que irrumpía en mi pantalla la energía de la madre de Alexander. Miré aquella cosa que me había llamado la atención y después me acerqué para verla mejor.

¿Era posible?

Sí, lo era.

Era un dibujo a lápiz, enmarcado, titulado *Metamorfosis*. A la izquierda del dibujo había una jirafa. De izquierda a derecha había dibujos sucesivos en los que la jirafa iba cambiando de forma. A la derecha, la jirafa se había transformado por completo… en la torre Eiffel.

Hice una foto del dibujo y se la envié inmediatamente a Alexander.

—Era exactamente lo que yo había pedido —afirma—. Y, desde entonces, he visto jirafas y torres Eiffel juntas en las papelerías, en tarjetas de felicitación, en las tiendas de juguetes, en una tienda de regalos. A veces me siento atraído hacia ellas. Siempre me producen una sensación mágica.

Como hacía cuando era niño, Alexander pasaba mucho tiempo pensando en lo que querían decir las señales y en lo que le enseñaban acerca de la otra vida.

—Mira, si vives en este mundo físico, siempre tendrás dudas y escepticismo acerca del más allá —afirma—. Siempre te preguntarás si es verdad que seguimos existiendo después de morir. O sea, yo me he planteado esa misma pregunta desde que era un niño de ocho años. Y quizá por eso pedía tantas confirmaciones a mis padres. Y ellos, en efecto, me las enviaron. Me las enviaron una vez, y otra, y otra.

»En mi opinión —prosigue Alexander—, no puede haber ninguna otra explicación a lo de la letra de la canción y a lo de las jirafas y las torres Eiffel. La única posible es que se trataba de mi madre y de mi padre, que se comunicaban conmigo y me hacían saber que estaban a mi lado.

No pasa ni un solo día sin que Alexander eche de menos a sus padres. Y es que, por muchas señales que recibamos, la sensación de pérdida física está siempre presente. Él se siente abrumado por la pena de su ausencia. Algunos días, saca un par de zapatos de su padre que ha conservado (usaban la misma talla), se los pone y se va a dar un largo paseo.

—Me pongo sus zapatos, literalmente, y pienso en todas las preguntas que le quiero hacer, y las respuestas que quiere darme se me suelen formar en la cabeza sin más. De modo que este es uno de los modos en que me comunico con él. Dándome un paseo con sus zapatos.

Últimamente, Alexander ya no ve tantas jirafas y torres Eiffel como solía. Sin embargo, sí las encuentra de cuando en cuando, y en ese momento constituyen algo muy especial.

—He aprendido a confiar en estas señales y me he convertido en una persona más intuitiva —dice—. Entiendo perfectamente la postura de los escépticos, porque yo mismo lo era. Sin embargo, hay muchas cosas que no entendemos de la vida y de la muerte, y ahora yo estoy abierto a todo tipo de posibilidades.

La pareja tiene dos hijos preciosos, una niña que lleva el nombre de su madre y un niño que lleva el de su padre.

—Quiero que lo sepan todo acerca de sus abuelos —dice Alexander—. Todo lo que ha sucedido me ha enseñado que debemos sacar el máximo partido posible de la vida que hacemos en la Tierra. Tenemos que aprovechar al máximo el tiempo del que disponemos aquí.

Sus experiencias, buenas y malas, y las señales notables que ha recibido, también le han enseñado otra cosa.

—Me han enseñado que, cuando ponemos energía en el universo, el universo responde —afirma—. Y me han hecho creer que mi madre y mi padre siguen muy «vivos» y que están muy cerca de mí todos los días.

> Mi padre se me apareció en un sueño seis semanas después de su muerte (...) Fue una experiencia inolvidable, y me hizo pensar por primera vez en la vida después de la muerte.
>
> CARL G. JUNG

10

SEÑALES POR DEFECTO, SUEÑOS E INTUICIÓN: SINTONIZAR CON EL LENGUAJE SECRETO

AUNQUE EL CONCEPTO DE UN LENGUAJE UNIVERSAL SECRETO nos resulte algo nuevo, aunque veamos con escepticismo la posibilidad de que exista tal lenguaje, el Otro Lado ya lo está empleando para hablar con nosotros y lo lleva haciendo desde hace mucho tiempo.

Nuestros Equipos de Luz sienten unos deseos muy vivos de guiarnos, y se alegran tanto de vernos felices que, en muchos casos, no pueden esperar a que nosotros creemos un lenguaje de señales con ellos. Por eso optan por enviarnos señales propias, confiando en que las reconozcamos y obremos en consecuencia. Están llenos de recursos y son incansables; recurren a todo y a todos, y prueban cualquier cosa con tal de captar nuestra atención. Siguen probando hasta que ya no podemos dejar de hacerles caso. Hasta el mayor de los escépticos llega a encontrarse una señal o un hecho que no puede pasar por alto con tanta facilidad. Déjame que te presente un ejemplo.

Michael Shermer es historiador de la ciencia y fundador de la Sociedad de los Escépticos (The Skeptics Society), un grupo que investiga lo que ellos llaman afirmaciones sobre hechos paranormales y pseudocientíficos. Michael lleva casi tres décadas poniendo en tela de juicio, en debates y conferencias, la creencia de que los hechos extraños e inexplicables tienen un significado. Ha dicho que no cree en Dios. Michael es escéptico con E mayúscula, se mire como se mire.

Se casó en junio del 2014 con una mujer llamada Jennifer. Tres meses antes de la boda, Jennifer había enviado varias cajas con cosas suyas a la casa de California en la que vivía Michael. Muchas de ellas contenían valiosos recuerdos de familia que ella había heredado de su querido abuelo Walter, quien había sido la figura paterna principal en la vida de Jennifer y había hecho el tránsito cuando ella tenía dieciséis años. Por desgracia, muchos de aquellos artículos se deterioraron o se perdieron durante el envío.

Una de las cajas, sin embargo, había llegado intacta. Contenía la radio a transistores Philips 070 de Walter. Era un aparato de 1978. Llevaba décadas sin funcionar, pero Michael decidió abrirla e intentar hacerla volver a la vida. Pasó horas enteras trasteando con ella, pero estaba muerta, de modo que terminó por dejarla en el fondo del cajón de un escritorio en el dormitorio de los dos y se olvidó del asunto.

Tres meses más tarde fue la boda. Jennifer echaba mucho de menos a su familia de Alemania y deseaba que hubiera podido estar allí su abuelo para acompañarla en la ceremonia.

Estaba tan afectada que fue con Michael a su dormitorio para reposar a solas un momento y reponerse. Cuando estaban cerca de la habitación, oyeron música dentro. Michael contó más adelante este incidente en un artículo. «No tenemos ningún equipo de música en ese cuarto —escribió—, de modo que nos pusimos a buscar si había allí algún ordenador portátil o algún teléfono, e incluso abrimos la puerta trasera para ver si los vecinos estaban poniendo música».

De pronto, Jennifer se volvió hacia Michael y le preguntó:

—No puede ser lo que estoy pensando, ¿verdad?

Abrió el cajón del escritorio y el aire se llenó de los compases de una hermosa canción romántica. La melodía procedía del viejo transistor de su abuelo.

—Mi abuelo está aquí, con nosotros —le dijo a Michael—. No estoy sola.

Lo que a Michael le pareció especialmente interesante fue que la música solo había empezado a sonar *después* de que Jennifer hubiera manifestado su sensación de soledad. La radio siguió emitiendo música durante la noche, pero dejó de funcionar al día siguiente y, desde entonces, no ha vuelto a producir el menor sonido.

Michael escribió más tarde: «Si esto le hubiera sucedido a otra persona, yo podría haber propuesto como explicación una anomalía eléctrica casual y la ley de los grandes números: como hay miles de millones de personas que tienen miles de millones de experiencias todos los días, es lógico que se produzcan unos cuantos hechos extremadamente improbables que destaquen por su oportunidad y su significado». Sin embargo: «A pesar de todo, la conjunción de estos hechos tan hondamente evocadores produjo a Jennifer la clara sensación de que su abuelo estaba allí y de que la música era el regalo que él le hacía para manifestarle su aprobación. Yo tengo que reconocer que aquello me estremeció y que me hizo vacilar en mi escepticismo hasta lo más hondo».

Los seguidores de Michael le suelen preguntar si se ha encontrado alguna vez con un hecho al que no pudiera dar una explicación lógica. Michael, después del regalo de bodas especial de Walter, responde que sí, que ahora sí.

El Otro Lado no se espera a que estemos perfectamente abiertos para recibir las señales. Nuestros seres queridos y nuestros guías espirituales nos envían señales y mensajes siempre que los necesitamos, con independencia de que estemos preparados para recibirlos o no. Lo cual significa que, antes siquiera de que pensemos y diseñemos un lenguaje propio, el Otro Lado recurrirá a unas señales por defecto con el propósito de conectar con nosotros.

LAS SEÑALES POR DEFECTO

He aquí algunas de las señales por defecto más comunes que suele enviar el Otro Lado:

- Aves y mariposas.
- Ciervos.
- Fenómenos eléctricos (en muchos casos, en los teléfonos móviles).
- Monedas que nos salen al encuentro.
- Arcoíris.
- Imágenes.
- Frases publicitarias.
- Carteles anunciadores.
- Revistas.
- Matrículas de automóviles.
- Letreros de las calles.
- Música y canciones.
- Plumas.
- Mariquitas.
- Series numéricas.

Si el Otro Lado recurre a todo esto para transmitir señales es por un motivo. Son las cosas que a nosotros nos resultan más fáciles de reconocer y que a ellos les resultan más fáciles de manipular y de poner en nuestro camino.

La fuerza motriz que está detrás de cualquier señal es la energía. El universo está hecho de materia, y toda materia es, en esencia, energía condensada. El Otro Lado está compuesto de la energía conjunta de todas nuestras almas. Por tanto, la energía es la moneda común que nos une a todos. Es el tejido conjuntivo de todo el universo. El propio Albert Einstein, hablando de la conexión entre masa y energía, dijo: «La masa y la energía no son más que manifestaciones distintas de una misma cosa; este concepto resulta poco familiar para las mentes corrientes». Nuestros Equipos de Luz del Otro Lado son capaces de manipular los campos de energía de un modo tal que resultan ideales para enviar señales.

Yo sospecho que lo hacen manipulando el campo magnético de la Tierra. Este campo es un amasijo inmenso de partículas con carga que se extiende desde el interior de la Tierra a las profundidades más lejanas del espacio. Los estudios científicos han demostrado que muchos animales se sirven de él para orientarse y para encontrar su destino en el mundo. Un estudio publicado en el *Journal of Experimental Biology* calificaba a este fenómeno como «el GPS de la naturaleza».

Además, todos los seres vivos generan energía electromagnética, que es una forma de energía que emiten los objetos a través de las ondas eléctricas y magnéticas. Los animales son capaces de percibir los campos electromagnéticos (CEM) de los demás animales. Las mariposas transmiten señales ultravioletas, y muchas aves tienen brújulas naturales incorporadas que se orientan por el campo magnético terrestre. Y hace mucho tiempo que los cazadores se quejan de que los ciervos tienen un sexto sentido, porque están muy sintonizados con los CEM.

Así se explica que el Otro Lado nos suela enviar señales en forma de animales y de insectos, como ya habrás observado en algunos de los casos que has leído hasta ahora.

También se sirve de fenómenos eléctricos extraños e inesperados: de teléfonos móviles que hacen cosas raras o reciben mensajes de texto y llamadas inexplicables, de bombillas eléctricas que parpadean o se funden y de radios estropeadas que empiezan a reproducir música de pronto, por citar solo unos pocos.

Parece ser que las monedas, al estar hechas de metal, también tienen un grado de conductividad que las convierte en objetivos fáciles para el Otro Lado. Estate atento a la aparición de monedas en lugares inesperados o en momentos inesperados; más concretamente, cuando estés pensando en una persona querida que ha hecho el tránsito o cuando estés dando vueltas a una decisión importante o pasando un día complicado. Yo me encontré una vez en la secadora de ropa una moneda de diez centavos puesta de canto. Sucedió en el preciso instante en que estaba pensando en mi padre, que había hecho el tránsito. Teniendo en cuenta que el Otro Lado busca el modo de llamarnos la atención, interpreté aquella posición rara de la moneda como una señal, como que mi padre me estaba enviando un saludo y un abrazo.

Otra señal potente y popular son los arcoíris. Un arcoíris es, en esencia, una refracción y dispersión de la energía lumínica, y al Otro Lado le encanta jugar con este tipo de energía. La aparición de arcoíris, e incluso de arcoíris dobles, en momentos absolutamente oportunos es una señal que a nuestros Equipos de Luz les suele gustar enviar.

Sin embargo, como el Otro Lado es muy inteligente y rico en recursos, puede que recibas una señal de arcoíris que no tenga nada que ver con un arcoíris real. Por ejemplo, si una de tus señales es un arcoíris, si este forma parte del lenguaje secreto que ha elegido tu ser querido que está al Otro Lado, puede que veas una pegatina con un arcoíris en un coche, o un arcoíris impreso en una bolsa de papel, o un arcoíris hinchable desplegado sobre un aparcamiento. Lo mismo puede decirse de los animales. En vez de un ciervo de carne y hueso, puedes darte de bruces, en el momento exacto, con una ilustración, o un tatuaje, o una foto. También intervienen en esto los carteles anunciadores, los periódicos y las revistas. Pueden contener imágenes de la señal que te ha sido dirigida, y te la enseñarán en un momento y de un modo que te dejará claro que se trata de un mensaje.

También las matrículas de los coches y los letreros de las calles suelen aparecer en forma de señales. En mi opinión se debe a que, cuando vamos al volante, nuestra mente entra en una especie de estado de flujo que nos vuelve más abiertos. ¡Por eso es un buen momento para que el Otro Lado se ponga en contacto con nosotros! Del mismo modo, nuestros equipos también se sirven de la música para establecer el contacto. Se valen de los teléfonos móviles, los iPad, la radio del coche, los equipos de música y hasta el hilo musical de los ascensores.

Tienen un talento especial para hacernos oír la canción que nos hace falta oír y en el momento mismo en que necesitamos oírla.

Otra señal por defecto muy común son las series numéricas. Los números consecutivos, las fechas de nacimiento, los números de las direcciones, los números de teléfono, los números cuya suma da un total significativo… Podemos considerarlos todos ellos como intentos por parte del Otro Lado para llamarnos la atención. También es frecuente que estos números aparezcan en aparatos electrónicos tales como relojes, teléfonos móviles y televisores, y a veces en las matrículas de los vehículos. Así le resulta más fácil al Otro Lado ponernos delante unos números significativos y conseguir que nos fijemos en la señal que nos está transmitiendo.

Existen otras muchas señales por defecto: las plumas, las mariquitas, los globos, los colores, las nubes, las imágenes que nos llegan por correo e incluso las personas con las que nos cruzamos. ¿No te ha pasado nunca que piensas en una persona a la que hace mucho tiempo que no ves y te la encuentras al día siguiente a la vuelta de una esquina? La aparición de una señal por defecto en un momento insólito por su oportunidad se suele llamar sincronicidad. Es «una coincidencia significativa», la aparición de unos hechos que aparentemente no guardan relación alguna de causa y efecto entre sí, aunque da la impresión de que sí tienen una relación significativa.

Ya he comentado que fue Carl Jung quien creó el término de «sincronicidad». Su libro titulado *Sincronicidad* fue publicado por la Universidad de Princeton a mediados del siglo XX. A partir de entonces se han estudiado los fenómenos insólitos y se han empleado diversos términos para describir los hechos que no se pueden explicar fácilmente ni de manera científica; se ha hablado, por ejemplo, de CHPS (conjunciones de hechos paralelos significativos), de simulpatía (sentir a distancia el dolor de otra persona) y de supersincronicidades (casos extremos de conexiones inexplicables entre varios hechos). No existe un consenso científico sobre la explicación de estos sucesos y de estas experiencias, pero la ciencia no ha descartado la posibilidad de que estos fenómenos tengan un sentido que va más allá de lo que se puede explicar de manera racional.

Yo he oído contar o he vivido en primera persona millares de sincronicidades notables. Y también he presenciado cómo puede cambiar la vida de las personas, y de una forma muy sustancial, cuando encuentran un sentido en esos hechos. Son demasiado importantes, demasiado potentes, demasiado consecuentes como para que podamos permitirnos restarles importancia o despreciarlos.

Por tanto, debes ser consciente de las muchas señales por defecto a las que recurren nuestros Equipos de Luz para conectar con nosotros. Porque, aunque no estemos prestando la atención debida, el Otro Lado seguirá enviándolas hasta que acabemos por fijarnos en ellas.

LAS SEÑALES SON COSAS IMPROBABLES

Una buena manera de determinar si un hecho o un incidente es una señal o no consiste en plantearse si es probable o improbable. Por ejemplo, ver un elefante en un parque zoológico es mucho menos sorprendente que encontrárselo paseando tranquilamente por la Quinta Avenida. Las cosas que están fuera de lugar, o fuera de su época o temporada, o que son extrañas de alguna otra manera por su aspecto o por el momento en que llegan, son buenas candidatas a tratarse de señales.

Nuestras mentes inconscientes y nuestros cuerpos nos suelen alertar de la presencia de estas señales antes de que las perciba nuestra mente racional. Podemos tener una reacción física, una sensación de asombro o de maravilla, o puede que nos recorra la espalda un escalofrío. Podemos sentir un arrebato de emoción, un impulso de alegría; se nos puede escapar una sonrisa reflexiva o una carcajada. Cuando eso sucede, tenemos que hacer una pausa y buscar las conexiones ocultas que existan entre lo que acaba de pasar, o lo que acabamos de ver, y las circunstancias de nuestra vida en ese momento. Si un bello caballo salvaje corre junto a nuestro coche por una carretera rural, quizá sea un mensaje relacionado con la libertad y el autoempoderamiento. Si en ese momento estás dudando sobre si dejar o no tu trabajo y montar tu propio negocio, es posible que *esa* sea la conexión oculta que da un significado especial al caballo salvaje.

Presta atención a los acontecimientos de la vida que provocan una respuesta involuntaria en ti. El Otro Lado es infinitamente ingenioso y creativo, y los miembros de nuestro Equipo de Luz son, en cierto modo, bastante fanfarrones. Les *encanta* deslumbrarnos. Y si pueden dejarnos pasmados, mejor que mejor. Si sucede algo que te sorprende por lo improbable que resulta, seguramente se deba a que el Otro Lado acaba de obrar su magia.

TEN EN CUENTA EL MOMENTO EN EL QUE SE PRODUCE

No todas las señales tienen por qué ser algo excepcional. La cosa, el ser o el suceso más diminuto, más común, menos despampanante puede ser también una señal muy importante. Una hormiga, una bola de algodón o un botón pueden ser señales. A veces, lo excepcional no es la señal en sí misma, sino *el momento en el que se produce*.

Tu canción favorita suena en la radio justo ese día en el que te sientes especialmente deprimido. El número 10 aparece en tu recibo de Starbucks cuando estás preocupado por la posibilidad de suspender un examen. Alguien dice por casualidad en la televisión la respuesta a una palabra de un crucigrama cuando estás a punto de dejarlo. Todos estos sucesos sencillos y sorprendentes pueden ser señales del Otro Lado, porque el momento en el que tienen lugar hace que nos sintamos conectados con el mundo de una forma inexplicable, como si lo único que tuviéramos que hacer fuera entregar al universo nuestros miedos y nuestras dudas para que este responda con reafirmaciones juguetonas y maravillosas.

¡Y eso es, de hecho, lo que sucede! El universo está muy atento a nuestras necesidades; el Otro Lado *sabe* cuándo necesitamos recibir una señal. Un poco más adelante, cuando hablemos sobre cómo pedirle señales concretas, verás que el momento también es importante. Por ahora diremos simplemente que, aunque no las pidamos, nuestro Equipo de Luz sabe cuándo las necesitamos y nos las enviará de forma sencilla pero poderosa. Por tanto, si el momento en que se produce un suceso te resulta increíblemente perfecto, toma nota; el Otro Lado considera que la elección de este momento es fundamental.

REPETICIONES

¿Qué ocurre cuando un suceso se repite una y otra vez? ¿Qué pasa si no hacemos más que ver una y otra vez un objeto determinado u oír una frase concreta? ¿Son solo cosas aleatorias o se trata de algo más?

Una de las verdades básicas de las señales es que no siempre consiguen a la primera lo que pretenden. Por eso no es raro que el Otro Lado nos envíe la misma una y otra vez. También puede ser que quiera reforzar el mensaje o el saludo que está enviando. Ver un globo morado una vez no es algo que nos vaya a emocionar. Sin embargo, verlos por todas partes (en el cielo, en tarjetas, en anuncios) resulta un tanto especial. Lo importante de una señal puede ser que no deja de repetirse. *Ese* podría ser el método que está utilizando el Otro Lado para captar nuestra atención.

Las repeticiones pueden estar sugiriéndonos también que examinemos algunos patrones no saludables y recurrentes de nuestra vida. Una de las funciones principales de nuestros Equipos de Luz es ayudarnos a aprender las lecciones de vida que necesitamos para seguir ascendiendo hacia un camino de vida más alto y mejor. Si no lo hacemos en la primera oportunidad, el Otro Lado nos ofrecerá más ocasiones.

Es posible que no dejemos de entablar relaciones tóxicas o que permitamos que la falta de confianza nos impida ser las personas valientes y llenas de luz que deberíamos. Quizá sigamos haciendo caso —y rodeándonos— de personas que nos tumban en lugar de elevarnos. Las señales repetitivas pueden estar directamente relacionadas con estos problemas —el globo morado, por ejemplo, podría estar indicando que el Otro Lado nos está empujando para que alcemos el vuelo— o ser codazos repetidos que nos animan a examinar un patrón no saludable de nuestra vida.

Por tanto, si algo te sucede una y otra vez —si el globo morado no deja de perseguirte—, presta atención. Tu Equipo de Luz está intentando decirte algo.

NOS LLEVAMOS AQUELLO QUE AMAMOS

El amor que albergamos en nuestro corazón aquí, en la Tierra, no desaparece cuando hacemos el tránsito; viaja con nosotros y entra a formar parte de la fuerza de vida ingente y universal compuesta por el conjunto de *todo* nuestro amor y nuestra luz.

Del mismo modo, nuestras pasiones, nuestros dones individuales únicos y nuestra personalidad también nos acompañan. Alguien que sea artista en la Tierra lo será también en el Otro Lado. Alguien que sea un bromista incorregible aquí, en la Tierra, lo seguirá siendo cuando haga el tránsito. Si adorábamos a los elefantes cuando estábamos en nuestro cuerpo, seguiremos adorándolos cuando nuestra conciencia haya hecho la transición, haya salido de nuestro cuerpo y se haya convertido en energía de luz pura.

Nos llevamos aquello que amamos.

Por eso, cuando busquemos señales, debemos ser conscientes de que nuestros seres queridos suelen usar, para conectarse con nosotros, aquello que amaban o que se les daba bien aquí, en la Tierra. Lo hacen porque siguen encariñados con estas cosas, pero también porque saben que las reconoceremos como algo que les gustaba a las almas que pasaron al Otro Lado.

Si, por ejemplo, el color favorito de uno de tus seres queridos era el amarillo, estate atento a señales que de algún modo lo contengan. Si siempre iba montado en una bicicleta roja oxidada, busca bicicletas rojas oxidadas. Si la reacción de un ser querido ante una tormenta repentina era bailar alegremente bajo la lluvia, no te sorprendas si ves una imagen de alguien bailando bajo la lluvia un día que te sientas deprimido y desanimado.

Nuestros seres queridos del Otro Lado nos envían señales diseñadas para que pensemos en ellos. Lo hacen para recordarnos que siguen estando conectados con nosotros de una forma muy real y potente. El amor que nos unía a ellos aquí, en la Tierra, sigue conectándonos después de su partida. Los intereses que compartíamos, las alegrías que teníamos en común, los recuerdos que nos hacían reír, todo ello forma parte de la conexión constante y duradera que existe entre el Otro Lado y nosotros, de las cuerdas vibrantes de luz que pasan entre todos los que habitamos la Tierra y entre nosotros y el Otro Lado. Son herramientas que utilizan nuestros Equipos de Luz para captar nuestra atención y dirigirnos hacia nuestro camino de vida más elevado.

Por tanto, si ves, sientes u oyes algo que te recuerda a un ser querido que ya ha hecho el tránsito, que te hace pensar en lo mucho que te importa, estate preparado para aceptarlo como un saludo amistoso, un recordatorio suave, un guiño cósmico..., una señal especialmente bella del Otro Lado. A continuación, dale las gracias mentalmente para que sepa que has recibido el mensaje y también para honrarlo.

SUEÑOS

El estado onírico es otro método que usan los seres queridos que ya han hecho el tránsito para conectarse con nosotros. No es raro que soñemos con alguno de ellos. Lo reconocemos fácilmente en nuestros sueños y luego, cuando nos despertamos, experimentamos el mismo amor intenso que sentíamos por él cuando estaba aquí. También podemos interactuar con nuestros seres queridos en sueños para alterar o hacer avanzar nuestra relación terrenal con ellos. A menudo, la sanación se produce durante las visitas oníricas.

Las visitas oníricas son algo muy real. Como ya he dicho, creo que todos tenemos capacidad para experimentar la energía no física, espiritual, de las almas que han hecho el tránsito. Sin embargo, la cacofonía de estas vidas tan ajetreadas que llevamos nos abruma y dificulta la transmisión del mensaje. Es como estar atascado en una radiofrecuencia que solo produce interferencias. A menudo nos encontramos bloqueados sin esperanza en el lóbulo frontal del cerebro, el panel de control que maneja nuestras habilidades de lenguaje y matemáticas y nuestro pensamiento analítico, es decir, todas nuestras habilidades cognitivas.

Excepto, eso sí, cuando estamos dormidos.

Al dormir, nuestro cerebro se desconecta. Nos alejamos de nuestra conciencia. El ruido y la estática se silencian. Nuestro cerebro va y viene del lóbulo frontal. Entramos en lo que se denomina sueño de ondas lentas y, después de este, en la fase REM, el nivel más profundo del sueño, el estado en el que soñamos. Paradójicamente, nuestro cerebro está casi tan activo durante esta fase del sueño como cuando estamos despiertos, con ráfagas notables de actividad eléctrica. La fase REM es también el nivel en el que nuestro cuerpo y nuestro cerebro se encuentran más distanciados; el cuerpo está básicamente paralizado y permite al cerebro dedicar todo su poder a las experiencias no físicas.

El científico neurológico Jeff Tarrant explicó que, cuando hago lecturas, mi cerebro pasa literalmente de un estado de consciencia a algo que se parece a una meditación profunda o incluso a la inconsciencia, aunque estoy despierta, alerta y consciente. Este cambio es muy similar a lo que sucede cuando estamos profundamente dormidos.

Cuando dormimos, podemos alcanzar un estado en el que nos resulta más fácil experimentar la energía espiritual de las personas que forman parte de nuestra vida, tanto en la Tierra como en el Otro Lado. Por eso, estos sueños suelen resultar increíblemente vívidos, como si estuvieran sucediendo de verdad.

Yo los denomino sueños en tres dimensiones y los considero destellos de la realidad invisible de la existencia. Las cosas que suceden en ellos están, en cierto modo, sucediendo de verdad. Podemos reunirnos con nuestros seres queridos y recibir mensajes suyos o experimentar nuevas facetas de las relaciones que mantenemos con ellos. Lo que sucede en estos sueños en tres dimensiones nos importa muchísimo. En cierto modo, es como recibir del universo una descarga de información extremadamente útil que, de otra forma, no podría llegar a nosotros, porque estamos demasiado ocupados o distraídos.

Por tanto, presta atención a tus sueños vívidos en tres dimensiones, a estas visitas de tus seres queridos y a las señales y mensajes que el cerebro dormido transmite de una forma tan bella. Todos ellos forman parte de nuestra interconexión y honrarlos nos empodera como pocas otras cosas consiguen hacerlo.

IMPULSOS INTUITIVOS

Existe un tipo de señal que no podemos ver ni oír, que solo sentimos en lo más profundo de nuestro ser. Es un impulso intuitivo.

Son sensaciones que tenemos constantemente. Podemos llamarlas corazonadas, sensaciones instintivas o un sexto sentido. Es una fuerza que nos guía y que queda fuera de la mente racional y lógica. Gira a la izquierda, no a la derecha. Ve por esta calle, no por esa. Sal de aquí, hay una energía rara. Si te quedas aquí, podría sucederte algo malo. Ve a saludar a esa persona, porque te está esperando una conexión estupenda. De algún modo entendemos las cosas al momento, sin razonarlas de manera consciente.

Es la intuición. Estos arranques que sentimos son impulsos intuitivos.

Su energía está conectada con un gran regalo de luz y con lo que yo denomino energía de Dios. Es el poder generalizado del universo que nos dirige e interviene en nuestra vida. Es nuestro Equipo de Luz del Otro Lado que pulsa las brillantes cuerdas de luz que nos conectan a todos. Tenemos que recordar que nuestro instinto nunca nos va a guiar en el sentido equivocado. Por eso es tan importante que sigamos estos impulsos intuitivos. Cuando lo hacemos, los honramos.

Y cuando honramos nuestra conexión infinita con la energía de Dios del universo, todas las bendiciones de la existencia fluyen con más facilidad hacia nosotros.

Los impulsos intuitivos son un método que prueba el Otro Lado para protegernos frente a decisiones equivocadas o perjudiciales en la Tierra. Muchas veces resultan *contrarios* a la intuición. Por ejemplo, podemos creer que queremos algo y al mismo tiempo experimentar una incertidumbre muy molesta. Hago lecturas para una mujer que tuvo mucho éxito en un trabajo muy importante y deseaba seguir subiendo en la empresa. Sin embargo, tenía también una sensación constante de que debía dejar el trabajo y seguir un camino nuevo que le resultaba muy emocionante. Esto iba totalmente en contra de lo que creía que era su mejor forma de actuar.

Por tanto, eligió no seguir su impulso intuitivo y conservó el trabajo. Poco tiempo después, la empresa hizo una fusión y un nuevo colega maniobró para quedarse con su puesto. La despidieron.

El despido resultó ser una bendición disfrazada. Cuando dejó el trabajo, emprendió el camino nuevo, maravilloso y poderoso por el que se había sentido atraída anteriormente... y su vida se abrió y se transformó como jamás podría haber imaginado. ¡Muchas veces, nuestra intuición va un paso por delante de nosotros!

De hecho, puede incluso salvar vidas. Yo misma experimenté hace poco tres ejemplos muy seguidos de esto.

El primer episodio tuvo lugar una vulgar tarde de miércoles. Había salido con mis hijos a hacer recados. Queríamos ir a Target. Al entrar en el aparcamiento observé un sitio libre estupendo cerca de la entrada. Giré por el carril para acercarme a él, pero algo me hizo ir más despacio. No tuve tiempo para procesar por qué lo hacía, simplemente paré el coche delante del hueco.

—Mamá, ¿por qué paras? ¿Qué pasa? —me preguntó mi hijo desde el asiento de atrás—. ¿No vas a aparcar?

Justo en el momento en que mi hijo me hacía la pregunta, una niña muy pequeña con el pelo negro peinado en dos trenzas salió disparada hacia el hueco donde iba a meter el coche. Mis hijos se quedaron sin aliento. Yo me quedé sin aliento. La madre de la niñita se quedó sin aliento; se encontraba en el hueco delante del nuestro peleando con el asiento infantil de su coche cuando su hija se escapó. Rápidamente la cogió de la mano y la llevó al coche. Nos quedamos inmovilizados.

—Mamá, ¿qué es lo que acaba de pasar? —me preguntó mi hija.

Todos estábamos conmocionados. Si no hubiera parado el coche, si me hubiera metido en el hueco en ese momento exacto, habría atropellado a la niña. Elevé una oración silenciosa a mi Equipo de Luz dándole las gracias por advertirme a través de mi intuición, por ayudarme a evitar una tragedia que habría marcado para siempre la vida de las dos familias.

Una semana más tarde iba en el coche camino de casa. Al dar la vuelta a una esquina, frené de repente y seguí avanzando a paso de tortuga.

—Mamá, ¿qué estás haciendo? ¿Por qué has parado? —me preguntó mi hija desde el asiento de atrás.

—No lo sé. Tengo una sensación —empecé a decir. En ese momento, una pelota de baloncesto botó ante mi coche y un niño de unos catorce años salió corriendo detrás de ella, justo delante de mi coche, sin percatarse del tráfico.

—¡Dios mío, mamá! —exclamó mi hija—. ¡Es de locos! ¡Ha vuelto a pasar!

—Sí —le dije—, por eso es tan importante prestar atención a los impulsos intuitivos y honrarlos. Es el Otro Lado, que nos cuida.

En cierto modo, creo que el Otro Lado estaba también utilizando estas experiencias para enseñar a mis hijos la importancia de la intuición. Una vez más di las gracias en silencio a mi Equipo de Luz.

El último suceso tuvo lugar pocos días después. Estaba en el coche con mi hija mayor, Ashley, que iba sentada a mi lado en el asiento delantero. Estábamos paradas en un semáforo. Desde que Ashley era pequeña, hemos jugado en los semáforos. Ella está pendiente de la luz y, cuando se pone verde, dice «¡Ping!» en un tono de voz agudo muy mono. Es mi señal de arrancar. Ese día en concreto, la luz se puso verde y Ashley dijo: «¡Ping!»..., pero yo no arranqué. Algo me detuvo. Sentí una descarga instantánea que me decía que me quedara parada. Ashley repitió más alto: «¡Ping!», y luego dijo:

—Pero, mamá, ¿por qué no arrancas?

En ese mismo momento, un camión inmenso se saltó el semáforo en rojo y pasó zumbando a nuestro lado a ochenta kilómetros por hora. Nos quedamos de piedra. Si hubiera arrancado, el camión habría chocado contra nosotras de todas todas. Ashley se me quedó mirando con la boca abierta. Ambas respiramos hondo.

—Por eso no arranqué —le dije.

Lo había sentido. Algo dentro de mí me había dicho que me quedara parada. Y supe qué era ese algo: mi Equipo de Luz.

La intuición es uno de los grandes regalos que tenemos como seres humanos. Sin embargo, solo funciona si le hacemos caso. Cuando empezamos a considerar nuestros impulsos intuitivos como una conexión a una fuente de poder más elevada y los honramos de una forma que nos conduce a tomar decisiones mejores, encontramos nuestro camino de vida más elevado y alcanzamos una felicidad más plena.

CAMINOS BLOQUEADOS

Existe un dicho famoso que afirma que debemos tener cuidado con lo que deseamos. El Otro Lado me ha enseñado otra versión de esta lección: en ocasiones, es una bendición *no* obtener lo que queremos.

El Otro Lado se esfuerza mucho para orientarnos hacia la decisión correcta. En ocasiones, nuestro Equipo de Luz llega a ponernos obstáculos para que no consigamos lo que *creemos* que deseamos.

Es posible, por ejemplo, que veamos constantemente frustrados nuestros esfuerzos por conseguir un trabajo concreto o por hacer un movimiento determinado. En ese caso, si parece que el universo está decidido a actuar en contra nuestra, deberíamos plantearnos que quizá exista un *motivo* para que no consigamos lo que creemos que queremos; en realidad, eso no es lo que más nos interesa. No nos ayudaría a seguir nuestro camino de vida más apropiado y elevado.

Es como si el Otro Lado estuviera representando una intervención. Quiere ayudarnos a evitar buscar algo que no nos va a aportar una auténtica satisfacción o que podría conducirnos por un camino de tristeza, ira o incluso peligro. Si seguimos intentando obtener algo a pesar de ver cómo nuestros intentos van siendo bloqueados desde todos los ángulos y no conseguimos averiguar por qué, considera que podría no ser el camino adecuado para nosotros. A veces, rendirse al universo y seguir adelante es lo más poderoso que podemos hacer; es nuestro camino de vida más elevado y mejor.

Los caminos bloqueados son una de las muchas formas que utiliza el Otro Lado para intervenir en nuestra vida y para intentar conducirnos en la dirección correcta. Esto puede suceder también con relación a las personas que son llevadas a nuestro camino. Algunas vienen como bendiciones, otras como lecciones, y hay veces en las que nosotros mismos somos una lección para otro. En muchas ocasiones, una vez terminada la lección, el Otro Lado retira a una persona concreta de nuestro camino. Entenderlo y dejar ir a esas personas puede ser una herramienta muy poderosa para alcanzar nuestro camino de vida más elevado y mejor. Además, abre nuestra energía hacia conexiones y lecciones nuevas y hermosas.

ECHA LA VISTA ATRÁS

Por mucho que nuestro Equipo de Luz se esfuerce por darnos en la cabeza con las señales, es posible que nosotros no las veamos o no las recibamos. Aunque tengamos una conexión muy estrecha con el Otro Lado, existe una diferencia necesaria entre nuestra existencia en la Tierra (como almas en un cuerpo físico) y lo que le sucede después a nuestra energía (cuando dejamos atrás nuestro cuerpo físico). El viaje de nuestra alma sigue unos pasos determinados. Por eso, el proceso de comunicación no es siempre directo; es elíptico. Podría ser algo parecido a un código morse cósmico.

Por eso, todos nos perdemos algunas señales. Pueden ser incluso grandes, claras e inconfundibles. Sin embargo, pasamos por su lado, estamos hablando por teléfono y no las vemos, o las vemos pero sin llegar a *verlas* realmente. Es algo que va a suceder. Por tanto, si estás ahí pensando que tú nunca recibes una señal, te garantizo que tu Equipo de Luz te las ha estado enviando. Lo que ocurre sencillamente es que no las has captado. Esto es algo que nuestro Equipo de Luz entiende y por eso sigue enviándonos más una y otra vez hasta que por fin las vemos.

Sin embargo, hay un método que puede ayudarnos. Podemos *echar la vista atrás*.

Podemos pensar en cosas que han sucedido en nuestra vida y buscar algún patrón distinguible, un hilo cósmico de luz y conexión entretejido en ellas. Al echar la vista atrás podemos establecer conexiones que la primera vez nos perdimos.

Pregúntate: «¿Me ha pasado esto antes?». Pregúntate: «¿Qué señal o momento de conexión negué o relegué a un apartado de mi mente?». Pregúntate: «¿Sucedió algo milagroso que quizá descarté sin pensarlo?». Podemos retroceder mentalmente y convertir una conexión pasada por alto en una conexión *hecha*.

No te quedes parado ante mi tumba llorando.
No estoy ahí. No duermo.
Soy mil vientos que soplan.
Soy los destellos diamantinos sobre la nieve.
Soy la luz del sol sobre el grano maduro.
Soy la suave lluvia de otoño.
Cuando despiertas en el susurro de la mañana,
soy la bandada repentina y ágil de pájaros silenciosos
que se elevan en vuelo circular.
Soy las suaves estrellas que brillan en la noche.
No te quedes parado ante mi tumba llorando;
no estoy ahí. No he muerto.

Mary Elizabeth Frye

SEGUNDA PARTE

CREA TU PROPIO LENGUAJE

El universo está siempre hablándonos…,
enviándonos pequeños mensajes, provocando
coincidencias y casualidades, recordándonos
que debemos parar, mirar a nuestro alrededor,
creer en alguna otra cosa, en algo más.

NANCY THAYER

IMAGINA QUE ESTÁS EN UN RESTAURANTE MUY CONCURRIDO Y DE REPENTE ves, al otro lado de la sala, a alguien que conoces. Quieres captar su atención, así que pronuncias su nombre en voz alta. Por encima del ruido, esa persona oye su nombre y se da la vuelta. Los dos os saludáis y sonreís y os sentís bien por vuestro dulce momentito de conexión.

Lo que quiero que entiendas es que conectarse con el Otro Lado es en realidad algo tan sencillo como decir en voz alta un nombre en un restaurante.

Nuestros equipos del Otro Lado están dispuestos y ansiosos, esperando a que reconozcamos esta conexión. Efectivamente, nos envían señales, y lo hacen muy bien, pero siguen necesitando que nos conectemos con ellos para aumentar las posibilidades de comunicación creando nuevos símbolos significativos... y reforzando las cuerdas de luz que nos unen.

Esta sección está llena de historias y conocimientos que *te* ayudarán a cocrear tu lenguaje único y especial con el Otro Lado. Cuando lo hagas, se producirán dos cosas asombrosas: (1) Te resultará mucho más fácil recibir las señales que pueden influir sobre tu vida y elevarla de una forma muy significativa, y (2) aportarás una *alegría* tremenda no solo a tu vida, sino también a tu Equipo de Luz del Otro Lado.

11

CAER EN LA CUENTA

LAS SEÑALES SON CAPACES DE TRANSFORMARNOS. Pueden llevarnos de un estado de ser a otro. Pueden conducirnos de la desesperación a la esperanza, de estar perdidos a sentirnos seguros, de vernos atascados a volar. ¡Fíjate que poder más increíble! ¿Qué otra cosa puede resultar tan absoluta y positivamente transformadora en tan poco tiempo? ¡Y sin receta!

Pero eso es lo que hacen las señales. Iluminan la oscuridad y nos aportan una forma nueva y más empoderadora de ver el mundo que nos rodea.

Nos ofrecen un significado en esos momentos en los que no podemos encontrar ninguno.

Una de las formas más bellas que tienen de transformarnos está relacionada con la pena que sentimos cuando perdemos a una persona amada. Es muy fácil que nos quedemos atascados en nuestra aflicción, que nos sintamos abrumadoramente tristes, vacíos y solos. Sin embargo, los seres queridos que están al Otro Lado no quieren que nos sintamos así. Por eso nos envían señales capaces de transformar nuestra pena en algo muy profundo, en la sensación de que seguimos estando, de que siempre estaremos, conectados con aquellos a los que amamos, incluso después de que hayan hecho la transición al Otro Lado.

Y eso no es todo. He visto a personas que tenían muchas dificultades para comunicarse con sus seres queridos aquí, en la Tierra, y que, *después del tránsito, conseguían hacerlo mucho mejor*. Esto significa que nuestras relaciones no solo continúan, sino que pueden incluso *mejorar*. ¡Imagínate! Cuando nuestros seres queridos ya han hecho el tránsito, podemos encontrar niveles nuevos de cercanía y contento con ellos. Podemos incluso sentir su amor de una forma más pura que cuando estaban aquí.

Podemos perdonar daños viejos y sanar heridas viejas.

Este es el poder tan extraordinario que tienen las señales; por eso digo que tienen la capacidad de transformarnos.

Sé que esto es verdad porque yo misma lo experimenté no hace mucho tiempo.

El tránsito de un padre supone una pérdida muy dolorosa, y eso fue lo que yo sentí en el 2016, cuando el mío lo hizo. Me preguntaba si el hecho de ser una médium psíquica y de saber todo lo que sé acerca del Otro Lado me podría ayudar en mi propio proceso de duelo. Iba a comprobarlo en seguida; estaba a punto de poner en práctica todo lo que había aprendido.

Mi relación con mi padre, John, era bastante difícil. El amor que le profesaba era grande e incondicional, pero él tenía muchos problemas. Bebía demasiado y solía enfadarse y aislarse. Cuando yo era niña, él solía pasar muchas noches de fin de semana en el sótano tocando la guitarra. De sus tres hijos, yo era la única que me escurría escaleras abajo para verle. Me atraían los sonidos de su guitarra eléctrica. A mi padre le encantaba poner música y grabarse tocando y cantando con ella sus canciones favoritas. Y eso fue lo que llegamos a hacer juntos. Se convirtió en lo nuestro. Cantábamos, reíamos y volvíamos a cantar hasta que mi madre bajaba a buscarme para acostarme.

A medida que fueron pasando los años, mi padre bebía y se iba distanciando cada vez más. Cuando yo me fui a la universidad, solía llamarle a menudo y visitarle cuando podía. Sin embargo, con el transcurso del tiempo, las llamadas fueron disminuyendo. Mi vida se volvió tan ajetreada que pasaban los días, y luego las semanas, sin que habláramos.

De repente, un día, sin venir a cuento, recibí una descarga muy fuerte del Otro Lado: *Llama a tu padre*. Solo eso, *llámale*. Sumida en el caos de la vida diaria, iba de un lado a otro realizando tareas y encargos y me olvidaba de hacer esa llamada. Sentía que había una razón para que el Otro Lado siguiera diciéndome que le llamara, pero yo apartaba esa sensación de mi mente.

Por aquel tiempo, uno de los colegas de golf de mi padre llamó a mi madre.

—A John le pasa algo —le dijo—. No tiene buen aspecto.

Mi madre fue al apartamento de mi padre (estaban divorciados, pero seguían siendo amigos). El amigo tenía razón; tenía un aspecto malísimo. Mi madre le llevó al médico y este le mandó directamente al hospital. Sin embargo, los doctores no fueron capaces de averiguar qué le pasaba. Lo dejaron ingresado toda la noche en observación y yo fui a visitarlo al día siguiente.

Al entrar en la habitación del hospital, supe al instante que la energía vital de mi padre estaba disminuyendo. No iba a salir de allí. Su alma se estaba preparando para hacer el tránsito. Me quedé a su lado durante muchas horas y, aunque tenía el cuerpo débil, su mente seguía estando ágil. ¿Y de qué le apetecía hablar allí tumbado en la cama del hospital? De literatura francesa y del significado de la vida.

A medida que iban pasando las horas, cada vez iba siendo menos coherente.

Le hicieron pruebas, pero no consiguieron averiguar qué le pasaba. Para entonces, mi padre ya no estaba consciente ni podía comunicarse. A pesar de todo, una enfermera nos dijo que estaba segura de que podría recuperarse y salir, pero yo tuve la sensación de que no iba a ser así. Mi pensamiento dominante, mi *conocimiento*, era: *No va a salir de este hospital. Se está preparando para hacer el tránsito.* De todas maneras, tenía la esperanza de que la enfermera estuviese en lo cierto.

El mismo día en que la enfermera hizo aquella predicción, mi padre empeoró. Sus constantes vitales cayeron en picado. Le llevaron a toda prisa a la unidad de cuidados intensivos y le pusieron respiración artificial. Cuando eso sucedió, yo estaba en casa duchándome. Al salir de la ducha, como me sucede muy a menudo, se conectó la pantalla de mi mente y en ella apareció el mejor amigo de mi padre. Yo le llamaba tío Nick, y había hecho la transición unos años antes. Me alegré mucho de verle y de comprobar que era claramente dichoso. Me dijo que estaba muy feliz y emocionado ante la perspectiva de volver a ver a mi padre. Otro de los grandes amigos de mi padre, el tío Lee, también apareció en mi pantalla y se mostró igual de alegre.

Los viejos amigos de mi padre querían que yo supiera que estarían allí para recibirle cuando hiciera la transición.

En el momento en que empezaban a desvanecerse, me pregunté si podrían decirme cuándo iba a ser la transición de mi padre para así poder preparar a mi familia. Les dije: *¡Esperad! ¿Podéis decirme cuándo va a hacer mi padre la transición?* Recibí una respuesta muy concreta: *Este jueves*. Luego desaparecieron. Faltaban cuatro días para el jueves.

Ese mismo día tenía que acudir a un acto en un gran teatro de Long Island que se había organizado varios meses atrás. Cientos de personas habían comprado entradas y yo no quería defraudarlas. Además, ahora sabía que mi padre, que ya no estaba consciente, no iba a hacer el tránsito hasta cuatro días después. El gerente del teatro, que sabía que mi padre estaba enfermo, me dijo:

—¿Estás segura de que quieres hacer esto? Sé que quieres estar con tu padre cuando haga el tránsito.

—Sin problemas —le respondí—. Lo hará el jueves.

Así de segura estaba.

Llamé a mi hermano y a mi hermana, que viven en otro estado, y les dije que tenían que venir a ver a nuestro padre porque iba a hacer el tránsito el jueves. Esa noche, justo después del acto, fui al hospital y la enfermera me dijo que mi padre estaba mejorando y que quizá le dieran el alta pronto. Le respondí que no creía que fuera a ser así, pero me dijo que yo estaba equivocada.

—Va muy bien —me dijo—. Se va a recuperar.

Al día siguiente, los órganos vitales de mi padre empezaron a fallar. Las pruebas dieron como resultado que no había esperanza.

Gracias al mensaje del Otro Lado, todos estuvimos con él en el hospital ese jueves: mi hermano, mi hermana, mi madre, la hermana de mi padre, Ann, y yo. Le estaba fallando el cuerpo y ya no podía respirar por sí solo. Los niveles de amoniaco en sangre estaban por las nubes. Sufría. Todos sabíamos que no quería que le prolongaran la vida artificialmente, así que tomamos la dolorosa decisión de pedir que le retiraran la respiración artificial.

Nos turnamos para pasar un momento a solas con él y decirle así nuestras últimas palabras. Yo le dije lo mucho que le quería y lo mucho que siempre le había querido, que le perdonaba por todo lo que pudiera necesitar perdón y que sabía hasta qué punto se había esforzado por hacer lo mejor para su familia. Todos le dijimos que le queríamos y que podía irse.

Sin embargo, no se iba.

El médico nos dijo que, una vez retirado el tubo del respirador, lo más probable era que hiciera la transición en unos veinte minutos. Mi primer pensamiento fue: «Bueno, yo conozco a mi padre. No se va a ir tan fácilmente». Todos nos reunimos alrededor de su cama y mi madre le cogió la mano. Las constantes vitales no cambiaron *en absoluto*. Pasamos la siguiente hora sentados alrededor de su cama, y luego dos horas, pero su estado seguía siendo el mismo. Al final decidimos hacer algo para mostrarle lo mucho que le queríamos: le cantamos.

Mi hermano sacó su iPhone y pusimos todas las canciones favoritas de mi padre. Cantamos *Sloop John B*, de los Beach Boys; *Folsom prison blues*, de Johnny Cash; *That'll be the day*, de Buddy Holly. Cantar y escuchar música con mi padre era una de las formas en las que nos conectábamos con él; quizá la *mejor* forma. Solíamos cantar todos juntos en familia durante los viajes largos en coche. Y ahora, una vez más, estábamos cantando en familia y resultaba algo enormemente amoroso y alegre.

Estábamos cantando para acompañar a mi padre a casa.

—Deberías poner algo de Elvis —dijo mi madre—. A tu padre le encanta Elvis.

Casi al unísono, mi hermana, mi hermano y yo respondimos:

—¿De verdad?

Ninguno de nosotros recordaba haberle visto escuchándole. Por eso seguimos poniendo las canciones que recordábamos que le gustaban.

Aproximadamente una hora después de la sugerencia de mi madre, recibí un mensaje de texto de mi amiga Bobbi Allison. Es otra médium psíquica y a menudo recibimos mensajes la una para la otra. Así es como funcionan las cosas cuando dos médiums psíquicas se hacen amigas y pasan el tiempo juntas; nos enredamos bastante en los asuntos de la otra. Bobbi sabía que mi padre se estaba muriendo y que esa noche yo estaba en el hospital con él. También sabía que el Otro Lado me había dicho que iba a hacer el tránsito esa noche. Me imaginé que el mensaje sería simplemente que me mandaba recuerdos cariñosos.

«Sé que esto es bastante raro —empezaba el mensaje—, pero tu padre está viniendo a mí. Se está preparando para dejar su cuerpo, pero todavía no está listo para irse. No hace más que darme una canción. No dejo de oírla. Me está diciendo que esta canción es un mensaje para tu madre».

Ya resultaba bastante sorprendente de por sí que mi padre se pusiera en contacto con Bobbi y le diera una canción precisamente cuando todos estábamos sentados alrededor de su cama cantándole. Sin embargo, Bobbi me había dicho que se trataba de una canción concreta y yo quise saber cuál era.

—*Love me tender* —me respondió—. La canción de Elvis.

—¡Pon *Love me tender*! —dije a mi hermano casi gritando. Él la puso y yo observé el rostro de mi padre para ver si mostraba alguna reacción.

Una lágrima se formó en la comisura de su ojo izquierdo.

Ninguno de sus hijos habíamos compartido una canción de Elvis con él, pero la cosa no iba por ahí. Las canciones de Elvis eran algo que él había compartido con mi madre. Elvis era algo *de ellos*.

—Mamá, este es su mensaje para ti —le dije.

Cuando la canción terminó, todos estábamos llorando en silencio. Habíamos sido testigos de un momento muy potente. Un minuto después de terminar la canción, las constantes vitales de mi padre se vinieron abajo. El ritmo cardíaco, la respiración..., todo cambió. Pusimos nuestras manos sobre él. El ritmo cardíaco bajó hasta cero, se disparó hasta cien y luego se detuvo totalmente. Con toda su familia a su alrededor, tocándole y envolviéndole con nuestro amor, mi padre hizo la transición.

Elvis había sido su último hurra. Había sido su último mensaje de amor para mi madre, una afirmación de que, a pesar de todas las penalidades, la amaba profundamente y siempre lo había hecho. Mi padre se aferró desesperadamente a la vida hasta que pudo entregar este mensaje final y, con la ayuda de Bobbi, lo consiguió. Luego, se fue.

Y en ese momento tan hermoso, mi padre hizo también algo más. Estableció una señal que usaría para comunicarse con nosotros desde el Otro Lado.

Su señal sería Elvis.

Y no esperó mucho para enviárnosla.

La mañana después del tránsito de mi padre, mi madre, mis hermanos y yo fuimos a la funeraria para hacer los trámites necesarios. Fue un momento muy complicado para todos. A pesar del milagro que había supuesto el último gesto de mi padre y del amor que todos sentíamos, perderlo había resultado terriblemente doloroso. Todos teníamos relaciones con él que habían quedado sin resolver por distintas causas y eso hacía que la sensación de pérdida resultara aún más profunda. Nos sentíamos tristes y vacíos. Lo siguiente que íbamos a hacer era coger flores, pero decidimos ir primero a comer para recuperar fuerzas.

—¿Adónde vamos? —preguntó mi madre.

—¿Qué tal a una cafetería? —sugerí.

Había varios restaurantes más cercanos, pero yo sentía un fuerte impulso de ir a una cafetería, y a una en concreto: la Dix Hills Diner. Cuando llegamos, estaba abarrotada, como de costumbre. Conseguimos dejar el coche en el último hueco que quedaba en el aparcamiento. Al entrar, imaginábamos que tendríamos que esperar mucho para conseguir una mesa. Sin embargo, se nos acercó la camarera y nos dijo:

—Nos queda una libre al fondo. ¿Les viene bien?

Sonreímos por la suerte tan enorme que habíamos tenido y la seguimos hasta la mesa vacía. Nos sentamos y empezamos a hablar de todas las cosas que teníamos que hacer. Yo volvía a sentirme triste y huérfana y me daba cuenta de que mi madre y mis hermanos estaban igual. Nos sentamos los cuatro invadidos por una enorme pesadumbre. Cogimos los cubiertos y miramos distraídamente el menú. Yo tenía la cabeza gacha y luchaba por contener las lágrimas.

Entonces oí decir a mi hermana:

—Caramba, mirad, ahí arriba.

Estaba señalando la pared situada a la derecha de la mesa en la que había un gran cartel enmarcado titulado *Heaven's diner**. En él se veía un restaurante con tres famosos: Marilyn Monroe, James Dean y Elvis.

Elvis… ¡Justo cuando más lo necesitábamos! ¡Y en la *Cafetería del cielo*!

Aquello nos cambió al momento. Pude verlo en los rostros de mi familia. Mi padre nos había demostrado que seguía estando con nosotros. Fue su forma de decir: «Estoy bien. Estoy aquí. No estéis tristes por mí. Os quiero a todos».

Sin embargo mi padre, que en vida no había sido el mejor de los comunicadores, no se conformó con eso. Quería asegurarse de que todos sabíamos que seguía estando con nosotros.

---

* *La cafetería del cielo (N. de la T.)*

Un día más tarde, mi madre y mi hermana fueron a una licorería a comprar vino para la recepción posterior al funeral. La tienda había sido una de las preferidas de mi padre. Cuando iban a entrar al aparcamiento, un coche les cortó el paso chirriando las ruedas. Ambas pudieron ver claramente la matrícula:

Elvis4U*

En el mismo momento en que mi madre y mi hermana estaban en la licorería, yo me encontraba en mi cocina dirigiendo mis pensamientos hacia mi padre y manteniendo una pequeña conversación con él. Todos nos habíamos preguntado lo que él tendría que hacer, en lo que respecta al karma, para compensar lo duro que había sido con mi madre durante tantos años.

«No sé cómo puedes arreglarlo —pensé—. Tendrás que hacer algo muy llamativo, como conseguir que le toque la lotería».

Justo en ese instante, a varios kilómetros de distancia, en la licorería, mi madre estaba pagando. La compra ascendía a noventa y siete dólares. Entregó un billete de cien dólares, la cajera marcó cien dólares en efectivo y la caja, en lugar de mostrar una vuelta de tres dólares, indicó que debería dar a mi madre ¡*ocho millones*!

—Caramba, nunca me había pasado esto —exclamó la cajera, atónita, con una sonrisa—. Bueno, supongo que ahora tengo que darle ocho millones de dólares.

Todos se echaron a reír y mi madre volvió al coche para contarme lo de la matrícula de Elvis y lo que había sucedido en la caja.

Entonces yo le hablé de mi charla con papá.

Puede que él no hubiera arreglado las cosas para que a mi madre le tocara la lotería de verdad, pero, como había podido, le había enviado ocho millones de dólares.

Siempre había tenido mucho sentido del humor.

---

* Fonéticamente suena igual que *Elvis for you*, que significa «Elvis para vosotros». *(N. de la T.)*

Al día siguiente del funeral, yo tenía que coger un avión a California por un asunto de trabajo ya programado con antelación. Me sentía desconsolada. La herida estaba todavía muy reciente y dolorida. Me abroché el cinturón sintiéndome aturdida. El monitor del respaldo del asiento situado delante de mí estaba encendido y la pantalla mostraba un mapa de Estados Unidos. A la derecha había una lista de las canciones que estaban poniendo en la emisora sintonizada: «Los 50 en la 50».

Al mirar la pantalla, observé que eran las canciones favoritas de mi padre: Buddy Holly, Johnny Cash. Una tras otra, las que más le habían gustado. Miré las otras pantallas a las que alcanzaba mi vista, pero ninguna estaba sintonizada con esa emisora.

Supe que era otra señal de mi padre y le di las gracias por enviármela. Una de las últimas que sonó fue *The battle of New Orleans*, de Johnny Horton. Es una canción oscura, pero mi padre y yo solíamos cantarla *constantemente* cuando yo era pequeña. Recuerdo incluso cómo me la cantaba cuando yo empezaba a caminar. Volver a oírla me trajo recuerdos muy felices y me llenó el corazón de amor y paz.

—Papá, estoy impresionada —le dije—. Menudo despliegue.

El avión empezó a descender y, justo antes de aterrizar, sonó una última canción.

Don't be cruel, de Elvis.

Después de regresar de California, pasé solo un día en casa antes de volver a coger un avión, en esta ocasión a Florida, donde asistía como voluntaria para la conferencia anual de la Forever Family Foundation. Mi amigo y médium Joe Perreta iba a estar también. Sabía que mi padre había hecho el tránsito, pero nada más.

—Hum, Laura —dijo en un momento dado—, tengo un mensaje para ti de tu padre, pero no lo entiendo muy bien. No lo explica. Me dice solo que, por confirmar, estaba en el avión contigo.

Yo me eché a reír.

—Ya lo sé —respondí, y le conté a Joe lo de las canciones.

La situación había cambiado. Me embargó la alegría, una sensación de conexión instantánea con mi padre. En cierto modo, me sentía más cerca de él de lo que nunca había estado cuando se encontraba aquí, en la Tierra. ¡Era increíble!

—Te oigo, papá —le dije—. Estoy bien. Lo entiendo. Sé que estás conmigo.

Tres semanas más tarde fui a comprar una botella de vino a la licorería donde mi madre y mi hermana habían visto la matrícula de Elvis. En esta ocasión no vi ni oí nada que tuviera relación con él. Había música ambiental en la tienda, pero estaban poniendo canciones más recientes. Mientras hacía cola para pagar, empezó a sonar *Crazy little thing called love*, de Queen.

En una voz demasiado alta, el cajero se volvió a su colega y dijo sin pensarlo:

—Eh, ¿es de Elvis esta canción?

—¿Estás tonto? —respondió su amigo—. ¿Por qué me preguntas eso? Todo el mundo sabe que es de Queen.

—Es verdad —dijo el cajero—. Ya lo sabía. No sé por qué pensé que se trataba de Elvis.

Yo sí lo sabía.

Aunque mi padre no pudiera mandarme un cartel de Elvis, una matrícula o una canción, había encontrado la forma de que yo oyera su nombre. Fue algo raro, improbable y embarazoso (para el cajero, quiero decir), pero también increíblemente potente.

«Gracias, papá», pensé.

Me di cuenta de que mi padre era mejor comunicador en el Otro Lado de lo que jamás había sido cuando estaba aquí.

Hubo otras señales aparte de Elvis, de canciones de los cincuenta y de ocho millones de dólares.

El día siguiente al tránsito de mi padre, mi madre me envió un mensaje de texto preguntándome si creía que los problemas de mi padre habrían desaparecido ahora que estaba en el Otro Lado. Al responder, empecé a escribir la palabra «involucrado».

Sin embargo, el autocorrector la cambió y le mandé «Estoy bien».

Y luego estaban los pingüinos.

A mi padre le entusiasmaban todos los animales y todas las cosas tipo *National Geographic*. Más o menos una hora después de hacer el tránsito, cuando yo estaba a punto de salir del hospital, mi amiga Nancy D'Erasmo, que también es médium psíquica, me envió un mensaje diciéndome que mi padre le estaba mostrando pingüinos para mí. Me preguntó si estos animales tenían algún significado especial, pero a mí no me venía nada a la cabeza. Le dije que recordaría el mensaje y que intentaría averiguar qué significaba.

Esa misma noche, mientras iba conduciendo desde el hospital a mi casa, tuve un momento de lo que yo denomino *saber*.

Sentí el impulso de mirar en el cajón superior de mi tocador en cuanto llegara a casa. Comprendí que tenía que buscar una carta concreta que estaba allí, una carta de mi padre. No sé por qué me brotó ese pensamiento. Ni siquiera sabía de qué trataba la carta. Solo era consciente de que me sentía atraída hacia ese cajón y de que tenía que buscar esa carta.

En cuanto llegué, subí corriendo a mi cuarto y abrí el cajón. Allí, de hecho, había dos cartas. La primera era del 2010. En ella mi padre me decía lo agradecido que se sentía por tenerme en su vida y que yo había sido una hija maravillosa. Me senté en la cama y rompí a llorar. Luego miré la otra carta. La saqué del sobre y me quedé atónita.

Era una tarjeta del Día de la Madre y en ella aparecían dos pingüinos, uno adulto y su bebé.

Y de repente recordé a mi padre contándome que los pingüinos padres cuidan activamente de sus crías y las protegen, que las atienden muy bien. Al ver la carta, todos aquellos recuerdos acudieron a mi mente.

Dentro de la tarjeta, mi padre me decía lo buena madre que yo era, cómo siempre hacía que mis hijos se sintieran seguros, calientes y rodeados de amor. Yo había conservado las tarjetas y ahora volvía a tenerlas entre mis manos la noche misma en que mi padre había hecho el tránsito.

Mi padre me envió pingüinos.

Y no sería la única vez.

Nueve meses después volé a Tokio para participar en un programa de la televisión japonesa. Si digo que me encontraba fuera de mi zona de confort, me quedo corta. Aunque me sentía entusiasmada y muy honrada por haber sido invitada a participar en el programa, estaba un tanto preocupada. Iba a intentar transmitir mensajes del Otro Lado llevando cascos y con un intérprete que iría trasladando mis mensajes a los contertulios. Aunque mi plegaria al Otro Lado ha sido siempre: «Utilízame de la forma que mejor pueda ser empleada como vehículo de amor y sanación en este mundo», supongo que nunca había esperado que me enviara a Japón, con el desfase horario y unos cascos puestos para compartir este mensaje de amor y sanación a través de un intérprete. Tenía la sensación de que se había producido algún tipo de confusión cósmica.

Justo antes de salir hacia el estudio, mi marido, Garrett, que había viajado conmigo, me aseguró que todo iba a salir bien.

—Estás aquí por alguna razón —me dijo—, y todo va a ser estupendo.

Llegué al estudio y los productores me contaron lo que se iba a hacer. Me iban a llevar a una habitación preparada para darle el aspecto de una oficina de Nueva York. Luego conectarían conmigo durante el programa japonés —para engañar al presentador y a la audiencia y hacerles creer que estaba hablando por Skype desde Estados Unidos— antes de llevarme al plató para dar una sorpresa a todo el mundo. Seguí al productor hasta aquella habitación donde habían preparado la oficina neoyorquina falsa.

Cuando el productor me introdujo en ella, elevé una pequeña oración al Otro Lado para que me llegara alto y claro, y pedí apoyo a mi Equipo de Luz.

En la sala observé que habían colocado una estantería como atrezo y habían puesto en las baldas unas cuantas figuritas para darle un toque acogedor.

¿Y de qué figuritas se trataba? Eran todas *pequeños pingüinos de cerámica*.

«Muy bien, papá —dije para mis adentros—. Ya lo capto. Estás aquí conmigo. Esto va a salir bien».

Toda mi energía cambió. El programa fue estupendamente. El Otro Lado me llegó alto y claro y las traducciones fueron fluidas. Los pingüinos me recordaron que no estaba sola. Fueron justo lo que necesitaba en el momento exacto.

Sin embargo, mi padre no había terminado todavía. No estaba allí solo para enviarme señales de apoyo, sino que se aseguró también de mandarme un mensaje haciéndome saber que estaba orgulloso de mí. Cuando terminé el programa y cogí un taxi para regresar al hotel, me fijé en algo brillante que había en el suelo. Me di cuenta de que era una moneda estadounidense de diez centavos. Desde que mi padre había hecho el tránsito, había ido encontrando monedas de estas en esos momentos en los que me estaba resultando difícil asumir el tránsito, cuando tenía que tomar una decisión complicada o sencillamente cuando me apetecía sentirle a mi alrededor. «Caramba, papá —pensé—. ¡Una moneda estadounidense de diez céntimos en el suelo de un taxi japonés! Buen trabajo».

Deberíamos estar siempre alertas a las señales de los seres queridos que ya han hecho el tránsito. Señales que nos indiquen, cuando más lo necesitemos, que nos están apoyando, que están a nuestro lado, que nos aman. Pueden ser pingüinos, puede ser Elvis, pueden ser monedas de diez centavos…, puede ser cualquier cosa.

Los seres queridos que están al Otro Lado encontrarán siempre una forma de llegar a nosotros.

Podría seguir y seguir contando todas las señales que mi padre continúa enviándonos.

Por ejemplo, le encantaba todo aquello que se hiciera con manteca de cerdo, así que no dejábamos de ver cosas que tuvieran que ver con… la manteca en múltiples objetos. Vi a una persona con una camiseta de un restaurante llamado The Larder* cuando estuve en Los Ángeles. Mi hermano vio desde un avión que estaba volando

* La Despensa. En inglés, «manteca de cerdo» se dice *lard*. (*N. de la T.*)

sobre un pueblo llamado Manteca* y, cuando el tipo que iba a su lado se levantó para ir al lavabo, vio que tenía un enorme tatuaje en el brazo que decía «EN LA MANTECA CONFIAMOS»**.

Siempre que alguno de nosotros recibe una de estas señales, mandamos un mensaje a todos los demás para que lo sepan. Estos textos divertidos, alegres y cariñosos van constantemente de uno a otro y nos acercan cada vez más entre nosotros. No tengo ni la más ligera duda de que son la forma que tiene mi padre de llegar a nosotros y de hacernos saber que nos quiere y que vela por nosotros. En realidad, después de su tránsito, a mí me habría resultado muy fácil quedarme atascada en mi pena y no ver estas señales. Sin embargo, mi padre fue tan constante, tan bueno a la hora de enviarlas que no pude dejar de percibirlas. Como al final les abrí mi corazón y acepté que estaba recibiéndolas, me transformé. Salí del dolor que me estaba machacando. Pude conectarme con mi padre de una forma nueva y muy hermosa.

A través de las señales, nuestros seres queridos pueden ser unos comunicadores mucho mejores de lo que fueron aquí, en la Tierra. ¡Mi padre se ha convertido en el alma más charlatana del universo! De muchas formas muy reales, está más presente en mi vida que antes. Es más cariñoso. Es más atento. *Responde* más. Si envío al universo el cariño que siento por él, me lo rebota ampliado.

Si le pido ayuda para algo, o que me envíe una señal para hacerme saber que todo va bien, me responde de forma maravillosa y mágica.

Me ayudó a comprender que tenemos que abrir del todo la mente y el corazón para recibir estos mensajes tan poderosos. Hasta que no pasé yo misma por el proceso traumático de perder a mi padre, no me di cuenta realmente de lo duro que resulta y de lo importantes que son estas señales... si dejamos que calen en nosotros. Desde el Otro Lado se ha convertido no solo en mi protector,

---

* En español en el original. (*N. de la T.*)

** En inglés, esta frase es «In lard we trust». Es un juego de palabras en el que la palabra *lard* sustituye a *Lord*, que es el «Señor». (*N. de la T.*)

sino también en mi maestro. Nuestra relación no había terminado. Sigue creciendo y evolucionando.

No fue demasiado tarde para mi padre y para mí, porque nunca lo es.

Nunca es demasiado tarde para sanar y hacer crecer las relaciones que mantienes con aquellos seres queridos que ya han hecho el tránsito.

12

1379

BRANDON HUGO VIVÍA en un pueblo pequeño del norte de Iowa, tan pequeño que tenía un cartel a la entrada que decía: «POBLACIÓN: 95, MÁS O MENOS».

Había nacido el día de los Inocentes, y resultó ser un cumpleaños muy apropiado para él, porque siempre estaba haciendo reír a la gente.

—Le encantaban las bromas pesadas, pero nadie se enfadaba con él —dice su madre, Angela—. Era un gran amigo de todo el mundo, siempre cariñoso, sensible y sincero.

Tenía una magia especial que atraía a la gente; sabía escuchar a las personas y ayudarlas a resolver sus problemas; era un casamentero empedernido que emparejó con éxito a varios amigos suyos, y se le daba muy bien apaciguar ánimos encrespados. Era muy popular entre todo tipo de gente.

—Conectaba a las personas —cuenta Angela—. Tendía puentes. La gente gravitaba hacia él, y él unía a todo el mundo.

Dos meses antes del día en que iba a cumplir los veintiún años, acompañó a un amigo a ver una báscula ganadera que este estaba interesado en comprar. Se encontraba a unos ocho kilómetros de su casa. A la vuelta, pararon en un bar diminuto situado en medio de la nada.

—No tenía edad para entrar, pero lo hizo de todas formas —afirma su madre—. Era muy responsable en lo que respecta a beber y conducir, pero esa noche decidió tomarse unas copas.

Brandon y su amigo salieron del bar a las dos de la madrugada. Hacia esa hora, su madre se despertó sobresaltada de un profundo sueño.

—No sabía por qué me había despertado —recuerda—. Sencillamente, tuve una sensación extraña.

Unos minutos después sonó el teléfono.

Los números ponen orden en nuestra vida: la hora a la que nos levantamos, lo que pesamos, nuestro presupuesto mensual. Están entre las primeras cosas que aprendemos y son el significante de aquellas cosas que poseen más significado en nuestra existencia cotidiana. Los cumpleaños, los aniversarios, los números de la suerte... Tendemos a darles un significado mayor del que los expertos en estadística y los matemáticos dicen que tienen. Quizá observemos que algunos parecen salir *siempre* que miramos la hora —6:31, 2:22, 11:47— o veamos la misma secuencia una y otra vez en nuestro día a día. Pero no somos los únicos a los que les pasa.

San Agustín de Hipona, hacia el año 400 d. C., fue uno de los primeros defensores del poder de los números. «Los números son el lenguaje universal ofrecido por Dios a los seres humanos como confirmación de la verdad», afirmó. En su opinión, la forma de llegar a esa verdad es investigar aquellos que aparecen en nuestra vida y descubrir su significado secreto. A lo largo de los años, la numerología nos ha sugerido que poseen correlaciones místicas con nuestra vida cotidiana.

Según mi experiencia, son una de las herramientas más poderosas de que se vale el Otro Lado para comunicarse con nosotros. La clave, tal y como creía san Agustín de Hipona, es permanecer abiertos a su poder oculto y a su capacidad para revelar verdades que, de otra manera, no veríamos.

Brandon se había criado como un buen chico de campo, trabajando en la granja de la familia. Disfrutaba metiéndose debajo del capó de los vehículos y arreglando motores, y tenía en el taller varios coches de carreras de demolición que le encantaba desmontar. En el instituto había sido elegido Rey de la Semana de Primavera, entre otros muchos logros. Era una estrella del deporte, bombero voluntario y consejero de su amigo Bert, que le tenía en un pedestal y le quería como si fuese su hermano.

Aquella noche, en el bar, Brandon bebió más de lo debido. Bert tenía planeado ir con él al día siguiente a ver unos cerdos de cría ecológica y le preocupaba la posibilidad de que tuviera demasiada resaca para cumplir la cita. Por eso acudió con otro amigo al bar para asegurarse de que Brandon estaba bien.

A las dos de la madrugada, cuando cerró el local, un vecino accedió a llevar a casa a Brandon y a Bert en su camión. Por desgracia, él también había bebido demasiado. Bert le pidió que le entregara las llaves, pero el vecino se negó; nadie conducía su camión excepto él. Había menos de siete kilómetros desde el bar hasta la casa de Brandon, pero el vecino se empeñó en mostrarles lo que corría su camión. Al terminar de subir una colina muy empinada, perdió el control del vehículo.

El camión se metió en una zanja, avanzó otros cien metros, chocó contra una piedra y se puso a dar vueltas de campana hasta que paró con las ruedas en el aire. El conductor había salido despedido y falleció. Bert estaba malherido —tenía la pelvis y unas costillas rotas y neumotórax—, pero consiguió salir gateando y llamar a la madre de Brandon.

—Tenéis que venir —le dijo respirando con gran dificultad—. Ha sucedido lo peor.

Angela y su marido se dirigieron al lugar del accidente sin saber si Brandon iba en el camión o no. Cuando llegaron, no vieron señal alguna de él. Llegaron bomberos y sheriffs de otros pueblos y Angela oyó a uno de ellos exclamar:

—¡Hay una persona debajo del camión!

Los bomberos cogieron unos postes de madera y levantaron con ellos el vehículo. El padre de Brandon iba de uno a otro preguntando:

—¿Es Brandon?

Era Brandon, y había hecho el tránsito.

El accidente en sí no le había dañado demasiado; solo tenía dos costillas rotas. Sin embargo, había salido despedido hacia atrás, se había atascado en la ventanilla y, al recibir todo el peso del camión sobre él, se había asfixiado.

Más de quinientas personas acudieron al velatorio y, al día siguiente, setecientas abarrotaron la iglesia para asistir a su funeral, el mayor que jamás había tenido lugar en el pueblo.

—Todo el mundo lloraba —dice Angela—. Hombres adultos, gente a la que no conocía, todos iban caminando y llorando. Tener que despedir a Brandon era durísimo.

Bert estaba hecho polvo. Después del accidente había conseguido de un modo u otro subir hasta la cima de una colina situada en un campo de maíz, algo que, según los servicios de urgencias, parecía imposible dadas las lesiones que tenía. Estaba convencido de que Brandon le había ayudado y, en su dolor, empezó a creer que podría seguir vivo.

—Empezó a dejar un montón de mensajes en el teléfono de Brandon diciéndole que le iba a encontrar —cuenta Angela.

La novia de Brandon, Lanae, conocía la clave de seguridad del móvil y escuchó los mensajes de voz. Se preocupó y se lo contó a los padres del chico.

Entonces Bert decidió que iba a borrar los mensajes que había enviado a Brandon para que nadie más pudiera oírlos. Sin embargo, no podía meterse en el móvil de este sin saber la clave de seguridad, y nadie la conocía excepto Lanae. Una semana después del accidente, la llamó y le dijo que sabía la clave.

—¿Cómo la sabes? —le preguntó Lanae.

—Bueno, probé de todo —respondió Bert—: su número en el fútbol, su número en el baloncesto, la matrícula…, pero ninguno servía. Luego tuve un sueño. Brandon y yo íbamos en un coche de demolición perseguidos por la policía. Era como si yo estuviera fuera del coche viéndonos dentro. Entonces vi el número de la matrícula y, al despertarme, supe que era la clave.

—¿Y qué número era? —preguntó Lanae.

—1379.

La muchacha se quedó sin habla.

1379 *era efectivamente* la clave de Brandon.

La madre de Brandon, Angela, siempre había creído en Dios, en Jesús y en la otra vida, y ella también había soñado cosas que creía que eran señales de arriba. Por eso, cuando le contaron el sueño de Bert, no lo echó en saco roto.

Al día siguiente de ese sueño, Angela llevó a Lys, la hermana adolescente de Brandon, a un terapeuta.

—Todos necesitábamos que nos orientaran para superar la pérdida y poder seguir adelante —dice.

Después fueron a Target a hacer unas compras.

Cuando estaban en el aparcamiento, Lys señaló al suelo.

—¡Mira, mamá! —exclamó.

Era un trozo pequeño y rectangular de plástico blanco duro con cuatro números impresos en rojo: 1379.

—¿Cómo es posible? —dice Angela—. De todos los aparcamientos del mundo, dejamos el coche en aquel en el que íbamos a encontrar un trozo de una señal con los números exactos que Bert había visto en sueños catorce horas antes. Cuatro números que eran la clave del móvil de Brandon. Fue increíble.

De vuelta a casa, sonó en la radio la canción *I believe*, de Diamond Rio. A Brandon le encantaba Diamond Rio y había asistido a muchos de sus conciertos.

—Cuando empezó a sonar *I believe* fue cuando supe que Brandon seguía con nosotros —afirma Angela.

La conocí unos meses después del tránsito de Brandon. Junto a su segundo marido, Martin, se había apuntado a un retiro de duelo organizado por la Forever Family Foundation. La primera noche me dirigí a un grupo de unos sesenta participantes para contarles lo que hago y cómo lo hago. Para la noche siguiente se habían programado reuniones más íntimas, de unas diez personas, en las que podía centrarme de verdad en los mensajes del Otro Lado.

La primera noche, sin embargo, poco después de que yo empezara a hablar, alguien se hizo presente con fuerza. Dos almas se hicieron presentes con fuerza. Insistían. Al momento me sentí atraída hacia el lugar en el que Angela estaba sentada junto a Martin. La miré y le dije que su madre tenía muchísimo interés en hablar con ella.

Al mismo tiempo, le dije también:

—Un hombre joven está intentando hacerse presente y me dice que quiere ser el primero. Le está diciendo a tu madre que lo siente mucho, pero que es su turno.

Brandon me indicó que le dijera a su madre que su color favorito era el verde y que seguía queriendo que ella pintara su habitación de ese color, tal y como había prometido, aunque sabía que ella prefería otro color. Preguntó también por qué Martin tenía el árbol de Navidad grande y él el más pequeño.

—Eso es cierto —dice Angela—. Teníamos dos árboles de Navidad en la sala, uno grande, de tres metros y medio, que montó Martin, y otro más pequeño en un armario. El más pequeño era el de Brandon. Se lo compré cuando era niño.

Luego Brandon me transmitió que le gustaba el tatuaje.

—Yo no tenía ningún tatuaje visible, y Martin tampoco —relata Angela—. Pero entonces Martin se levantó y se remangó mostrándome el tatuaje que se acababa de hacer. Se había tatuado el número 1379 en el brazo en honor a Brandon. Este le estaba diciendo que le gustaba, que lo aprobaba.

—Espera —le dije a Martin—. También me está diciendo que estás pensando en hacerte otro tatuaje, y esta vez… ¿en el culo?

Martin se sonrojó.

—Anoche estábamos bromeando sobre ello —explicó—. Le dije a Angela que me iba a hacer un tatuaje en el culo con las palabras «TU NOMBRE». Así podría apostar con cualquiera diciéndole: «Tengo tu nombre tatuado en el culo», y ganaría siempre.

—Bueno —le dije—, Brandon quiere que sepas que le hace mucha gracia.

Era una lectura improvisada sorprendente, con una cantidad increíble de confirmaciones de Brandon a su madre. Sin embargo, Angela no me necesitaba para saber que su hijo seguía estando por allí. No me necesitaba para saber que Brandon seguía bromeando, riendo y conectando a las personas desde el Otro Lado.

Una tarde, mientras Angela limpiaba la cocina, se acordó de Brandon y se entristeció.

—A ver, hijo —dijo en voz alta—. Mamá necesita otra señal.

Esa misma tarde subió al piso de arriba. Al llegar a la escalera, oyó sonar una canción en la radio. No recordaba haberla dejado encendida.

—Estaban poniendo una de las canciones favoritas de Brandon, *See you on the other side**, de Ozzy Osbourne —recuerda—. Supe que se trataba de Brandon. Le había pedido una señal y él me la había enviado directamente. Pensé: «¡Qué chulada! ¡Gracias, B; te quiero!». Luego me quedé allí parada en las escaleras y escuché la letra de la canción.

> Pero sé que te veré una vez más.
> Cuando te vea, lo haré en el Otro Lado.

Trece años después del tránsito de Brandon, el día del aniversario, Angela volvía a su casa en coche después de una jornada muy larga.

—Estoy siempre buscando señales, sobre todo el día de su cumpleaños, el aniversario de su fallecimiento y cuando sucede algo especial relacionado con sus amigos y familiares. Sin embargo, ese día no había observado ninguna.

Parada en un semáforo, echó un vistazo al cuentakilómetros parcial. Marcaba 134,1.

---

* El título de esta canción significa «Te veo al Otro Lado». *(N. de la T.)*

—Pensé que, bueno, al menos estaba bastante cerca de nuestro número —relata—. Seguí conduciendo hacia casa y no dejé de vigilar el marcador.

Cuando al fin llegó, se detuvo en el arranque del camino de entrada a la casa, junto al buzón de correo.

El cuentakilómetros marcaba 137,8.

«Bueno —pensó—, esto sí que se acerca *mucho*».

Entró en el jardín, abrió la puerta del garaje y metió el coche.

—Cuando al final lo paré, volví a mirar el marcador —cuenta. Marcaba 137,9.

—Me quedé un rato sentada en el coche y dije en voz alta: «¡Buen trabajo, B! ¡Yo también te quiero!».

La vida y la muerte son un hilo,
la misma línea vista desde distintos lados.

13

LLAMADAS FANTASMALES

A Suzannah Scully le iba muy bien en el mundo empresarial. Había pasado diez años aprendiendo el oficio, trabajando mucho, impresionando a la gente y consiguiendo un ascenso tras otro. Su futuro era tan brillante que parecía imposible. Y entonces... dejó el trabajo.

—La gente me miraba como si tuviera tres cabezas —dice—. Había conseguido el éxito, así que ¿por qué iba a tirarlo todo por la borda?

La respuesta era muy sencilla: por curiosidad.

Se había criado en la zona de la bahía de San Francisco y se hacía un montón de grandes preguntas acerca de la vida, la muerte, todo.

—Las personas que me rodeaban eran todas muy lógicas, muy prácticas —afirma—. Yo, por el contrario, sentía una enorme curiosidad y nadie era capaz de responder a mis preguntas.

Cuando se hizo mayor descubrió finalmente algunas de las respuestas en un libro: *Destino de las almas*, de Michael Newton, un maestro hipnoterapeuta que había hecho regresiones a veintinueve personas a la vez para conseguir acceder a los recuerdos de sus vidas pasadas. En el libro se analiza el hecho de que las personas que están en un estado superconsciente pueden describir al detalle el viaje que sus almas han realizado entre las distintas vidas pasadas aquí, en la Tierra.

—Cuando leí ese libro, fue como si alguien me descorriera una cortina —explica Suzannah—. Recuerdo que lo leía en la cama y me giraba hacia mi marido para decirle: «¡Este libro explica todo el significado de la vida!».

Leyó más sobre la otra vida y el viaje de nuestra alma y empezó a ver el mundo de otra forma. Desde esta perspectiva nueva, se centró en analizar cómo elegimos pasar el tiempo que estamos aquí, en la Tierra.

En el trabajo, ella era la persona a la que acudían los demás para consultarle sus problemas.

—Venían a mi despacho, cerraban la puerta y me contaban sus sueños y esperanzas —relata—. Yo disfrutaba mucho hablando con ellos y ayudándolos a virar hacia algo que les produjera una mayor satisfacción.

En un momento dado se dio cuenta de que también podía hacer consigo misma lo que hacía con los demás.

Por eso dejó el trabajo y se hizo *coach*.

—Mi vida cambió muchísimo. Me despertaba todos los días entusiasmada con lo que iba a hacer. Me apasionaba poder ayudar a la gente a realizar cambios importantes en su vida.

Se ha dado cuenta de que una de sus principales habilidades como *coach* es su capacidad para estar abierta a señales y mensajes.

—Se nos ha entrenado para acceder a nuestra intuición. Como *coach*, tengo que confiar en lo que siento. Por eso, si algo me viene a la mente mientras estoy hablando con alguien acerca de su vida, he aprendido a seguirlo, aunque resulte un tanto extraño.

Un ejemplo: estaba en mitad de una sesión con una cliente cuando un horrible chirrido la distrajo.

—Había un pájaro graznando y chillando como un loco junto a la ventana de mi oficina. Daba la sensación de que no hacía más que quejarse y quejarse por algo. Intenté ignorarlo, pero al final paré la sesión y dije: «Lo siento, pero tengo que prestar atención a este pájaro; ¡está graznando como si estuviera loco!».

De repente, su cliente rompió a llorar.

—Me dijo que ese día era el séptimo aniversario del fallecimiento de su padre —recuerda— y que él habría usado la misma palabra (*graznando*) para describir lo mucho que ella se estaba quejando en ese momento.

Aquello permitió a la cliente hacer un importante descubrimiento emocional.

—Si yo no me hubiese sentido cómoda haciendo caso al pájaro —explica Suzannah—, el momento habría pasado. A veces, nuestro cuerpo nos dice cosas antes de que la mente lo sepa. Por eso debemos permanecer abiertos a las señales y mensajes que no son afirmaciones y palabras evidentes. Cuando uno de mis clientes dice algo y a mí me da un escalofrío, sé que estamos ante algo realmente importante. Sencillamente, lo *sé*. Por eso digo: «Para. Mira lo que acabas de decir. Vamos a hablar sobre ello». Y entonces veo cómo la emoción se adueña de su rostro.

Hace unos años, Scott Dinsore dejó también su trabajo en una de las empresas incluidas en el listado de Fortune 500*.

Había leído el blog inspirador de Suzannah y la llamó para pedirle consejo. Ambos se dieron cuenta de que compartían un interés poco habitual y rápidamente se hicieron amigos. Poco tiempo después, Scott y su mujer partieron en un viaje de un año alrededor del mundo en el que visitaron veinte ciudades antes de llegar a Tanzania, donde tenían intención de subir al monte Kilimanjaro.

El sexto día de los ocho que se tardaba en llegar a la cumbre, cuando estaban a solo seiscientos metros (dos mil pies) de la cima, de 5790 metros (diecinueve mil pies) de altitud, oyeron un grito sobre sus cabezas. Alguien gritaba: «¡Cuidado!».

Una roca del tamaño de un SUV rodaba montaña abajo. La mujer de Scott se puso a cubierto, pero a él le golpeó antes de que pudiera moverse. Ningún otro escalador sufrió daños ese día.

* Lista publicada anualmente por la revista *Fortune* que presenta las 500 mayores empresas estadounidenses de capital abierto a cualquier inversor según su volumen de ventas. *(N. de la T.)*

Scott, sin embargo, falleció.

Tenía solo treinta y tres años.

—Cuando recibí la llamada, me sentí destrozada —afirma Suzannah—. Me derrumbé literalmente sobre el suelo. No tenía sentido. ¿Cómo podía alguien tan lleno de vida, tan *enamorado* de la vida, haber dejado de estar aquí así, de repente?

Los blogs de Scott acerca del viaje y la charla TED que había dado tenían millones de visitas y le habían convertido en una estrella del mundo de la inspiración y el logro.

—En sus treinta y tres años de vida, había vivido más que la mayor parte de la gente en toda su existencia —dijo su padre.

Dos meses después del fallecimiento, los amigos de Scott celebraron un acto en el Palacio de Bellas Artes de San Francisco para celebrar su vida.

—Ese día se pareció mucho a la forma de ser de Scott —afirma Suzannah—. Todo el mundo se levantó y pronunció unos discursos increíblemente inspiradores. Fue una celebración muy bella y alegre de Scott y su legado.

Una vez concluido el acto, Suzannah volvió a su coche y comprobó su móvil, que había puesto en silencio durante la ceremonia. Vio una llamada perdida de un número que no conocía y un mensaje de voz, que enseguida quiso escuchar.

—Nadie habló ni dijo nada. Eran solo quince segundos de la música etérea más hermosa y apacible que había oído jamás. Luego terminó y no hubo nada más.

Marcó el número y una grabación le informó de que había sido desconectado.

En otras palabras, la llamada parecía no proceder de ningún sitio.

—Supe inmediatamente que era una señal de Scott —afirma—. Lo supe sin ningún género de duda. Teníamos una conexión de lo más especial y nos unía la costumbre de tomar caminos inesperados. La música del mensaje era sumamente tranquilizadora; duró un ratito y luego se acabó. Jamás me había pasado nada parecido.

Desde que recibió aquella llamada fantasmal, Suzannah ha visto de vez en cuando llamadas perdidas de números raros en su teléfono y, cuando devuelve la llamada, los números siempre están desconectados.

—Solo me pasa cuando tengo el móvil en silencio y, por tanto, no oigo la llamada ni cojo el teléfono. No he vuelto a recibir ningún otro mensaje de voz con música, pero sí un montón de llamadas perdidas de números que no responden. En esos casos, siempre pienso: «Mira, ahí está Scott diciendo hola».

Suzannah tiene un *pódcast* muy popular y hace no mucho me invitó a participar en él. Durante la entrevista, puso el teléfono en silencio. Al terminar, lo miró y vio cuatro llamadas perdidas, todas del mismo número desconectado.

—No me sorprende en absoluto —afirma—. Cómo no iba a intentar ponerse Scott en contacto conmigo cuando estaba hablando con una médium psíquica.

En la actualidad habla siempre con sus clientes de la importancia de permanecer abiertos a señales y mensajes no verbales. En su opinión, te ayudan a llevar tu vida por un camino más elevado y satisfactorio. Scott Dinsmore bautizó como Live Your Legend (Vive tu leyenda) el movimiento inspirador que creó por Internet.

—Eso es lo que todos estamos intentando hacer —dice Suzannah—. Nos sentimos llamados hacia algo que es mayor que nuestra vida. Quizá no sepamos exactamente de qué se trata, pero lo sentimos en los huesos.

14

DIOS LOS CRÍA Y ELLOS SE JUNTAN

CATHY KUDLACK SE CONSIDERABA una mujer muy afortunada. Llevaba diez años casada con su marido, Frank, y tenían tres hijos maravillosos.

—Frank era policía. Tenía un sentido del humor de lo más mordaz y me hacía reír constantemente —afirma Cathy—. Adoraba a sus hijos y era un padre estupendo. Yo le quería con toda mi alma.

Por desgracia, le diagnosticaron un cáncer. Dos años más tarde, a los treinta y nueve, hizo el tránsito.

Cathy no se volvió a casar; la pérdida le había resultado demasiado dura.

—Jamás podría encontrar a nadie como Frank —afirma—. Siempre tuvimos una forma muy fluida de comunicarnos entre nosotros y no me gustaría que otra persona distinta que no fuera él interviniera en la educación de nuestros hijos. Por eso los he criado yo sola.

Sin embargo, a menudo siente que no está sola, que de algún modo Frank sigue con ella.

—Noto su presencia. A veces es solo una sensación. En ocasiones encuentra una forma de decir hola.

Una mañana, mientras se preparaba para ir a trabajar y su hija Jeanette, que vivía con ella, llevaba a sus propios hijos pequeños al autobús escolar, Cathy oyó una enorme escandalera en la calle.

—Salí y vi a un pájaro cardenal de color rojo brillante posado en mi abedul. Estaba chillando, graznando sin parar, por algo. Jeanette salió y le dije: «Mira ese pájaro, parece que se ha vuelto loco». Y es que ese abedul lo plantó mi marido de un brote.

Jeanette volvió a entrar, pero Cathy se quedó fuera vigilando al cardenal loco. El pájaro se negaba a irse… y a callarse. Saltó del árbol al buzón de correo y siguió quejándose. Luego pasó al coche de Cathy y graznó un poco más.

—No hacía más que mirarme y hacer un montón de ruido —relata Cathy—. Al final, entré en casa para hacer unas cosas. Cogí la basura y la llevé a la parte de atrás. Cuando estaba en el patio, el cardenal voló alrededor de la casa y se posó en el tejado del garaje. Seguía mirándome y graznando.

—Fue entonces cuando dije: «Vale, es Frank. ¿Qué otro podría ser?».

Ese mismo día, estando ya en el trabajo, echó un vistazo al calendario. Al ver la fecha, se quedó boquiabierta.

—Era el trece de mayo, el aniversario de la muerte de Frank —dice—. Habían pasado veintinueve años del *día*. Y, de repente, aparece este cardenal y se pasa veinte minutos graznándome; es más, el pájaro se fue a las nueve y diez de la mañana, la hora *exacta* del fallecimiento de Frank. En ese momento tuve la certeza absoluta de que se trataba de él.

Dos años antes de hacer el tránsito, Frank llevó a Cathy a visitar una parcela de terreno en Eagle Lake, Pensilvania.

—Ya sabía que estaba enfermo —cuenta Cathy—, pero tenía mucho interés en comprar aquella tierra. Me dijo: «Quiero salir a pescar con mi hijo en este lago». ¿Le gustaba pescar a Frank? No, pero le entusiasmaba estar con su hijo.

Los Kudlack compraron la parcela; pero antes de que pudieran llegar a disfrutarla, Frank empeoró y muy poco después hizo el tránsito. En los meses y años siguientes, Cathy llevó allí a los niños todos los fines de semana.

—Frank quería que estuviéramos todos juntos, en familia, y cuando estaba allí sentía realmente su presencia —relata—. Luego, cuando nuestros hijos se hicieron mayores y a su vez tuvieron hijos, también los traían al lago. Creo que allí todos nos sentíamos cerca de Frank.

El vecino que tenían en el lago, un hombre maravilloso llamado Cliff, se convirtió también en una especie de padre suplente del hijo de Cathy, Frank Jr.

—Le enseñó todo aquello que mi marido le habría enseñado: a arreglar cosas, a pintar, todo lo que tienes que saber cuando tienes una casa. Creo que ese fue en último término el propósito de que nuestra familia estuviera aquí. Aunque Frank no llegó a conocer a Cliff, quería que estuviéramos en este lugar para que Cliff pudiera llegar a ser un guía tan estupendo para nuestro hijo.

Después de casi treinta años, cuando los chicos dejaron de ir tan a menudo, Cathy empezó a pensar en vender la parcela.

—Pero resultaba muy duro. Estaba destrozada —afirma—. Frank quería que tuviéramos este terreno, quería que ahí fuéramos una familia. Y lo éramos. Tenía que saber que a él no le importaba que lo vendiera.

Fue entonces cuando Jeanette, la hija de Cathy, se puso en contacto conmigo. Me contó la historia de la parcela de Eagle Lake y me contó que su madre acababa de tomar la decisión dolorosa de venderla, pero que no tenía claro que fuera lo correcto.

Me conecté directamente con Frank, el marido de Cathy. Él lo tenía muy claro.

—Tu padre dice que la vendáis —le contesté en un mensaje—. Lo que más desea es que tu madre tenga una vida más fácil. Dile que deje de preocuparse. Tu padre dice bromeando que no podréis libraros de él tan fácilmente.

Además, él quería que ella supiera que aquel terreno no había sido nunca lo que le unía a la familia.

—Lo que le liga a todos vosotros es el *amor* —les transmití—. Confiad en eso.

Al día siguiente, Cathy me mandó una nota de agradecimiento.

«Ahora espero con ilusión la siguiente fase —decía—. Es estupendo tener la confirmación de que nuestros seres queridos siguen apoyándonos. Lo creo de corazón, pero es estupendo que tú me lo digas».

Aquella carta tan sentida me conmovió.

«Estoy segura de que no me necesitas para saber que tu marido está cerca —le escribí—, porque ya lo sientes y él está todo el rato enviándote señales y mensajes. Quiere que seas feliz y que estés abierta a todo lo que te venga en el próximo capítulo de tu vida. De todas formas, me dice que te enviará la señal de un águila para que sepas que tienes su bendición para vender el terreno».

Lo que yo no sabía era que Frank ya había enviado la señal del águila.

Más tarde me enteré de que, el día antes de tomar la decisión acerca de la venta de la propiedad, Cathy se había puesto a limpiar uno de los armarios de su casa. Había cajas y cajas de papeles que no había tocado desde hacía años. Alargó la mano hasta lo más profundo del armario y sacó el primero de los muchos archivadores repletos de documentos.

—En la tapa del archivador había una imagen de un águila preciosa —dice—. No tenía ni idea de la existencia de aquella carpeta.

Y entonces lo comprendió: el terreno que Frank había comprado para su familia estaba en Eagle Lake, es decir, en el lago del Águila.

—Pensé que tenía que ser una señal —afirma Cathy—. Aquella carpeta había estado allí escondida años y años, completamente olvidada, y la saqué justo en el momento en que necesitaba que Frank me enviara una señal relacionada con la venta de la propiedad. Cuando la vi, tuve la sensación de que él me estaba diciendo: «Muy bien, ha llegado el momento de dejarla».

El día de la venta, Cathy iba en el coche al dentista con Jeanette.

—De repente, Jeanette dijo: «¡Mamá, fíjate!» —recuerda Cathy—. Había un águila volando justo al lado de la ventanilla del coche, tan cerca que casi podíamos tocarla.

Después de eso, empezó a ver águilas por todas partes.

—Volaban sobre mi cabeza o se posaban en una rama para que pudiera verlas —cuenta—. Y cada vez que veía una, me confirmaba que, efectivamente, Eagle Lake era nuestro lugar especial, que, efectivamente, allí todos nos sentíamos muy cerca de Frank. Sin embargo, lo cierto es que no lo necesitamos. Frank está *en todas partes*.

En la actualidad, Cathy se pasa todo el tiempo hablando con Frank.

—Le digo: «¿Qué tal estás hoy?» o «Frank, necesito que me ayudes en esto». Y él siempre llega, ya sea con una señal, un pensamiento o una palabra que surge en mi cabeza.

Aunque Cathy y su familia ya no tienen Eagle Lake, siguen reuniéndose. El verano pasado se fue con sus hijos a pasar un fin de semana en Montauk Point.

—Varios de nosotros fuimos a pasear junto al faro y recuerdo que todo resultaba muy apacible, con las gaviotas volando a nuestro alrededor y el olor fresco del aire marino. Recuerdo también que intenté estabilizarme sobre las rocas para no caer al agua.

De repente, la hija de Cathy se dio cuenta de que una de las rocas cercanas tenía un nombre escrito. Era la única entre miles que tenía algo escrito.

El nombre que aparecía en ella era Frank.

—En ese momento pensé en todas las personas que estaban paseando a lo largo de la orilla conmigo: la hija de Frank; dos de sus nietos, Kingston y Caleb; su hermana Nancy y su futura nuera, Kim. Supe que ver el nombre en la roca era la forma que tenía de hacernos saber que él también estaba allí con nosotros. No albergo ni la más mínima duda sobre ello.

Sea cual fuere el método elegido, Cathy está siempre preparada para recibir cualquier mensaje que le envíe Frank.

—Cada vez que me llega uno, el rostro se me ilumina con una enorme sonrisa —afirma—. A Frank le resulta facilísimo comunicarse conmigo. Siempre fue así. Y sigue siendo el mismo bromista de siempre, sigue velando por nosotros como siempre hizo. Resulta de lo más reconfortante saber que sigue estando aquí. Me visita constantemente y es maravilloso.

15

RÓTULOS Y PINTADAS

Matthew Brittan era un chico brillante, divertido y extrovertido, con una personalidad inmensa y una curiosidad poco común acerca de la vida. A menudo sorprendía a sus padres con preguntas raras que revelaban un proceso mental muy maduro. Una tarde, cuando tenía ocho años, iba con su madre en el coche a una tienda y se quedó callado.

—¿Sabes, mamá? —dijo al cabo de un rato—, no estoy seguro de querer morir antes que tú.

Su madre, Franciska, se sorprendió.

—¿Por qué dices eso? —le preguntó.

—Porque sé que, si muero antes que tú, te vas a morir de pena.

—Cariño, no te preocupes por eso —le reconfortó Franciska—. No tienes por qué pensar esas cosas.

Matt jamás volvió a sacar el tema. Sin embargo, Franciska siempre se ha preguntado si, de algún modo, él sentía en su alma que no iba a estar aquí mucho tiempo.

Dos semanas después de cumplir los veinticinco años, Matt consumió una sobredosis de drogas e hizo el tránsito. Llevaba varios años luchando contra la adicción a los analgésicos, pero últimamente daba la impresión de haberse liberado al fin de ella. Se sentía optimista respecto al futuro; volvía a ser el de antes. Sin embargo, tuvo una recaída mientras se encontraba en una residencia de deshabituación. Su tránsito inesperado fue un choque cruel y devastador.

—Durante mucho tiempo me sentí terriblemente culpable —dice Fran—. ¿Qué pasaría si yo hubiese sido más fuerte? ¿Y si hubiera visto las señales? ¿Y si le hubiera educado de otra manera?

Después del tránsito de Matt, Fran se encerró en casa durante cinco semanas. No quería ver a nadie, no quería hablar de él con nadie, no podía soportar la idea de seguir con su vida. El dolor y la desesperación la habían dejado paralizada. Finalmente, una amiga le dijo que tenía que ir al colegio para ayudar a rellenar mochilas para niños necesitados. Fran afirma:

—No quería hacerlo. No quería hablar con nadie. Tenía miedo, porque, si abría la boca, seguramente empezaría a llorar a gritos.

Sin embargo, su amiga insistió y ella acabó cediendo.

Eso sí, antes de salir para el colegio, hizo una cosa: pidió a Matt que le enviara una señal.

Le pidió una hamsa, un símbolo judío formado por una mano de cinco dedos con un ojo o una Estrella de David en la palma. Es un símbolo que suele verse como señal de protección contra las fuerzas espirituales negativas. Representa también la fuerza y las bendiciones.

—No es algo que se vea por todas partes, así que temía estar pidiendo algo excesivamente concreto; pero lo pedí de todas formas —afirma Fran—. Cuando llegamos al gimnasio del colegio, la busqué, pero no la vi por ningún sitio. Supongo que tenía la esperanza de verla directamente.

Pasó las dos horas siguientes en silencio rellenando mochilas con material escolar.

—No hablé con nadie —relata—. Me limitaba a rellenar mochilas como si fuese una máquina.

Al fin, una mujer mayor se le acercó para saludarla. Charlaron un ratito y de repente Fran espetó que su hijo había hecho el tránsito recientemente.

—Sencillamente, me salió: «Mi hijo ha muerto» —cuenta—. Incluso le conté que le había pedido una señal y que no la había visto. La había buscado por todas partes, pero no la había visto.

Fue entonces cuando la mujer señaló una de las paredes del gimnasio que estaba cubierta de señales dejadas por los alumnos. La más cercana a Fran, prácticamente delante de ella, tenía un símbolo muy claro dibujado.

Una hamsa con la Estrella de David en la palma.

—No la había visto —dice Fran—. Estaba ahí mismo, pero yo no me había dado cuenta. Cuando la vi, dije: «Caramba, Matthew, me has dejado impresionada».

La hamsa del gimnasio le pareció una señal evidente de Matt; pero, aunque deseaba con toda su alma creerlo, seguía habiendo una parte de ella que se cuestionaba si era real o una mera coincidencia. De todas formas, en el camino de vuelta a casa, tenía la sensación de que algo había cambiado. Era como si hubieran pulsado un interruptor para activar la conexión. Tenía la esperanza de que hubiera más señales en el futuro.

Una vez en el coche, marcó su dirección en la aplicación del navegador. Estaba bastante segura de conocer el camino a su casa desde el colegio, pero lo hizo para asegurarse. De repente, la voz digital de la aplicación le dijo que girara a la izquierda.

—Era rarísimo —afirma—. Girar a la izquierda me desviaba de mi camino. Me desviaba muchísimo. Me iba a llevar por un montón de calles distintas en las que no tenía por qué estar. Aquello carecía de sentido, pero, a pesar de todo, giré.

El navegador la condujo por un barrio que no conocía, antes de llevarla finalmente por una calle sin salida. Cuando paró al final de la calle, el navegador se desconectó inexplicablemente.

—Nunca lo había hecho hasta entonces —dice—. Yo no sabía lo que estaba pasando.

Dio la vuelta al coche y salió del callejón. En el momento en que estaba abandonándolo, alzó la vista hacia la placa con el nombre de la calle: «CALLE DE MATTHEW».

Detuvo el coche y se quedó allí sentada durante un rato.

—Solo pensé: «Dios mío, ¿es una señal? ¡Tiene que serlo!» —afirma—. ¡Calle de Matthew!

Desde entonces va anotando en un cuaderno todas las señales que le envía Matt.

—Lo hace estupendamente —dice—. Y, cuando las recibes, quieres seguir recibiéndolas. Pero no quiero ser avariciosa, así que he decidido pedirle una a la semana. Le pido la hamsa o su canción favorita, *Wonderwall*. Y lo extraordinario es que aparecen en los sitios más raros.

Unos meses después del tránsito de Matt, Fran acudió a un acto en el que hice lecturas a algunos de los participantes. Cuando se me acercó, sentí inmediatamente la presencia de Matt.

—¿Tienes un hijo que haya hecho el tránsito recientemente? —le pregunté.

—Sí —respondió Fran.

—Estupendo, entonces. Dice que le encanta el sitio para hacer fuego y que quiere que sepas que está aquí contigo todo el tiempo.

Fran pareció muy sorprendida. Me explicó que hacía poco había construido en el patio una cubeta para hacer fuego porque a Matt le encantaba sentarse con su familia al aire libre a tocar la guitarra.

—Dice que también le gusta que tengas puesto su collar —le dije a Fran.

No se veía ningún collar alrededor del cuello de Fran. Sin embargo, cuando le dije esto, ella metió la mano por debajo de la blusa y sacó una cadena con una preciosa Estrella de David en la punta.

Las dos vimos con claridad que Matt estaba muy entusiasmado por la conexión que seguía existiendo entre su madre y él.

Sin duda alguna, ha estado muy ocupado enviando a Fran montones de señales distintas. Ella no hace más que encontrar en el suelo monedas de 1991, el año en que nació Matt. Durante unos cuantos días seguidos, se despertó exactamente a las cinco y media de la madrugada, pero no imaginaba a qué se debía. De repente lo entendió: el cumpleaños de Matt era el 30 de mayo, 5-30.

—En el momento en que me di cuenta, dejé de despertarme a esa hora —cuenta Fran—. Fue como si él estuviera esperando a que interpretara la señal antes de dejar de enviármela.

Nueve meses después del tránsito de Matt, Fran y una amiga se tomaron unas vacaciones. Las estaban necesitando mucho. Sin embargo, en cuanto llegaron a su destino, Fran se sintió llena de culpabilidad.

—A Matt le encantaba viajar; estuvo en Australia y Tailandia y por todas partes —relata Fran—. Sabía que él quería que yo saliera y volviera a ver mundo, pero, aun así, me sentía muy culpable, porque a él le habría gustado estar allí con nosotras. Por eso le pedí mentalmente: «Por favor, envíame una señal para decirme que estás aquí conmigo».

Justo en ese momento, un hombre grande en bañador se dejó caer en la tumbona situada junto a ella.

—Le miré y vi que tenía en el bíceps un tatuaje gigante con la estrella de David y las palabras «TE QUIERO, MAMÁ» debajo de ella. La señal no podía ser más clara.

Han pasado más de dos años del tránsito. Fran sigue notando la conexión duradera que existe entre ellos. Cuando quiere sentirse cerca de Matt, se sienta junto a la cubeta para hacer fuego del patio y algunas noches prácticamente le percibe allí, sentado junto a ella, tocando la guitarra.

—Lo importante es abrir la mente y el corazón a la idea de que el tránsito no rompe la relación —dice Fran—. Sé de padres que han perdido a un hijo hace diez años y que son incapaces de seguir adelante. Lo comprendo, pero me gustaría que supieran que tienen que encontrar una forma de crear una relación nueva con su hijo. Eso es lo que yo estoy haciendo, aprendiendo a estar de otra forma con Matt. Por mucho que chille y patalee, no puedo hacer que vuelva a estar físicamente conmigo. Sin embargo, lo que sí puedo hacer es encontrar una forma nueva de conectarme con él, y eso es lo que he estado haciendo.

Según cuenta, las señales que Matt le envía le permiten creer que él está bien.

—Eso me posibilita vivir la vida que sé que él querría para mí.

Esto es amor: volar hacia un cielo secreto, hacer que cien velos caigan en cada momento. Primero, dejar ir la vida. Por último, dar un paso sin pies.

RUMI

16

VELAS BAILARINAS

Hace unos años estaba en un salón de belleza de Long Island arreglándome el cabello. Era la primera vez que iba. El hombre encantador que me estaba cortando el pelo, Henry Bastos, no sabía que soy médium psíquica, y yo no tenía ninguna intención de decírselo. Sin embargo, mientras estaba allí sentada en el sillón, sentí que alguien intentaba hacerse presente para él. No era una señal muy fuerte y me pregunté si debería mencionarlo. Pero no se iba. Al final confesé que era médium psíquica.

Él no se sintió especialmente impresionado. Según me dijo, no creía demasiado en esas cosas. Yo le expliqué que recibía mensajes del Otro Lado y que tenemos que estar abiertos a ellos para que puedan llegarnos. Él me dijo que muy bien, que intentaría mantener la mente abierta sobre este tema. En el momento en que lo expresó, su abuelo, Hernán, acudió con un mensaje para él.

—Me está mostrando una navaja —le dije—. Está metida en una funda de cuero. Me dice que la persona que la tiene cree que es la responsable de su muerte. Sin embargo, no lo es y tiene que saber que no fue culpa suya.

Henry no acababa de creérselo. ¿Cómo iba su abuelo, que había hecho el tránsito hacía seis años, estar de repente allí con nosotros, enviándonos un mensaje para otra persona?

—De acuerdo —dijo al fin—, déjame llamar a mi madre, que está en Costa Rica, para preguntarle sobre la navaja.

Escuché cómo Henry llamaba a su madre, Elizabeth, allí mismo y hablaba con ella en español. Cuando terminó, parecía alterado.

—Cuando le pregunté por la navaja, me respondió: «¿Cómo lo sabes?» —me dijo.

Le contó que Hernán le había dado la navaja a su tío Luis antes de morir. Este llevaba mucho tiempo creyendo que, como no estaba en casa cuando Hernán hizo el tránsito, la muerte de este había sido culpa suya. Cargó con esa sensación de culpabilidad hasta que Hernán le envió a través de Henry el mensaje de que había hecho el tránsito por una enfermedad y que no podría haber hecho nada por salvarlo.

Hernán tenía un mensaje más para Henry.

—Quiere que te diga que está muy bien, que trabaja todos los días para construir un paraíso para tu abuela y que este estará listo cuando ella llegue. Quiere que ella sepa que se sentarán juntos en el porche para disfrutar de la puesta de sol. Me está mostrando una imagen de él junto a ella pelando una naranja con una navajita.

Henry palideció y los ojos se le inundaron de lágrimas.

—Mis abuelos vivían en una casita delante de la playa y siempre se sentaban juntos en el porche para contemplar la puesta de sol —me contó—. Mi abuelo se sentaba con su navajita y le iba cortando rodajas de naranja a mi abuela. Era todo tal y como me lo estás explicando tú ahora.

Henry siempre había vivido de una forma espiritual, pero ahora se ha convertido en creyente de las bellas cuerdas de luz que nos conectan a todos.

—Entiendo que en el Otro Lado nos está esperando algo que supera en mucho todo lo que vemos aquí —afirma—. Algo todavía más hermoso que toda la belleza que hay aquí. Eso me permite mantener una cercanía con las personas de mi vida que hacen el tránsito al Otro Lado.

Una de estas personas era Emma, su queridísima abuela.

—Mi madre tuvo que trabajar muchísimo durante los primeros catorce años de mi vida, así que la que me crio fundamentalmente fue mi abuela, a la que yo llamaba Mami Emma. Era mi confidente. Era la que realmente me prestaba atención.

Cuando Henry tenía veinte años, dejó Costa Rica para seguir su sueño de trabajar en la industria de la moda. Le llevó un tiempo, pero al fin consiguió labrarse una carrera vibrante como estilista del cabello. Cuando lo conocí, su abuela Emma tenía noventa y nueve años y no gozaba de buena salud.

Antes de que ella hiciera el tránsito, Henry le había prometido que acudiría a Fátima, el lugar donde se produjo el milagro de la Virgen, y que encendería allí una vela en su honor.

—Creemos que la Virgen de Fátima sana y rehabilita internamente a las personas para que ya no sientan dolor —cuenta Henry—. Mi abuela me dijo siempre que debía rezarle para que me ayudara a mantenerme en el buen camino.

Después del tránsito de su abuela, Henry compró un billete de avión para Portugal y se fue a Cova da Iria, donde existe una capilla en el lugar donde se produjo el milagro. Compró dos velas pequeñas y se dirigió luego al lugar de la capilla donde la gente las encendía por sus seres queridos. Había cientos y cientos de velitas, pero encontró un sitio donde dejar dos más.

Encendió la primera y ofreció una plegaria por la paz del mundo y por cualquiera de los que estaban a su alrededor que necesitara ayuda y orientación.

—Luego encendí la segunda —relata Henry— y se la ofrecí a la Virgen solo por mi abuela. Le dije: «Mami, estoy aquí. Estoy cumpliendo la promesa que te hice. Y sé que tú también estás aquí conmigo en este momento».

No había ni un soplo de viento. Todas las demás velas tenían una llama pequeña e inmóvil. Sin embargo, cuando Henry empezó a hablar con su abuela, la de su vela empezó a titilar y a crecer y pasó de tener un par de centímetros hasta subir a más de veinte.

—Te aseguro que la llama se elevaba hacia el cielo y bailaba de un lado para otro —afirma Henry todavía conmovido y sorprendido por lo que había presenciado—. Le hice una foto. Fíjate lo alta que es. Los otros cientos de velas, nada; pero esta, esta llama, se movía y bailaba. Rompí en llanto y lloré como no lo había hecho en mi vida.

No se quería ir. La llama seguía saltando, él seguía llorando y la presencia de su abuela era cada vez más fuerte.

—Al final dije: «Mami, no pasa nada. Esto no es una despedida, es un hasta luego, hasta que volvamos a encontrarnos». En ese momento, la llama empezó a bajar lentamente hasta hacerse como las de todas las demás velas. Sé que resulta ilógico, pero tengo fotos. Todo el mundo lo vio. Sucedió de verdad. Fue lo más increíble que me ha pasado en mi vida. Es algo en lo que pensaré siempre.

Cuando vi a Henry a su vuelta de Portugal, me contó todo lo que había sucedido con la llama misteriosa. Me mostró las fotos y en ellas se veía claramente que la llama de la vela de Mami Emma se alzaba por encima de todas las demás. Yo le dije que no es raro que nuestros seres queridos del Otro Lado utilicen el fuego y las velas para enviarnos señales y mensajes. El aire, la luz, el viento y el fuego son elementos que el Otro Lado puede manipular. Encender una vela como forma de comunicarse y conectarse con su abuela le había dado a esta la oportunidad de enviarle un mensaje de respuesta.

A partir de entonces, esa fue su señal: la llama titilante de una vela.

—No es que cada vez que enciendo una le pida a mi abuela que haga trucos con ella —afirma Henry—. Pero hay momentos en los que necesito de verdad sentir su presencia y, en esos casos, enciendo una vela y ella siempre me hace saber que está ahí.

Cuando una amiga suya muy querida falleció de cáncer, Henry se sintió especialmente triste porque ella no había conseguido ver su árbol de Navidad, tal y como lo habían hablado. Estaba tan lleno de dolor que ese año no sentía ninguna motivación para ponerlo. Se sentó en el cuarto de estar, encendió una velita y se puso a hablar con su amiga.

—Le dije que la quería, que la echaba de menos y que sabía que estaba allí conmigo. Luego miré la vela —relata—. Creía que iba a empezar a moverse, pero no lo hizo.

Entonces le envió un mensaje a su abuela.

—Le dije: «Mami, sé que estás aquí, así que, por favor, dile a mi amiga que voy a poner el árbol de Navidad solo por ella». En ese momento, la vela se volvió loca. La llama empezó a bailar. No había ninguna ventana abierta ni nada parecido. Todo estaba absolutamente quieto. Sin embargo, la vela empezó a bailar.

Henry no habla de sus velas con demasiada gente, pero siempre que enciende una para su Mami Emma y esta se pone a parpadear y a bailar en el aire inmóvil, se asegura de mencionármelo.

—Es algo muy personal para mí y mi fe —afirma—. Me aporta muchísima paz, muchísima cercanía. Tengo la sensación de que sé cómo actúa el Otro Lado. Cada vez que recibo la señal, es un mensaje muy bello de esperanza, seguridad y unidad, de que todos estamos conectados, de que nuestra familia permanece y de que todos podemos ayudarnos en momentos de necesidad.

17

TORTUGAS MARINAS Y SIRENAS

STEPHANIE MUIRRAGUI TRABAJABA DE CAMARERA en un restaurante japonés de Florida. Todo el mundo la quería: los clientes, los compañeros del trabajo, todos. Era tan popular que a menudo le pedían que trabajara a doble turno, porque congregaba un montón de clientes en el bar. En una ocasión trabajó durante veintiún días seguidos y un total de más de ciento veinte horas.

—Era como un imán —cuenta su madre, Gio—. Todo el mundo la conocía, todos gravitaban a su alrededor. Trabajaba tantas horas que daba la sensación de que nunca llegaba a irse a casa.

Después de una jornada de sábado agotadora de catorce horas, se metió en el coche alrededor de las dos y media de la madrugada para volver a casa. Se sentía cansada, pero también ilusionada, porque ese mismo día iba a hacer la primera comunión su sobrina. Por alguna razón, probablemente por agotamiento, no se abrochó el cinturón de seguridad.

Se quedó dormida sobre el volante y chocó contra un árbol. Hizo el tránsito inmediatamente. Un policía encontró su móvil y llamó a su madre, pero Gio no oyó la llamada. El policía fue a su casa, pero Gio no le oyó llamar a la puerta. Otro oficial regresó esa misma mañana y, en esa ocasión, Gio sí abrió la puerta.

—¿Puedo entrar? —preguntó.

Fue entonces cuando Gio se enteró de la noticia.

—Steph era una persona maravillosa, tan atenta, cariñosa y generosa —dice Gio—. Siempre se preocupaba antes de los demás que de sí misma. A su funeral asistió muchísima gente que no conocíamos.

El dolor le resultaba casi insoportable. Todo había sido tan repentino, tan carente de sentido.

—Lo único que me ayudó fue saber que nunca habíamos dejado de decirnos lo mucho que nos queríamos —relata Gio—. Estábamos muy cerca la una de la otra y compartíamos todo.

La mañana del último día que se vieron, le había dicho a su hija que tuviera cuidado.

—Ella me miró y me dijo: «LudaMom (siempre me llamaba así porque me gusta el rapero Ludacris), estoy bien, voy a estar bien». Y esa fue la última conversación que mantuvimos.

Un mes después llegó al buzón de correo el diploma universitario de Steph. Acababa de terminar un *major* en Comunicaciones y un *minor* en Biología Marina. Fue un triste recordatorio de un futuro que ya no se haría realidad.

—Era ilógico —afirma Gio—. Todo el amor que había entre nosotras ¿iba a desaparecer de repente? ¿Así, por las buenas? No. Es imposible. El amor no puede desaparecer como si no hubiese existido.

Conocí a Gio y a su marido, Pat, unos meses después del tránsito de Steph, en un acto organizado por la Forever Family Foundation.

Al comenzar la sesión, algo me atrajo inmediatamente al lugar en el que estaba sentada Gio. Algo se estaba haciendo presente para ella con muchísima claridad y fuerza. Era una mujer. Me contó la historia de lo que le había sucedido.

—Falleció antes de tiempo, y lo lamenta —transmití—. Pero está contenta. Está bien. Me dice que ella eligió vuestra familia.

A continuación, Steph explicó lo que quería decir con estas palabras. Sus padres habían estado casados antes y cada uno aportó hijos al matrimonio.

—Tú aportaste tres —dije señalando primero a Pat, y luego a Gio— y tú, dos. Al principio, resultó problemático.

Gio asintió:

—Los inicios de nuestro matrimonio fueron muy complicados. Supuso un ajuste difícil para todos, probablemente lo mismo que sucede en la mayoría de las familias que están en este caso. Luego tuvimos a Stephanie, que vino en el momento justo y nos unió a todos. Y siguió haciéndolo siempre.

—Ella fue el pegamento que unió a su familia —le dije a Gio en la lectura antes de que Steph me corrigiera y yo me corrigiera a mí misma—. En realidad, me está diciendo que el pegamento no fue ella. Que fue el *amor*.

A estas alturas, Gio y Pat estaban llorando. Creían que su hija estaba allí asegurándoles que se encontraba bien. Sin embargo, como muchos padres dolientes, necesitaban más. Necesitaban encontrar una forma de conectarse con su ser querido. Necesitaban saber que la conexión entre ellos *seguía viva*.

Sin embargo... Gio ya lo sabía.

Lo que pasaba era que no *sabía* que lo sabía.

—Está mencionando tu collar —le dije, y ella instintivamente levantó la mano y lo tocó—. Quiere que sepas que le encanta y que está ligado a ella.

Gio se quedó anonadada. Sabía que Steph no había visto nunca el collar. Se lo había dado una amiga después del fallecimiento de su hija, en su honor. Sin embargo, comprendió inmediatamente *por qué* Steph lo traía a colación.

Desde que era muy pequeña, a Steph le entusiasmaban los animales. *Todos* los animales.

—Siendo un bebé, gateaba por la tierra buscando insectos —relata Gio—. Era temeraria y aventurera. Le encantaba todo lo que estuviese vivo, aunque sus favoritas eran las tortugas marinas. Teníamos todo tipo de mascotas: perros, gatos, petauros del azúcar..., pero su preferida era una tortuguita marina a la que bautizó con el nombre de Pollo.

A Steph le gustaban tanto las tortugas marinas que se puso de apodo Turtle*.

Estando en el instituto, trabajó como cuidadora en un centro de acogida de perros. En la universidad participó como voluntaria en el Loggerhead Marinelife Center, una organización de Florida dedicada a la conservación de las tortugas marinas.

—Su sueño era ganarse la vida ayudando a las tortugas y a otras criaturas —cuenta Gio.

Unas semanas después del tránsito de Steph, su familia celebró una fiesta en su honor, en lo que habría sido su trigésimo cumpleaños.

—Pat construyó un gran acuario, escribió en él el nombre de su hija y lo llenó de corales rosas y escalares, que le entusiasmaban.

Por aquella época, Gio tuvo noticias de un amigo de Steph al que esta había animado para que se hiciera artista profesional.

—Él nunca había creído en sí mismo, pero Steph le empujó para que pintara —dice Gio—. Cuando ella falleció, él empezó a hacer unos cuadros maravillosos. Los hacía en su honor. Decía que le debía su carrera.

Los cuadros eran unas imágenes preciosas de sirenas con el bello rostro de Steph.

Poco tiempo después, un grupo de vecinos anunció una venta para recaudar fondos en la que se incluía un cuadro inmenso de una sirena.

—Lo compré en recuerdo de Steph —relata Gio—. Tenía hasta una pequeña tortuguita de mar.

Siempre compraba figuritas de tortugas para su hija y, cuando esta falleció, siguió comprando todas las que encontraba.

—Y no dejan de aparecer —dice.

Estaba desesperada por encontrar una forma de conectarse con ella. Buscaba la llave que abriría todo el amor que compartían cuando estaba viva. Sencillamente, tenía que encontrar esa cosa que

---

* «Tortuga marina» en inglés. *(N. de la T.)*

la convencería de que Steph seguía estando con ella, que siempre lo estaría, para siempre.

Pero ¿qué podía ser? ¿Qué era esa cosa?

La más evidente del mundo.

—Cuando Laura Lynne me dijo que a Steph le encantaba mi collar, todo encajó —afirma Gio—. Era un simple cordón de cuero negro con un colgante de oro. Sin embargo, el colgante contenía una tortuga marina de plata.

El amor que sentimos en la Tierra nos acompaña cuando hacemos el tránsito. Es el amor que sentimos entre nosotros y el que tenemos a todas las cosas con las que estábamos unidos mientras permanecimos aquí. En el caso de Steph, su pasión por los animales, y por las tortugas marinas en particular, no disminuyó con su tránsito. Por eso ahora iba a usarlas como medio para conectarse con su madre.

Las tortugas marinas iban a ser su señal.

En lo más profundo de su ser, Gio ya lo sabía. Cada vez que veía una figurita, una postal o una camiseta con una tortuga, pensaba en su hija. Y, en ese momento de recuerdo, ¡volvía a experimentar el amor por ella! Las tortugas marinas le hacían sentir que su hija seguía estando con ella. Es cierto que la forma en la que se comunicaban había cambiado. Sin embargo, el amor que sentían la una por la otra era tan real, tan vital, *reafirmaba tanto la vida*, como antes.

Para Gio, todo se enfocó con gran nitidez. ¡Su hija había estado hablándole todo el tiempo! Me contó, por ejemplo, que unos meses después del tránsito de Steph había decidido empezar a ir a la iglesia después del trabajo para rezar por ella. Como a esa hora la de su barrio no estaba abierta, encontró otra, pero estaba mucho más lejos de su casa. La primera tarde que fue se sentía triste y fuera de lugar.

—Allí estaba, en un edificio extraño, sin conocer a nadie —recuerda—. Me sentía perdida.

Justo en ese momento, una mujer entró y se sentó en el banco situado delante de ella. Era una enfermera y todavía llevaba puesto el uniforme.

—La miré y observé el dibujo del uniforme —relata Gio—. Eran tortugas marinas. ¡Cientos de tortugas marinas! La iglesia no estaba muy llena y podía haberse sentado en cualquier lugar, pero eligió hacerlo justo delante de mí.

Al momento se sintió mejor.

—Fueron las tortugas —afirma—. Eran un mensaje de Steph. Y este mensaje era: «LudaMom, estoy bien. LudaMom, sigo estando aquí».

No creo que Gio necesitase la sesión conmigo para entender que las tortugas marinas y las sirenas iban a ser las señales que compartiría con su preciosa hija. Creo que se hubiese dado cuenta por sí misma.

Sin embargo, también creo que fue Stephanie la que puso a su madre en mi camino para que yo pudiera acelerar el proceso y hacerle saber que siguen estando conectadas de una forma muy poderosa. Durante la sesión, se manifestó con muchísimas afirmaciones muy claras. Le dijo a Gio que le encantaba su collar de tortugas, pero también contó que le divertía ver a su padre con zapatos y no con sandalias («Es evidente que eso le tenía que hacer gracia», dijo Gio). Le entusiasmaba el acuario que su padre había construido en recuerdo suyo y la tarta de chocolate que su madre compró para ella, e incluso los farolillos chinos que la familia había colgado en el patio para la fiesta.

—Nos estaba haciendo saber que había estado en la fiesta —afirma Gio.

De hecho, Steph estaba haciendo saber a sus seres queridos que *siempre* estaría con ellos, dondequiera que estuviesen.

Y, aunque Gio y Steph ya no podían ir físicamente de compras juntas ni sentarse en la cama y charlar durante horas como solían hacer, todavía podían seguir diciéndose «te quiero», tal y como hacían cuando Steph estaba aún en la Tierra.

Lo que pasa es que ahora iban a utilizar tortugas marinas y sirenas en lugar de palabras.

> Si pudieras sentir lo importante que eres para las vidas de aquellos a los que conoces, lo importante que puedes ser para las personas con las que quizá nunca sueñes... Hay algo de ti que dejas en cada encuentro con otra persona.
>
> FRED ROGERS

18

LA CONECTORA

Si estás leyendo estas palabras en este momento, lo más probable es que ya hayas salvado la vida de alguien o que lo vayas a hacer algún día.

Así es. Según lo que me ha mostrado el Otro Lado, la mayor parte de nosotros tenemos la oportunidad de salvar la vida de al menos una persona, y posiblemente de más.

Nuestras vidas están todas interconectadas y, por tanto, las cosas que hacemos a los demás y para los demás tienen unas consecuencias muy amplias que no siempre llegamos a ver (bueno, al menos no las vemos hasta que no cruzamos al Otro Lado y hacemos el repaso de nuestra vida, que es cuando vemos y comprendemos *todo*). Mientras estamos aquí, en la Tierra, cada uno sigue su propio camino vital, pero este se cruza con los de otras personas y los de ellas con el nuestro. Y estas intersecciones están cargadas de significado, porque son oportunidades para desempeñar papeles importantes en la vida de los demás, para ofrecer apoyo y orientación y, efectivamente, para salvar una vida.

Lo que he visto en los miles de lecturas que he hecho es que el Otro Lado utiliza estas intersecciones para dirigirnos hacia nuestro camino de vida más elevado. Además, recluta a gente aquí, en la Tierra, para que entre a formar parte de nuestro Equipo de Luz.

Son personas que nos guiarán hacia esos caminos. Yo los llamo trabajadores de la luz.

Son los soldados de infantería del Otro Lado, que están al pie del cañón, remangados, para hacer que las cosas sucedan. Han sido contratados —sin que lo sepan— para hacer el trabajo del Otro Lado aquí, en la Tierra. Facilitan el flujo de ideas, conexiones y señales entre los demás, a veces por el simple hecho de estar en el lugar preciso y en el momento oportuno o por aportar sus habilidades y dones exclusivos a una situación determinada. Así como el Otro Lado nos envía todo tipo de señales y mensajes, a veces también envía a nuestra vida a estos trabajadores de la luz.

¿Y quiénes son estos trabajadores de la luz?

Somos *nosotros*.

Cada uno de nosotros puede ser un trabajador de la luz. Todos podemos ser utilizados por el Otro Lado para hacer que las cosas sucedan para los demás, y a menudo lo somos, aunque no tengamos ni idea de ello.

De todas formas, hay personas que parecen tener una habilidad especial para desempeñar este papel. Son esas que *siempre* parecen estar en el lugar adecuado y en el momento oportuno para ayudar a los demás. ¡Funcionan como las antiguas telefonistas, sentadas ante el cuadro, metiendo clavijas en sus enchufes y estableciendo conexiones! Son almas que han establecido un contrato espiritual con el Otro Lado —sin saberlo— para hacer lo que este les pida.

Son lo que yo denomino conectores.

Voy a hablarte de Jill, una amiga que es una de las conectoras más mágicas que conozco.

Es una de esas personas que se sienten muy cómodas en su pellejo. Es amable, estrafalaria, divertida y está completamente abierta al mundo y a todas sus posibilidades. Cuando tenía veinticinco años, conoció a un gurú indio y tuvo un despertar espiritual. Este le dio una práctica de meditación y ella siguió recorriendo la India y viviendo experiencias que suponían todo un reto para sus ideas de cómo funciona el mundo.

—Sentí que mi corazón se abría y percibí cómo se expandían los límites del tiempo y el espacio —afirma—. Estaba abierta a nuevas dimensiones de realidad.

Poco a poco, sus amigos empezaron a observar que, cuando estaban con ella, parecían suceder cosas maravillosamente extrañas.

Por ejemplo, una de sus buenas amigas había perdido recientemente a su marido. Antes del tránsito, él había estado leyendo un libro titulado *Éramos unos niños*, de la icónica cantante Patti Smith.

—Por eso, mi amiga decidió que quería conocer a Patti Smith —cuenta Jill—. Creía que conocerla sería una señal de su marido.

Poco tiempo después, cogieron un tren Amtrak desde Washington a Nueva York. Era el primer viaje que hacía desde el fallecimiento de su marido.

—De repente, se me acercó temblando —recuerda Jill—. Me dijo: «Patti Smith está en este tren». Yo le respondí: «Tú alucinas».

Pero Patti Smith *sí* estaba en el tren y Jill y su amiga se armaron de valor y se acercaron a ella.

—Acabé explicándole toda la historia y le dije: «Eres la señal de mi amiga» —cuenta Jill—. Y Patti Smith respondió: «¡Me alegro mucho de ser su señal!».

—No sé por qué —le dicen sus amigos—, pero, cuando estamos juntos, las señales llegan.

Cuando el padre de otra amiga, que era un actor muy conocido, falleció, Jill estuvo allí para ayudarla a pasar el duelo.

—Observé que empezaban a suceder un montón de cosas raras en la televisión, en los móviles y en los aparatos electrónicos —cuenta Jill—. Y le dije a Susie: «Esta es la forma que tiene tu padre de comunicarse contigo».

En su teléfono móvil empezaron a aparecer fotos de su padre que Susie no había hecho. En cierta ocasión se reunió en su casa con seis amigos para recordar a su padre y las ventanas se ponían a temblar inexplicablemente cada vez que mencionaban su nombre, y dejaban de hacerlo cuando hablaban de otra persona. La canción *I will survive* no dejaba de sonar en la radio de su coche. El autocorrector del teléfono no hacía más que cambiar «does» por «dies»* y el nombre de «Alita» por «aorta», lo que le hacía pensar en su padre, que había fallecido por una dolencia cardíaca.

—No paraban de suceder cosas raras como estas —relata Jill—. Le dije que empezara a hacer una lista, porque era su padre intentando conectar.

Jill llevó a Susie al funeral de su padre en coche, pero se perdieron en el camino de vuelta y se metieron por calles que no conocían; finalmente se detuvieron para averiguar dónde estaban y descubrieron que el nombre de la calle coincidía con el apellido del padre de Susie.

—Aquello nos reconfortó —cuenta Jill—. Yo le decía: «¡Estás recibiendo señales!». Sentía que sabía lo que eran y, cuando sabes algo, lo sabes. La gente puede creer lo que quiera, pero las creencias no importan tanto como las experiencias. Y todas aquellas cosas que estaban sucediendo eran experiencias directas de conexión. Eran reales.

Los amigos de Jill empezaron a hablar de su asombrosa habilidad para hacer que se produzcan señales a su alrededor. Lo llamaron *manifestar*: Jill manifestó a Patti Smith para su amiga. Parece invitar señales vívidas y poderosas del Otro Lado para aquellos que la rodean.

Su viaje espiritual personal ha cambiado su forma de ver el mundo y la ha convertido en un cómplice ideal para el Otro Lado. Según afirma, sus intensas experiencias de meditación le han permitido mantener distintos tipos de relaciones con personas que se han ido. Gracias a ello, ya no ve la muerte como un final, sino como cuando un buen amigo hace un viaje a tierras lejanas y ella se entristece por no poder interactuar físicamente con él, por no tener su presencia física: así es como siente que es la muerte. Es como si las personas a las que amamos no se hubieran ido para siempre, sino que solo estuvieran en algún lugar muy lejano. ¡En Tailandia, por ejemplo!

Dedica una enorme cantidad de energía al activismo y es una gran defensora de la justicia social, el desarrollo sostenible y la edu-

---

* *Does* significa «hace», y *dies*, «muere». *(N. de la T.)*

cación para todos. Como dice una amiga suya, «Jill ha accedido a su propósito en la vida y a través de su trabajo vive en esa dulce situación de ser una conectora, de mover fuerzas en favor del mayor bien de la humanidad. Prospera en todos estos mundos y consigue que las conexiones que existen entre ellos se produzcan de forma natural y sin esfuerzo. El sincronismo se ha convertido en una constante en su vida».

Aquí tienes un ejemplo de cómo funciona ese sincronismo:

Hace poco, Jill recibió la llamada de una amiga implicada en una organización a favor de los derechos humanos. El grupo había vivido un año económicamente complicado y tenía problemas para no pasarse de su presupuesto operativo cuando, de pronto, surgió una situación humanitaria urgente. Se necesitaba su colaboración inmediata. La amiga le preguntó a Jill si sabía de alguien dispuesto a ayudarlos a generar recursos. Jill le dijo que vería lo que podía hacer. Luego, puso en marcha sus recursos: «Digamos que envié el mensaje al universo».

A las pocas horas, recibió una llamada de otra amiga que quería saber cómo podía hacer algo que tuviera un efecto inmediato para ayudar a niños necesitados.

—Pues, de hecho —le respondió Jill—, creo que tengo lo que necesitas.

Puso a sus dos amigas en contacto y, en cuestión de un par de días, un avión surcaba los cielos con suministros esenciales para unos niños muy agradecidos.

Cuando oí la historia, me maravillé de lo rápido que el universo utilizó a Jill para hacer realidad algo mágico. Es una verdadera trabajadora de la luz contratada por el Otro Lado para establecer conexiones vitales aquí, en la Tierra.

Sin embargo, aparte de su elevado sentido de la espiritualidad, no posee ningún superpoder exclusivo.

Muy al contrario, las habilidades que la convierten en una conectora tan poderosa son las mismas que poseemos *todos*.

Así como todos podemos recibir señales y mensajes de nuestros Equipos de Luz, también podemos ser conectores para el Otro Lado.

A veces, como en el caso de Jill, somos conscientes de que estamos actuando como una especie de conducto de transmisión para las señales y los mensajes. Sin embargo, en muchas otras ocasiones, lo desconocemos. Sencillamente, sucede. Todos nuestros caminos se extienden más allá de nuestra propia vida y se cruzan con los de otras personas creándonos infinitas oportunidades para desempeñar un papel significativo en el viaje de los demás. Nuestra vida no es algo solo nuestro, *son también las conexiones que establecemos con otros*.

Tenemos que ser conscientes de que podemos influir significativamente en la vida de los demás mediante gestos sencillos: una sonrisa a un extraño puede tener unas consecuencias muy grandes. Hace poco leí la historia de una mujer que paró en un Dunkin' Donuts, vio a un hombre sin hogar, le compró una taza de café y se sentó a charlar con él durante cinco minutos. Eso fue todo, una taza de café y cinco minutos de tiempo.

Luego se dirigió a hacer su pedido y, cuando iba a marcharse, el hombre sin hogar le puso una nota pequeña y arrugada en la mano y salió. En ella le decía que había pensado matarse ese día, pero que la breve conversación que habían mantenido, un simple reconocimiento de su existencia y su valía como ser humano, lo había cambiado todo y le había mantenido con vida. He oído muchísimas historias más como esa. Relatos de cómo actos sencillos de amabilidad pueden tener unas consecuencias mucho mayores de lo que podemos imaginar. Una sonrisa, una palabra, un gesto, un regalo pueden cambiarlo todo.

Y, efectivamente, pueden salvar una vida, si es que no lo han hecho ya.

Nos cruzamos con los caminos de vida de los demás por distintas razones. Si abordamos esos momentos de conexión con el corazón y la mente abiertos, sabiendo que lo que decimos y hacemos puede producir en el camino de otras personas un efecto exponencialmente mayor que el que seríamos capaces de imaginar, honraremos mejor nuestro papel como conectores para el Otro Lado.

Se ha dicho que la gente cruza nuestro camino y entra en nuestra vida como una bendición o una lección. A menudo, como ambas cosas. Puede que tengan algo que enseñarnos o que nosotros tengamos algo que enseñarles a ellos o, en el mejor de los casos, que ambos tengamos algo que enseñarnos mutuamente. *Así* es como funciona esta gran cadena de luz e interconexión.

Y aquí tienes una de las cosas más bellas acerca de las señales y los mensajes: el Otro Lado *necesita nuestra ayuda* para hacerse fuerte y poderoso. Nuestros Equipos de Luz nos necesitan para ser conscientes y estar abiertos y receptivos no solo a nuestras propias señales, sino también para facilitárselas a otras personas. Todos estamos aquí para vivir una vida de interconexión; por decirlo de una forma sencilla, estamos todos juntos en esto.

«Nos pertenecemos los unos a los otros», como dijo la Madre Teresa.

Mi amiga Jill es una expresión muy clara de esto. Sin embargo, todos podemos ser trabajadores de la luz y conectores. El universo está preparado para usarnos a todos y cada uno de nosotros. Solo tenemos que estar listos para unirnos al Equipo de Luz de otra persona.

Hasta que no amamos a un animal, una parte de nuestra alma no despierta.

ANATOLE FRANCE

19

TODAS LAS CRIATURAS, GRANDES Y PEQUEÑAS

A MENUDO ME PREGUNTAN si nuestras mascotas cruzan al Otro Lado y si ellas también pueden enviarnos señales. La respuesta a ambas preguntas es sí. Los animales a los que hemos querido tanto aquí, en la Tierra, están en el Otro Lado. Y cuando ya están allí pueden, y de hecho lo hacen, enviarnos unas señales increíbles.

He encontrado mascotas en cientos de lecturas y siempre aparecen como felices manojillos de luz y energía. Mientras están aquí acompañándonos, son nuestros maestros. Comparten con nosotros lecciones profundas de amor incondicional, unas lecciones para las que están maravillosamente preparados. Cuando hacen el tránsito, permanecen conectados con nosotros de una forma muy real y poderosa, y nos aportan esperanza, consuelo, apoyo y, por supuesto, un amor eterno.

Puede parecer extraño, pero lo cierto es que eso de enviar señales se les puede dar mejor a los animales que a los humanos. ¿Por qué? Pues porque son maravillosamente puros. No están limitados por el pensamiento analítico, así que son libres para implicarse en la energía de nuestra conexión con ellos..., igual que sucede con los bebés, antes de que entre en escena su mente lógica.

Gracias a esta inocencia y a esta libertad, los animales perciben con gran agudeza el flujo de energía de nuestro universo. El Otro Lado me ha enseñado que solo vemos el quince por ciento de lo que nos rodea aquí, en la Tierra. El resto es energía invisible y conexiones de luz. Los animales, sin embargo, ven un porcentaje mucho mayor. Por ejemplo, se sabe que, ante terremotos y otros desastres naturales, reaccionan varios días antes. Haz memoria. ¿Alguna vez has visto a tu perro o a tu gato ponerse tieso de repente y reaccionar ante un sonido o un suceso imaginario? ¿Y si resulta que ha visto u oído algo que tú no eres capaz de percibir? Lo más probable es que haya reaccionado ante algo muy real.

Los animales pueden también percibir y ver la energía de los espíritus que nos visitan aquí, en la Tierra.

Hace poco hice una lectura para una mujer que había perdido recientemente a su hijo de una forma muy trágica. En ella, el hijo me pidió que le dijera a su madre que el motivo por el que su perro parecía haberse vuelto loco el día anterior fue que le había visto… o, más bien, que había visto a su espíritu.

—¡Santo Dios! —exclamó la mujer—. Así fue. El perro se volvió completamente loco y todos nos preguntábamos qué demonios le estaría pasando. Llegamos a decir en voz alta que quizá estaba viendo o sintiendo que nuestro hijo nos iba a visitar.

Nuestras mascotas perciben muy bien la actividad espiritual mientras están aquí, y se comunican con nosotros y nos envían señales cuando están en el Otro Lado.

Una de mis antiguas alumnas, Melissa, me envió una historia acerca de su querida perra, Heidi, que vivió veintiún años (¡sí, veintiuno!) maravillosos. La habían adoptado y era una perra juguetona y cariñosa a la que le entusiasmaba perseguir a las mariposas. Su tránsito fue un golpe muy duro para Melissa. Había constituido una parte muy importante del viaje de la vida de esta. La echaba tanto de menos que no soportaba la idea de hacerse con otro perro.

Dos años después del tránsito de Heidi, Melissa miró su página de Facebook y vio un recordatorio de un acontecimiento importante. Ese día, Heidi habría cumplido veintitrés años. Mientras recordaba a la perra y celebraba su amor por ella, en su mente se formó un pensamiento muy hermoso: quizá era un buen momento para adoptar otro perro.

Ese mismo día se descargó la aplicación de una asociación protectora de perros y se la llevó a su trabajo (es socorrista).

—Cuando estaba rellenando el formulario, una mariposa voló por encima de mi cabeza y estuvo bailando a mi alrededor. Siempre relaciono estos animales con Heidi.

Como Melissa estaba abierta a los mensajes del Otro Lado, supo lo que significaba la mariposa. Era una señal de Heidi, que le enviaba su bendición, lo celebraba con ella y afirmaba que hacía lo correcto adoptando a otro perro. Así lo hizo y, desde entonces, su vida —y la del perro— se han enriquecido de una forma muy significativa.

Esta es una de las tareas más importantes que asumen nuestras queridas mascotas en el Otro Lado. Nos ayudan a dejar atrás cualquier sentimiento de culpabilidad que podamos tener acerca de su pérdida y nos dirigen hacia decisiones que nos harán felices y aumentarán nuestra experiencia de amor aquí y ahora, sobre todo hacia la de coger otra mascota. Al igual que todos los seres queridos que se van, nuestros animales del Otro Lado quieren que seamos felices.

Por tanto, si estás en esa situación y te preguntas si deberías hacerte con otra mascota, no tengas miedo de pedir a la que tienes al Otro Lado que te envíe una señal.

Las conexiones de mi madre con los muchos perros a los que ha querido en el transcurso de su vida son también muy fuertes. Su presencia permanece en la vida de ella mucho después de que se hayan ido. Lightning era un foxterrier enano, un bichito negro, blanco y marrón absolutamente adorable, con las patas torcidas y una energía inagotable. Mi hermano lo había cogido para que fuera su perro, pero él se apegó a mi madre.

—Sencillamente, decidió que yo era su humana —afirma ella.

Lo llevó consigo cuando fuimos a Lake George de vacaciones toda la familia. Quería salir a dar un paseo en barca por el lago, así que metió a Lightning en un dormitorio del segundo piso y cerró la puerta. Yo estaba sentada en el porche cuando vi una forma oscura caer repentinamente desde el cielo y salir zumbando por el prado. ¡Era Lightning! Había saltado por la ventana y por el balcón y corría por el prado para irse al lago con mi madre.

En otra ocasión, mi madre lo dejó con una cuidadora cuyo patio estaba rodeado por una valla de un metro ochenta de altura. Nadie creyó que Lightning pudiera escalarla, pero lo hizo sin dudarlo y corrió a buscar a mi madre. Como ella estaba a muchas horas de distancia, mi tía (que también es psíquica) dejó el trabajo para ir a buscarlo. Se sintió llevada hacia la bahía de Huntington y allí estaba Lightning caminando al borde del agua. Abrió la puerta del coche y le llamó, y él entró al momento.

Lightning vivió una vida larga y activa antes de hacer el tránsito. Para entonces, mi madre había cogido a otra perra, una enorme labradora llamada Cassie. Lightning siempre había dormido a los pies de la cama de mi madre y Cassie lo hacía en una cama para perros también en el suelo. A la hora de acostarse, Lightning saltaba a la cama de Cassie y esta miraba a mi madre como diciendo: ¿lo ves?, ¿ves cómo me molesta Lightning? Entonces ella lo sacaba de la cama de Cassie y él saltaba a la de ella y se colocaba para dormir.

La noche del día en que se fue, cuando llegó la hora de acostarse, Cassie entró en la habitación de mi madre, pero se negó a meterse en su cama de perro.

—Se mostraba claramente agitada —recuerda mi madre—. Yo le pregunté: «¿Qué te pasa? Lightning no está aquí, puedes dormirte», pero ella no hacía más que mirarme a mí y otra vez a su cama con ojos muy tristes. Pesaba casi cuarenta kilos (ochenta y cinco libras) y tenía las patas cortas. No era capaz de saltar lo suficiente como para subirse a mi cama, pero esa noche consiguió trepar a ella y no quiso ni siquiera acercarse a la suya. Parecía asustada. Yo no veía nada, pero había algo que claramente la estaba alterando.

¿Se trataba de Lightning, que seguía haciéndole rabiar desde el Otro Lado?

Al día siguiente, mi madre salió de la ducha y oyó unos pequeños gimoteos al Otro Lado de la puerta. Recordó que Lightning solía quedarse fuera del cuarto de baño gimiendo hasta que ella salía. Sin embargo, se había ido, así que ¿quién estaba emitiendo aquellos sonidos?

—Conozco los gimoteos de Lightning —afirma mi madre—. Conozco todos los sonidos que hace, y aquellos sonaban a él. Pero, evidentemente, cuando salí del baño, allí no había nadie.

Varios meses después del tránsito de Lightning, mi madre se hizo con otra perra, una mestiza de chihuahua y caniche llamada Dobby. Dormía en la esquina de la cama, en el mismo lugar donde solía hacerlo Lightning.

—En mitad de la noche, moví el pie y, sin querer, le debí dar accidentalmente a Dobby, porque la oí saltar de la cama. «Dobby —llamé—, ven, lo siento», pero no oí nada.

Ella sabía que a Dobby le gustaba esconderse debajo de la cama si se sentía amenazada, así que se imaginó que se habría metido allí.

Intentó volver a dormirse. Cuando se estiró, su pie golpeó contra algo pesado. Se sintió desconcertada. ¿Habría dejado un libro sobre la cama? Alargó la mano para ver qué había ¡y era Dobby, profundamente dormida! Mi madre se puso algo nerviosa.

—Sé que no estoy loca, pero también sé que oí a un perrito saltar al suelo desde mi cama. ¡Cuántas veces habré oído a lo largo de los años ese sonido tan familiar con Lightning! Me volví a tumbar… y entonces oí pisaditas de perro atravesando el suelo de la entrada… ¡Te aseguro que lo oí!

Mi madre está también muy abierta a las señales y los mensajes, y no tardó mucho tiempo en averiguar lo que había sucedido.

—Era Lightning —afirma—. Estaba tratando de decirme que todavía estaba por allí. Y no dejó de hacerlo hasta que al fin lo entendí. A partir de entonces, todos los sonidos desaparecieron.

Unas semanas más tarde, mi madre fue a visitar a mi hermana, que vivía en Nueva Jersey. Al llegar, dejó caer accidentalmente la correa de Dobby y esta salió corriendo. Era una perra adoptada, muy insegura y con mucho miedo de la gente. Nunca había estado en aquella zona, así que no iba a ser capaz de volver a la casa. Mi madre, mi hermana y unos cuantos vecinos estuvieron buscándola durante dos días, pero no consiguieron encontrarla. Lo peor de todo era que estaban en pleno invierno. Al cabo de esos dos días, mi madre supo que no le iba a quedar más remedio que regresar a Nueva York, porque tenía que trabajar. Estaba desquiciada.

—Tenía el corazón roto —cuenta—. Daba vueltas con el coche buscando a Dobby y llorando. Exclamé: «Por favor, Lightning, tú te perdiste dos veces y conseguimos encontrarte…, y en ambas ocasiones fue una especie de milagro. Ahora necesito que hagas otro milagrito. Por favor, ayúdanos a encontrar a Dobby».

Dos horas más tarde llamaron a la puerta de mi hermana; una vecina a la que le gustaba salir a correr creía haber visto un perrito en los bosques cercanos. Se había quedado en el lugar y había llamado a su marido por el móvil, y este había ido a recoger a mi madre y a mi hermana. Fueron todos al bosque y empezaron a buscar. Sin embargo, no había ningún perro a la vista. Dobby era pequeña, muy insegura y le gustaba esconderse, y su color marrón claro la camuflaba a la perfección. De repente, el hombre vio por el rabillo del ojo lo que parecía un perrito nadando hacia una isla diminuta situada en mitad de un estanque. Luego pareció desaparecer. ¡Pero tenía que estar allí! El vecino y mi madre consiguieron abrirse camino hacia la isla caminando en equilibrio sobre unos troncos caídos. Y allí, escondida en lo más profundo de la maleza, encontraron a Dobby temblando de frío y empapada.

—Estaba tiritando, congelada —afirma mi madre—. ¡Quién sabe lo que podría haberle pasado si no la hubiéramos encontrado! Estaba tan escondida que fue un auténtico milagro.

Ella sabía que Lightning había respondido a su petición de ayuda.

—Lightning me ayudó a conseguir ese milagro. Me ayudó a encontrar a Dobby.

Cuando nuestras mascotas hacen el tránsito, quieren que sepamos que están bien. Si al final de su vida en la Tierra estuvieron enfermas o con dolor y sufrimiento, quieren hacernos saber que ahora ya no sufren y que vuelven a retozar, a saltar y a correr. Cuando hacen el tránsito, quieren que dejemos de dudar de nosotros mismos o que sintamos una culpabilidad equivocada. Saben que todas las decisiones las tomamos creyendo que eran las mejores para ellas. Saben que hicimos todo lo que estuvo en nuestra mano para que su tránsito fuera lo más cómodo posible. Desean enjugar nuestro dolor y curar nuestro corazón roto y, para ello, nos hacen saber que siguen estando con nosotros.

También he aprendido que, cuando nos llega el momento del tránsito, a menudo son nuestras mascotas las primeras que acuden saltando, brincando y revoloteando para saludarnos. Lo he visto una y otra vez en mis lecturas.

Mi amiga y compañera médium psíquica Joanne Gerber me contó hace poco una historia acerca de su queridísimo perro Louis. Era un terrier West Highland blanco importantísimo en su vida. Yo me había acostumbrado a las fotografías encantadoras de él que publicaba en su página de Facebook y estaba deseando que pusiera otras nuevas. Por eso me apenó mucho cuando leí que le habían diagnosticado un tumor cerebral y, cuatro meses más tarde, que había hecho el tránsito.

La marcha de Louis fue terrible para Joanne, pero, en las semanas y meses siguientes, me dijo que había acudido a ella varias veces y le había demostrado que estaba feliz, sin dolores, y que podía moverse sin dificultad.

Una noche, pocas semanas después de su tránsito, Joanne estuvo implicada en un terrible accidente de tres coches en la autopista 90 de Connecticut. El que estaba delante de ella frenó de repente y Joanne hizo un giro para evitar el choque, derrapó en el hielo negro y recorrió tres carriles en sentido contrario. Un coche consiguió esquivarla, pero luego un tráiler la golpeó en el lado del pasajero y su vehículo se estrelló contra la mediana. Se activaron los airbags, pero Joanne permaneció consciente. Dio una patada a la puerta para abrirla y gateó para salir a la nieve de la carretera. Milagrosamente solo sufrió cortes y hematomas.

Los servicios de emergencia ayudaron a limpiar la escena del accidente y una grúa consiguió retirar el coche destrozado y conducir a Joanne a su casa. El conductor estaba a punto de cargar el parachoques trasero, que se había desprendido, en el asiento trasero del coche de Joanne cuando se detuvo de repente y le preguntó si había un perrito en la parte posterior..., porque creía haber visto un animalito blanco allí.

Sin embargo, no había ningún animal en el coche.

Joanne lo supo al instante... ¡Era *Louis*!

«Ya sabía que tenía ángeles que me protegían —escribió hablando de aquella noche—, y Louis es uno de ellos».

La historia de Joanne ilustra de una forma deslumbrante que nuestras mascotas nunca dejan de protegernos ni de hacernos felices. Su amor incondicional perdura. Nuestra conexión con ellas sigue siendo fuerte. Intentarán hacer lo que sea para que sepamos que siguen con nosotros. Y, si necesitamos un milagro, quizá consigan alguno también.

Estoy convencido de que la parte más importante de un ser humano no es su cuerpo físico, sino su esencia no física, lo que algunas personas llaman el alma... La parte no física no puede morir ni deteriorarse, porque no es física.

RABINO HAROLD KUSHNER

20

MARMOTAS

CONOCÍ A JULIE, MI EDITORA, poco después de que ella adquiriera mi primer libro. Fui a su despacho en Midtown Manhattan preparada para hacerle una lectura, pero ella me dijo rápidamente que no era eso lo que quería ese día.

—Ya soy creyente —me dijo—, así que no tienes que hacerme ninguna lectura para convencerme.

Sin embargo, también estaba allí mi agente literaria e insistió en que se la hiciera. Julie accedió con desgana... Yo supe que se resistía por una razón, pero no la presioné.

Nos instalamos y empezamos. En algún momento, a mitad de la lectura, se hizo presente el padre de Julie. Yo le dije a ella que estaba con un perro.

—Me está enseñando un melocotón. No estoy segura de lo que debo decir acerca de él, pero eso es lo que me está mostrando. No sé... ¿Quizá Georgia? ¿Un melocotón de Georgia?

Julie se emocionó visiblemente.

—Georgie Girl —respondió—. Es la perra que tenía cuando era niña.

El padre me dijo que tenía información acerca de otro perro. Incluso me dio el nombre: Alfie.

—Tu padre quiere que sepas que tomaste la decisión correcta con respecto a Alfie —transmití. Dudé unos momentos y crucé las manos—. Sabes lo que voy a decir..., pero tu padre quiere que sepas que has hecho lo correcto. Le has permitido disfrutar de bastante tiempo más, pero cuando llegue su hora, tu padre y Georgie Girl estarán allí esperándolo.

En este punto, Julie era ya un mar de lágrimas. A su perro, un terrier tibetano de quince años llamado Alfie, le habían hecho una operación muy arriesgada unos días antes. Por eso al principio se resistía a que le hiciera una lectura. Sus sentimientos estaban a flor de piel y tenía miedo de abrir las compuertas emocionales. Y, por supuesto, le preocupaba lo que le pudiera decir en la lectura acerca de la salud de Alfie.

El mensaje de su padre demostró ser cierto. La operación dio marcha atrás al reloj de Alfie, que se repuso en seguida y recuperó su juventud y su fuerza. De hecho, vivió muy bien durante dos años más y luego su salud empezó a deteriorarse.

Julie le llevó al veterinario, que le conocía desde que era cachorro.

—Quería saber si tenía dolores y si yo estaba siendo egoísta por mantenerlo vivo —me confesó más tarde.

Estaba sentada en la sala de espera con el corazón encogido y Alfie tumbado a sus pies. Un tablón de anuncios situado en la pared que tenía justo enfrente atrajo su mirada. Eran avisos de perros perdidos. Se levantó y fue directamente a uno de un shiba inu.

—Un pensamiento cruzó mi mente: *dónde se había visto por última vez a este perro*, y recorrí el anuncio con el dedo hasta llegar a ese dato. La dirección era del edificio de Brooklyn donde se había criado mi madre.

Envió una foto del aviso a su hermana pidiéndole que comprobara la dirección.

Esta respondió: «Increíble... ¡Hasta el número de apartamento!». Julie no se había percatado de ese detalle: 1A, el mismo en el que vivieron sus abuelos durante casi cincuenta años. Cuando ella era pequeña e iban a visitarlos, Georgie Girl saltaba del coche, subía corriendo las escaleras, giraba a la izquierda y se sentaba ante la puerta meneando la colita.

—Lo entendí inmediatamente —me dijo más tarde—. Estaba en el veterinario porque sabía que estábamos llegando al final y encontré allí una señal inconfundible que reflejaba lo que me habías dicho en la lectura. Cuando llegue el momento del tránsito de Alfie, Georgie Girl, mi padre e incluso mis abuelos estarán ahí para recibirlo.

Ahora que había quedado abierto un canal de comunicación entre Julie y su padre, él se hacía presente de vez en cuando si teníamos una reunión o habíamos quedado en hablar por teléfono. Un día estábamos hablando sobre la próxima publicación de mi primer libro. Al final de la llamada, le pregunté:

—¿Tiene algo de especial el día de hoy? Tu padre lleva rondándome todo el día y me está diciendo que vais a celebrar una especie de fiesta.

Julie hizo una pausa; me di cuenta de que necesitaba unos momentos de reflexión.

—Hoy es el cumpleaños de mi padre —respondió—. 2 de febrero, el Día de la Marmota.

Había mantenido una relación muy especial con él, que había hecho el tránsito unos doce años antes.

—Yo era su compinche, su mano derecha. Su empresa estaba cerca de mi colegio, así que todos los días me llevaba y me recogía. Pasamos mucho tiempo juntos, por la mañana y por la tarde. Era un hombre muy fuerte, trabajador, digno de confianza, enérgico y siempre en movimiento. Tan guapo como una estrella de cine. Y todos sus clientes lo adoraban.

Julie tenía treinta y tantos años cuando su padre falleció, después de una larga enfermedad.

—Nunca se quejaba; era tan elegante… Parecía que su alma hubiera sido pulida, y encontró una profunda satisfacción en la vida. Fue terrible ver a un hombre que había sido tan atlético y capaz quedar disminuido físicamente. Sin embargo, lo que había tenido de bello antes de la enfermedad se hizo todavía más hermoso.

Unos meses después de nuestra conversación del Día de la Marmota, Julie se encontraba en su casa de fin de semana en una zona rural de Long Island. Era el Día del Padre. En los años que habían pasado desde el fallecimiento del suyo, se había convertido en una fecha que le traía sentimientos agridulces. Mientras fregaba los cacharros, echó un vistazo por la ventana hacia una granja situada al otro lado del patio. De repente percibió por el rabillo del ojo una pequeña criatura marrón que surgía de una zona boscosa y se detenía en mitad del patio.

—Venid a ver esto —exclamó dirigiéndose a su marido y a su hijo, que estaban en la habitación de al lado—. ¿Qué es? ¿Un gato raro? ¿Un castor?

—Parece una marmota… ¿Será eso? —respondió su marido.

—Búscalo en Google. ¿Cómo es una marmota? —Su hijo lo tecleó en Google y sacó una foto de una marmota sentada sobre sus patas traseras—. Sí, así es.

Volvieron a mirar a la marmota del patio, que había decidido complacerles y se había colocado en la misma postura que la de la foto.

—Dios mío —exclamó Julie—. Es el Día del Padre.

Unos meses después, un amigo de la universidad fue a pasar el fin de semana con Julie y su familia y ella les contó que habían visto a la marmota el Día del Padre. Le dijo también que yo animaba a la gente a pedir señales del Otro Lado —su amigo había perdido a su padre unos años antes— y que no importaba que estas fueran demasiado concretas, porque el Otro Lado podía manejar eso bien. Mientras hablaba, miró por la ventana de la cocina medio esperando que la marmota reapareciera milagrosamente. Sin embargo, pensó que quizá estaba pidiendo demasiado.

Subió a hacer las camas y miró por la ventana. Había una pareja de cardenales posada en la rama que tenía justo ante los ojos.

—Los veo por ahí de vez en cuando —afirma—. Yo los llamo señor y señora Cardenal. Me recuerdan a mis abuelos, que estuvieron casados cincuenta y cuatro años. En voz alta, porque no había nadie cerca, les dije: «Me alegro de veros; siempre me da alegría, pero hoy ¿sabéis lo que de verdad me encantaría? Volver a ver a la marmota».

Terminó de hacer las camas, bajó y fue a fregar los platos del desayuno. De pie junto al fregadero, volvió a mirar por la ventana. Y allí estaba la marmota, esperándola.

No se atrevía a moverse. Se quedó completamente quieta observando cómo el animalito atravesaba el patio, tomándose su tiempo, y desaparecía entre los arbustos.

Aunque era creyente, tal y como me había dicho en nuestra primera reunión, después de verla por segunda vez se sentía reacia a pedir que acudiera cuando ella quisiera. Tenía miedo de que no se presentase y de quedar desilusionada. Sin embargo, más de un año después, tras pasar una época bastante complicada, pensó: «Me gustaría saber que mi padre está conmigo ahora que ya he superado esto».

Ese mismo día salió a correr por una carretera rural que atravesaba un bosque. Cuando regresaba, vio una criatura pequeña de color marrón que caminaba sin prisa por la carretera unos cien metros por delante de ella.

—No podía distinguir si era un gato, un mapache o qué —afirma—. Empecé a correr hacia él, pero, antes de que pudiera alcanzarlo, cruzó la carretera y se lanzó hacia los árboles.

«Bueno, qué le vamos a hacer», pensó.

Sin embargo, cuando llegó al lugar por donde había cruzado la criatura, vio que no era bosque cerrado. Había un pequeño claro justo al otro lado de unos matorrales y allí estaba la marmota esperándola.

—Proferí una exclamación de asombro. Nos miramos la una a la otra durante unos momentos y luego echó a correr en dirección al bosque.

Julie volvió a casa a una velocidad récord con una mariposa de color amarillo brillante que la acompañaba volando sobre su cabeza. Estaba eufórica. «El mundo parecía un lugar benévolo», dice para describir la situación. Estaba impaciente por contarle a todo el mundo lo que había visto.

—Sentía que la marmota era un mensaje inequívoco de mi padre, que me comunicaba que era consciente de lo que había tenido que pasar y que estaba conmigo. Aquello me hizo superar el miedo al desengaño. Pedí y él respondió, justo cuando más lo necesitaba.

21

CÓMO COCREAR TU PROPIO LENGUAJE

Cuando hago lecturas para otras personas, me voy a un lugar tranquilo y cambio conscientemente mi energía para ponerme en un estado de receptividad total. Yo lo denomino abrirme al Otro Lado. En cierto sentido me vacío, dejo de ser Laura Lynne y me convierto en una mensajera mejor para nuestros Equipos de Luz. Todo lo que llega a través de mí se origina en el Otro Lado; yo no soy más que el recipiente.

Entrar en ese estado no siempre resulta fácil. Cuando estaba creciendo, había muchas veces en las que no entendía los empujoncitos que recibía del Otro Lado; de hecho, me asustaban. No *quería* saber nada de la gente, ni viva ni muerta, que yo no tuviera forma humana de saber. Tardé mucho en comprender y aceptar mi don e incluso más en aprender a utilizarlo. Al final llegué a un punto en el que fui capaz de controlar el flujo de información proveniente del Otro Lado y conseguí no verme asediada por él las veinticuatro horas del día.

A medida que iba confiando y desarrollándome más, empecé a aprender el lenguaje secreto del universo. Como ya he mencionado más de una vez, llegué a comprender que este lenguaje está al alcance de todos nosotros, que nos *pertenece* a todos. Y he llegado a darme cuenta de que una parte de mi viaje consiste en despertar a otros para que adquieran conciencia de esta posibilidad. Lo que viene a continuación son unas cuantas directrices que te ayudarán a cocrear tu propio lenguaje especial con tus maravillosos Equipos de Luz. Espero que las historias que he compartido contigo hasta ahora te hayan ayudado a prepararte para dar el primer paso y abrir tu mente y tu corazón al Otro Lado.

EN SILENCIO, POR FAVOR

Te recomiendo que empieces este proceso concediéndote diez minutos de silencio. No diez minutos en el sofá con la televisión encendida ni diez minutos con el móvil en la mano. Estoy hablando de silencio *real*. Tranquilidad meditativa. El tipo de calma que te permite aclarar la mente, cambiar tu energía y desconectar lo más posible de tu vida cotidiana.

Busca un lugar tranquilo y silencioso donde sentarte. Quizá no te resulte tan fácil como parece. Créeme, lo sé por experiencia propia. Tengo un marido, tres hijos, dos perros y un gato. Cierra la puerta de tu dormitorio. Prepárate un baño caliente. Siéntate en un almohadón, colócate con las piernas cruzadas en tu esterilla de yoga o túmbate sobre la espalda con las palmas de las manos hacia arriba. Si ves que se cuela algún ruido en tu lugar silencioso, pon una música relajante. Intenta crear el entorno más sereno y tranquilo posible.

De hecho, si eres capaz de reservar todos los días esos preciosos minutos en silencio y no saltártelos, empezarás a aprender a cambiar tu energía y a entrar, mediante tu intención, en un estado de consciencia diferente. Es como lo que dijimos cuando hablamos de los sueños: estamos intentando acallar nuestra mente lógica. Queremos liberar nuestra conciencia de nuestro cuerpo. Queremos silenciar toda esa cháchara del lóbulo frontal a la que muchas veces se denomina mente de mono.

Queremos llegar a un lugar en el que podamos oír al Otro Lado y conectarnos con él.

Así que encuentra tu lugar silencioso. Ponte físicamente cómodo. Cierra los ojos. Haz respiraciones largas y profundas inspirando por la nariz y exhalando por la boca. Centra tu atención en la respiración. Inspira, exhala. Rechaza suavemente cualquier pensamiento perdido que acuda a tu mente.

Si consideras que necesitas una imagen para acallar la mente, imagina un lago brillante y precioso lleno de luz refulgente situado justo encima de ti y permite que la luz fluya hacia la parte superior de tu cabeza y vaya llenando tu cuerpo desde los pies hasta la coronilla. Es lo que yo denomino *dejar entrar la luz*.

Hazlo durante un minuto y luego otro más. Hazlo hasta que pierdas el sentido del tiempo. Permanece en ese lugar apacible y silencioso. No hagas nada más que saborear la quietud.

Debo señalar que hay momentos en nuestra vida en los que nos deslizamos a un estado alterado de consciencia de manera accidental y sin darnos cuenta. Sucede cuando realizamos maquinalmente tareas que no requieren mucho pensamiento. En esos momentos, nuestro cerebro pone el piloto automático. Ducharse es un ejemplo excelente. Cuando nos estamos duchando, estamos moviéndonos, ocupándonos de lo que estamos haciendo, pero no *pensamos* en ello mientras lo hacemos. Es casi automático. Esto libera nuestro cerebro y nos permite deslizarnos a un estado ligeramente desconectado.

También puede suceder cuando conducimos por una carretera por la que hemos ido millones de veces o cuando estamos fregando un montón de platos. Son tareas que no requieren mucho razonamiento deductivo activo.

He oído, literalmente, *cientos* de historias de personas que, mientras se duchaban, se han conectado con sus seres queridos que ya han hecho el tránsito. Yo misma he tenido este tipo de experiencias. El sonido del agua corriente tiene algo que nos calma, nos hipnotiza y nos permite transformar nuestra energía. El sonido constante de la ducha tiende a ahogar cualquier otro y produce una quietud maravillosa (por no mencionar el efecto de los iones negativos, que veremos en un capítulo posterior). Cuando nos estamos duchando, podemos sentirnos agradablemente aislados o abrazados por la cálida agua que nos baña. Todo ello crea un entorno ideal para que el Otro Lado pueda llegar a nosotros... y para que nosotros podamos *oírlo*.

No quiero decir con esto que debas irte corriendo al baño, meterte en la ducha y ponerte a intentar hablar con tu tía o tu tío ya fallecidos. Eso es un esfuerzo muy grande y resulta contraproducente. Lo que estoy diciendo es que debemos ser *conscientes* de lo que entra y sale de nuestra mente mientras estamos en este tipo de estados accidentalmente desconectados. Son oportunidades maravillosas para que el Otro Lado se haga presente y nos permiten conocer el estado mental en el que debemos estar cuando damos el primer paso y nos tranquilizamos en nuestro tiempo de silencio.

PIDE TU NARANJA

El segundo paso consiste en pedir una señal que quieras. Así de simple.

¿Recuerdas cuando pedí al Otro Lado que me enviara una naranja como señal de que estaba en el buen camino? Lo hice durante un momento de silencio, cuando estaba entre bastidores, y enseguida obtuve mi naranja; de hecho, obtuve miles de ellas. Así que piensa qué señal quieres que te envíe el Otro Lado y luego pídela.

Unos consejos. Puedes pedir una señal en voz alta o mentalmente. Puedes mantener una conversación larga con un ser querido o sencillamente decir: «Envíame un mono verde». Puedes usar alguno de los elementos que conforman las señales por defecto, porque al Otro Lado le resultan más fáciles de usar, pero con un matiz que los haga distintivos, o crear una señal con tu imaginación.

Intenta no pedir algo que resulte casi imposible o negativo de alguna manera. Por ejemplo, imagino que no te apetecerá pedir ver un jumbo aterrizando en Central Park. Sin embargo, *sí* puedes pedir ver un avión reluciente en un lugar poco probable (la respuesta podría ser una maqueta de avión en el escaparate de una juguetería, un anuncio en el que salga uno en tu página de Facebook o un avioncito de papel que te golpee suavemente y de improviso en el brazo). Por tanto, no pidas algo que sea realmente absurdo y casi imposible, sino algo que sea único e incluso complicado.

Otro consejo: concede algo de tiempo para ver la señal. Muchas veces, la gente las recibe al cabo de tres días, pero pueden llegar solo en uno o tardar una semana. No esperes verla al momento; el Otro Lado es asombroso, pero ni nuestros Equipos de Luz pueden hacer que algo se materialice ante nuestros ojos (o yo, al menos, no *creo* que puedan hacerlo). Dicho esto, he hablado con docenas de personas que han recibido una señal al poco rato de pedirla. A veces, el Otro Lado actúa *muy* rápido. Por lo general, sin embargo, concederle algo de tiempo es una buena forma de permanecer abiertos a la señal, y de ese modo tendremos más probabilidades de observarla cuando se presente.

Por último, pide algo personal. Algo que te conecte con un ser querido que esté al Otro Lado. Si, por ejemplo, coleccionaba delfines de porcelana, pide delfines. También puedes pedir algo que te guste a ti, que sea personal. Lo importante es convertirlo en *tu* señal, algo que sea específico de ti o de tu ser querido. Eso aumentará ese sentimiento tan profundamente bello de amor y conexión que la acompaña.

También puedes asignar una señal diferente para cada persona del Otro Lado. Puedes pedir a tu abuela que te envíe un corazón rosa con la palabra «AMOR» escrita en él, y a tu abuelo que te mande un hipopótamo azul. Puedes pedir a tus guías espirituales que te manden el número 555. De ti depende crear el lenguaje que vayas a compartir con ellos. Y cuantas más señales crees y establezcas, más fluido será este lenguaje. La frase «Te quiero más». El número 333. La canción *Sweet Caroline,* de Neil Diamond. Una abeja. Cuantas más señales crees, más expansivo se volverá el lenguaje.

Por tanto, es posible que no podamos compartir una taza de café con un ser querido que ya haya hecho el tránsito, pero *sí* podemos compartir un precioso momento de cercanía.

Lo único que tenemos que hacer es pedir.

TAMBIÉN PUEDES PEDIR AYUDA

No estamos limitados a pedir señales; también podemos pedir ayuda. El Otro Lado está *deseando* ayudarnos. Y no estoy hablando de ayudar en un sentido abstracto, algo así como «Ayúdame a ser mejor persona» (tus equipos van a hacerlo de todas maneras). Me estoy refiriendo a ayuda en cosas concretas. «Hoy tengo un examen muy importante; por favor, ayúdame a no ponerme nervioso y a estar centrado». «Mi novio y yo hemos discutido; por favor, ayúdame a pensar qué puedo decir para arreglarlo». «Estoy endeudado; por favor, ayúdame a hacer los movimientos necesarios para mejorar mi economía». «Necesito un aparcamiento cerca de la tienda; por favor, ayúdame a encontrar uno». Ayuda concreta para problemas concretos. Una ayuda real y tangible. Yo misma lo he hecho en infinidad de ocasiones.

Por tanto, si tienes la sensación de que estás al límite y no sabes adónde recurrir para conseguir ayuda, dirígete a tu Equipo de Luz. Si quieres, puedes considerarlo una oración. Sé concreto y honesto y pide la ayuda que necesites.

ESTATE RECEPTIVO

Como ya he dicho, podemos pasar por alto las señales que nos envía el Otro Lado. Si no las estamos buscando, es posible que no las veamos. Sin embargo, también he oído historias de personas que pidieron una señal muy concreta y difícil, la recibieron y, aun así, no se dieron cuenta de ella. Lo he visto muy cerca de mí.

Hace poco, mi madre pidió a mi padre, que había hecho el tránsito recientemente, que le enviara una señal. Pidió algo concreto: un elefante morado. Me dijo que al día siguiente de haberlo pedido, lo recibió: ¡el jardín de delante de la casa de un vecino estaba decorado con un inmenso elefante morado hinchable!

Una semana más tarde vino mi hermana Christine desde Nueva Jersey. Teníamos que realizar una tarea difícil: ir al cementerio a encargar la lápida. Mi madre nos llevó en el coche. Después, fuimos a comer a un pueblo cercano. Más tarde tuvimos que regresar al cementerio recorriendo de nuevo la misma ruta. Miré por la ventanilla del coche y vi un anuncio enorme de un restaurante nuevo del que no me había percatado antes:

El Elefante Morado

¡Tenía incluso un elefante morado con la trompa hacia el cielo delante del restaurante! Mi padre se había superado a sí mismo. Había enviado a mi madre exactamente lo que ella había pedido de una forma que no pudiera pasar por alto. ¡Sin embargo, la primera vez que pasamos por allí ninguna de nosotras lo había visto!

—Mamá, ¿has visto eso? —exclamé.

—¿El qué?

Le hice dar la vuelta al coche y conducir hasta el restaurante para que pudiera verlo bien todo el tiempo que quisiera.

—Caramba —dijo cuando al fin lo vio—. ¿Qué te parece? Da la impresión de que es un sitio estupendo para comer.

Esta es la lección: no basta con mirar, hay que *ver*.

Para ello, no hace falta que cambiemos nada de nuestra vida. Solo tenemos que alterar ligeramente nuestro método de percepción.

En el golf, los entrenadores que trabajan con el pensamiento positivo les dicen a los jugadores que deben caminar por el campo con la cabeza alta, absorbiendo plenamente el paisaje que los rodea, y no con la mirada gacha viendo solo la hierba que tienen delante. Con ello se pretende que los golfistas estén más implicados, alertas y receptivos y mejor preparados para el siguiente tiro.

En nuestra vida cotidiana podemos hacer lo mismo. El simple hecho de levantar la vista nos permitirá absorber plenamente el paisaje que nos rodea. Es un cambio pequeño y sutil de nuestra forma de focalizar, un ligero repunte de nuestro nivel de atención. Un compromiso de ser más *conscientes*. Si lo hacemos, estaremos mucho mejor preparados para recibir la próxima señal que nos llegue desde el Otro Lado.

DA LAS GRACIAS

Cuando recibimos una señal, es importante que dediquemos unos momentos a expresar nuestra gratitud. Si hemos pedido a nuestra abuela que nos envíe una mariposa monarca, deberíamos decir: «Gracias, abuela, por esta mariposa tan bonita». Debemos reconocer la señal y mostrarnos agradecidos, ya sea con un pensamiento o verbalmente.

¿Por qué? Dar las gracias al Otro Lado es una forma de honrar las conexiones poderosas que existen entre nosotros. Es también una manera de convertir la ocasión de ver una señal en una ocasión *compartida*, un momento de comunicación gozosa entre nosotros y los seres queridos que han hecho el tránsito. Por lo que yo he visto, a nuestros seres queridos del Otro Lado les alegra enormemente conectarse con nosotros. Les hace saber que seguimos sintiendo su presencia y les transmite la idea de que se les sigue reconociendo como parte de las vidas de sus seres queridos aquí, en la Tierra. Oír un gracias es la confirmación suprema de esto.

Sin embargo, quizá lo más importante es que dar las gracias por una señal también hace que *nosotros* nos sintamos mejor. Nos hace sentirnos más conectados y menos solos. ¿Cómo puedes estar solo si estás manteniendo una conversación con una persona querida que te acaba de enviar una señal maravillosa? Dar las gracias honra la bendición de vuestra interconexión y crea una potente chispa de alegría y bienestar que viaja a través de las dimensiones.

COMPARTE TU SEÑAL

He hablado con muchísima gente que, a pesar de haber recibido unas señales increíbles, no se lo ha contado a nadie. Quizá les asustó la posibilidad de que no les creyeran o de que pensaran que habían perdido la cabeza. Por la razón que sea, han archivado esta experiencia asombrosa como algo privado.

Es evidente que puedes hacer lo mismo y que la señal siga siendo muy significativa para ti. Sin embargo, mi consejo es que compartas tu historia con el mundo. Si ves que te apetece contárselo a tus amigos, ¡díselo! El fenómeno de las señales no es solo para conectarnos con nuestros seres queridos del Otro Lado. Es también para *conectarnos entre nosotros* aquí, en la Tierra.

Si crees que una señal es real, no te preocupes por que los demás no vayan a creerlo o vayan a considerar que estás un poco loco. Esto es algo que va a suceder de todas formas con montones de asuntos y temas de debate diferentes. Siempre habrá provocadores y críticos dispuestos a saltar sobre cualquier opinión divergente. Sin embargo, lo importante es que, si compartes tu historia con alguien, tienes las mismas probabilidades de encontrar una aceptación total de tu experiencia. ¡Es posible incluso que compartir tu historia conceda a otro la libertad para compartir finalmente la suya! Y compartir cualquier alegría con alguien la aumenta y la propaga. Habla. Cuenta tu historia. Comparte tus señales.

Y, sobre todo, sé consciente de que nuestra vida no consiste solo en nuestras propias decisiones y caminos. Influimos en el mundo y en las personas que nos rodean de un modo muy real y profundo. Desempeñamos papeles muy importantes en el viaje vital de otros, y eso significa que nuestra forma de llevar nuestra energía por el mundo es importante. Lo que decidimos compartir con el mundo es importante. No conversar con los demás acerca de estos momentos tan significativos de nuestra vida es, en realidad, un perjuicio para nuestros amigos y seres queridos. Todos estamos juntos en esta aventura tan loca y hermosa. La auténtica alegría de toda existencia es precisamente esta interconexión. Cuanto más la honramos compartiendo nuestras historias, nuestra energía y nuestra luz con el mundo, más se enriquece nuestra existencia.

Estos son los elementos básicos para cocrear nuestro lenguaje único y especial con el Otro Lado: conciencia, apertura, quietud, gratitud, energía y comunión. La voluntad de pedir señales y de recibirlas. Apreciar nuestra interconexión y estar dispuestos a compartir con los demás nuestra experiencia de asombro y fascinación.

En la próxima sección quiero narrar algunas historias de personas que crearon y desarrollaron un lenguaje profundamente personal para conectarse con sus seres queridos del Otro Lado y descubrieron que los profundos momentos de conexión que vinieron a continuación las ayudaron a superar graves crisis y a tomar decisiones que les cambiaron la vida.

Estos momentos de conexión están al alcance de todos nosotros. El lenguaje secreto del universo no tiene por qué seguir siendo secreto. El poder de las señales es ilimitado y no tiene restricciones. La contraseña es la que nosotros queramos que sea.

TERCERA PARTE

NAVEGAR POR LA OSCURIDAD

He decidido atenerme al amor…
El odio es una carga demasiado pesada.

MARTIN LUTHER KING

Siéntate con papel y lápiz y anota todos los momentos importantes de tu vida: tu nacimiento, tu primera cita, tu primer trabajo, los cambios profesionales, las bodas, los hijos. Rodea cada uno de ellos con un círculo y colócalos cronológicamente de izquierda a derecha. A continuación, conéctalos con una línea. Esa línea es tu camino a lo largo de la vida.

Sin embargo, quiero que sepas que este no es el único camino que tienes a tu disposición.

El universo nos enseña que todos tenemos varios que pueden conducirnos por la vida y que uno de ellos es el más elevado, el más satisfactorio y el más auténtico. Todos los caminos nos llevan desde el inicio hasta el final, pero la forma de llegar, el modo de abrirnos camino por la vida, depende del sendero que elijamos.

El universo nos envía señales para dirigirnos hacia nuestros caminos más elevados.

De todas formas, pasar de uno a otro no siempre resulta fácil. Aceptar el cambio y afrontar los miedos que nos retienen puede ser muy difícil. A veces nos negamos a dejar el camino que estamos siguiendo. Es como llevar puestos unos zapatos que nos quedan pequeños. Podemos elegir seguir caminando con ellos, y al final llegaremos al lugar al que nos dirigíamos, pero no es la mejor opción.

Las señales arrojan luz sobre nuestros miedos y nos ayudan a transitar mejor por la oscuridad y a elegir el camino de vida mejor y más elevado. Las historias siguientes tratan de personas que siguieron las señales que les ayudaron a tomar decisiones trascendentales en su vida en momentos en los que miraron cara a cara a sus miedos y luego eligieron el camino de la esperanza y el amor.

22

CAMUFLAJE, UN RIFLE Y UN NUEVO ENCARGO

HACE YA VARIOS AÑOS PARTICIPÉ en un acto de la Forever Family Foundation en Long Island. Era una reunión íntima en una sala de conferencias con los familiares de diez niños que habían hecho el tránsito. Cuando entré en la habitación, todos se volvieron hacia mí contemplándome con una mezcla de esperanza y abatimiento. No hacía falta ser médium psíquica para ver el dolor y el anhelo reflejado en sus rostros.

Después de unos comentarios de introducción, cerré brevemente los ojos, me abrí al Otro Lado y esperé a verme arrastrada hacia alguien. El primero que se hizo presente fue un niño que tiró de mí hacia su madre y su hermana, que se encontraban en el lado izquierdo de la sala. Tenía una energía asombrosa y muchos mensajes de consuelo para ellas. La lectura fue alegre, esperanzadora e increíble, y cambió la energía de toda la habitación. Sin embargo, mientras la hacía, no pude evitar observar a otro padre sentado solo en el extremo opuesto de la sala.

Era un hombre grande, fornido y bigotudo, de unos cincuenta años, con una chaqueta de cuero negra, pantalón vaquero y botas de motorista. Tenía los brazos cruzados delante del pecho y se miraba atentamente los pies. De vez en cuando alzaba la vista y me lanzaba una especie de mirada asesina. Su lenguaje corporal sugería que estaba cerrado, a la defensiva y enfadado, y, con franqueza, diré que me asustó; pero pude sentir también que ese aspecto exterior tan agresivo era un escudo contra un dolor muy profundo. Supe que yo me encontraba allí para ayudarle a soportarlo; pero, de todas formas, estaba un tanto preocupada por lo que sucedería si me sentía llevada hacia él. ¿Cómo iba a recibir el mensaje que le enviaba el Otro Lado?

Por supuesto, este me impulsó directamente hacia él.

Fue un impulso muy fuerte. Caminé hacia donde se encontraba y me quedé parada delante de él, pero el hombre mantuvo la cabeza gacha mirando con saña al suelo. Había muchísima ira y tensión a su alrededor, muchísima emoción negativa. Yo no sabía cómo empezar.

Espeté un «hola» en un tono de voz ridículamente agudo.

Él alzó la vista poco a poco. Sus ojos se juntaron con los míos. Me dejó de piedra. Tenía una suavidad en la mirada que contrastaba marcadamente con su aspecto exterior, tan hosco, y me rompió el corazón.

Una niña del Otro Lado apareció inmediatamente en mi pantalla. No era una niña pequeña, sino una adolescente, o quizá incluso de veintipocos años. Se comunicaba muy rápido transmitiéndome un torrente de palabras, símbolos e imágenes. Y lo que me mostraba era horrible.

—Tienes una hija que ha hecho el tránsito —le dije al hombre.

Se le humedecieron los ojos y se aclaró la garganta.

—Sí —respondió.

—Y lo ha hecho porque... —Dudé—. Me dice que ha hecho el tránsito porque fue asesinada.

El hombre volvió a bajar la mirada y no dijo ni una palabra.

No hizo falta. La historia de su hija se vertió en mi pantalla. Había sido asesinada y todo el mundo sabía quién lo había hecho (su exnovio), pero, por alguna razón, no le habían acusado. Y esto, según me mostraba la chica, era una fuente de terrible dolor para su padre. La injusticia de lo sucedido le resultaba insoportable.

Entonces la muchacha me mostró algo que apareció en mi pantalla como si fuese un vídeoclip. A veces me ocurre, un río de imágenes tan claras y vívidas que me llega como una escena de una película. Me mostró a su padre, solo, en su casa, vestido de negro y con ropa de camuflaje de los pies a la cabeza. Me enseñó varios rifles colocados sobre su cama.

—Me está diciendo que estuvo todo el día intentando detenerte —le dije—. Estuvo allí todo el tiempo suplicándote que no lo hicieras, que no mataras a su exnovio. Pero tú no la escuchaste. Tenías tus rifles, los metiste en el coche y no la escuchaste. Me está mostrando que estabas decidido a tomarte la justicia por tu mano. Que ella estuvo todo el día intentando por todos los medios llegar a ti, pero que tú la ignoraste.

El hombre seguía con la mirada fija en el suelo. Reinaba el silencio.

—Ibas a matarlo esa noche —le dije.

Él se volvió a aclarar la garganta y se secó las lágrimas.

—Sí —afirmó—. Iba a hacerlo.

—Pero... no lo hiciste. No lo mataste.

Él no respondió.

—La oíste. Tu hija dice que al final la oíste. Estabas muy enfadado, ibas a vengar su muerte, pero al final la sentiste, la oíste y escuchaste. La escuchaste.

Él rompió a llorar.

—Quiere que sepas que no tienes que vengarla —continué diciendo—. Eso no es tarea tuya. Tu función es seguir queriéndola y honrando su vida. Quiere que vivas tu vida de una forma dinámica, que te impliques y elijas caminos de amor que eleven tu alma, no senderos de ira, odio y oscuridad que disminuirían tu luz. Eso no sería honrarla. Dice que el karma es algo real y que todas las almas deben asumir la responsabilidad de sus actos. Ya sea aquí, en la Tierra, o cuando hagas el tránsito, se te pedirán responsabilidades. Pero eso no es tarea tuya. Si hubieras decidido hacerlo, habrías elegido un camino de oscuridad. Habrías generado más oscuridad y no luz.

»Y ahora tu hija quiere darte las gracias. Gracias por escucharla, por no seguir adelante con tu plan. Gracias por quererla siempre. Está muy agradecida y feliz de que la escucharas.

Mi lectura con este padre tan dolido tuvo un efecto profundo sobre todos los que se encontraban en la sala, yo incluida. Cuando su hija se hizo presente, nos enseñó una lección muy poderosa acerca de los caminos de la vida.

En nuestro viaje, hay momentos en los que podemos confundirnos y, en lugar de seguir nuestro camino más elevado, elegimos otro inferior que nos constriñe, nos ralentiza, nos conduce a un callejón sin salida. Es un camino que nos aparta de la luz y nos conduce a la oscuridad. Cuando lo tomamos, acabamos viviendo lo que yo denomino una vida de sombra, una vida que es una mera sombra de lo que puede ser realmente. No refleja nuestra verdadera fuerza y potencial. No nos permite compartir nuestra auténtica luz, nuestro amor y energía con el mundo. Es una vida *menor*.

He hecho lecturas para muchas personas que están atascadas en vidas de sombra, centradas en el miedo y la ira. En muchos de estos casos he visto cómo el Otro Lado no se rinde nunca y siempre intenta apartarnos de este camino de sombra y dirigirnos hacia otro superior de amor, luz y significado.

¿Y por qué lo hace? Pues porque lo único que quiere nuestro Equipo de Luz —nuestros seres queridos, nuestros guías espirituales y la energía de Dios— es que estemos felices y satisfechos. Quieren que vivamos una vida basada en el amor, no en el miedo.

¿Y cómo nos dirige nuestro Equipo de Luz?

Mediante señales y mensajes que dan a conocer su presencia.

El objetivo de algunas señales es saludar o hacernos saber que nuestros seres queridos fallecidos siguen estando con nosotros, que nos enraízan. Sin embargo, también hay otras que intentan ayudarnos a tomar las decisiones correctas. Estas aparecen cuando estamos en una encrucijada y podemos elegir entre un camino menor y otro superior. Son esos momentos en los que el Otro Lado prácticamente nos *grita* para captar nuestra atención e influir sobre nuestra decisión.

Esto era lo que le había sucedido al hombre vestido con ropa de camuflaje. Consumido por la pena y la ira, se encontraba en un camino de odio y dolor. Si hubiera llevado a cabo su plan, sus actos no habrían cambiado el pasado, pero sí su futuro. Habría tenido las manos y el alma manchadas de sangre, habría ido a la cárcel y habría arruinado su vida.

Esto era lo que su hija se estaba esforzando tanto por decirle; no tenía que vengar su pérdida, porque esa no es nuestra tarea en la Tierra. Nuestra función no es jamás seguir un camino de odio. Nuestro camino de vida más elevado y brillante es *siempre* un camino de amor.

Su hija sabía que su función era dirigirle hacia un camino de vida más alto. La señal que le envió no fue visual. No fue un pájaro ni un arcoíris ni una placa de matrícula. Fue lo que yo llamo una señal clariauditiva y clarisintiente. La clariaudiencia es oír algo por medios distintos de nuestro sentido del oído terrenal. Por ejemplo, oímos en nuestra cabeza una palabra o una frase que no son nuestras. Un pensamiento que no es nuestro. Una voz que no es la nuestra. ¿Alguna vez has observado que te saltaba de repente a la mente algo relevante y sorprendente, algo que aparentemente surgía de la nada?

No surgió de la nada; vino del Otro Lado. Las señales clarisintientes pueden ser una corazonada que no nos quitamos de encima. Podemos percibir una sensación inefable de que está presente un ser querido. Podemos «oír» por clariaudiencia, en nuestro pensamiento, la voz de nuestro ser querido.

La hija de este hombre llegó a él una y otra vez a lo largo de aquel día fatídico en el que él se encontraba en una encrucijada, pero no recibió los mensajes ni los reconoció. Sin embargo, ella insistió. Incluso cuando su padre ya había metido los rifles en el coche, siguió enviándole el mismo mensaje sin parar.

No lo hagas. Así no es como demuestras que me quieres.

Y al fin, *al fin*, él la escuchó.

Tal y como nos explicó a todos los presentes:

—La oí. Oí a mi hija diciéndome que no lo hiciera. Sentí que estaba allí conmigo diciéndome que no lo hiciera.

¡Había oído a su hija! ¡Se había abierto a su mensaje! La oyó como si estuviera allí con él…, como efectivamente estaba, de una forma muy real.

Como lo hizo, no se condenó a vivir una vida de sombra encerrado en una celda con una marca en el alma. Con la ayuda de su hija, eligió un camino de vida más elevado que le dio la oportunidad de convertir su terrible dolor en algo bueno.

De hecho, ya estaba actuando así al asistir a la reunión y permitir que su hija se hiciera presente y nos enseñara esta lección tan poderosa.

Al igual que las personas que aparecen en las increíbles historias que encontrarás a continuación, todos afrontamos decisiones que afectan a la trayectoria de nuestra vida y de las vidas de otros, encrucijadas que sugieren distintos caminos de vida. Lo que tenemos que entender, y lo que la valiente hija de este hombre nos enseña, es que *no estamos solos en ellas*. No tenemos que tomar estas decisiones tan duras por nuestra cuenta. Nuestro Equipo de Luz se esfuerza muchísimo para llegar a nosotros en esos momentos difíciles. Está decidido a no dejar que el miedo, el dolor o la incertidumbre se interpongan en nuestro camino de vida más elevado.

En esos momentos debemos escuchar y honrar las señales que nos envía el Otro Lado:

- Una frase o una idea que nos viene de repente a la cabeza.
- Una corazonada que no podemos quitarnos de encima.
- La voz de un ser querido que ya ha hecho el tránsito.
- La sensación de que nuestro ser querido está presente.

¡Las señales están ahí! ¡Siempre lo están! El Otro Lado no dejará jamás de enviarnos señales increíbles. Jamás dejará de intentarlo.

Por tanto, debemos permanecer abiertos a ellas, buscarlas, escucharlas de verdad y permitir que nos guíen hacia nuestro camino de vida mejor, más feliz y más elevado. Porque he comprobado una y otra vez que las decisiones que tomamos y la energía que asumimos influyen no solo en nuestro propio camino de vida, sino también en el camino colectivo de amor en el que estamos todos juntos.

23

BEBÉS Y OSOS

Pocas decisiones acarrean tantas consecuencias como la de tener un hijo. Y es que los niños lo cambian *todo*. Lo sé muy bien, porque tengo tres y son los grandes amores de mi vida, mis mayores alegrías, mis bendiciones más preciadas. Soy incapaz de imaginar mi vida sin Ashley, Hayden y Juliet. Me resulta absolutamente imposible. Son las mejores decisiones que he tomado en mi vida, junto con la de casarme con mi estupendo marido, Garrett.

De todas formas, estas decisiones pueden amedrentarnos, confundirnos y abrumarnos. Por eso, a la hora de tomarlas, resulta muy útil recurrir al Otro Lado.

Muchas veces, sin que tengamos siquiera que pedirlo, el universo y nuestro Equipo de Luz acuden a guiarnos. Por eso, el universo nos envía montones de mensajes oportunos y poderosos acerca de los bebés. Lo observo en muchas de mis lecturas. Aunque muchas de las grandes decisiones nos provocan inseguridad, la de tener un niño conlleva una urgencia y una gravedad especiales. Entran en juego un montón de emociones profundas y una sensación de finalidad que puede llegar a asustarnos. Después de todo, podemos dejar un trabajo, pero no podemos dejar a nuestros hijos. Según mi experiencia, nuestros equipos del Otro Lado saben lo dura que puede resultar esta decisión y por eso nos envían señales y mensajes para apoyarnos a la hora de tomarla.

Las historias siguientes muestran las consecuencias de estas señales tan asombrosas y lo mucho que nos pueden cambiar la vida.

Cuando Clayton y Natali Morris se conocieron, había millones de personas viéndolo.

Clayton presentaba un programa matinal de televisión muy popular y Natali era una de las invitadas.

—Entró en el plató y me dejó patidifuso —recuerda Clayton—. Me dejó instantáneamente embobado, y creo que hablé muy rápido durante toda esa parte del programa.

—Tengo la cinta guardada —afirma Natali, que por entonces era editora de una página web de noticias y copresentadora de un *podcast* de tecnología muy influyente—. Recuerdo que le miraba con la sensación de que *se suponía que le conocía, pero no sabía cómo*. Es increíble tener ese momento grabado.

Es lo que yo denomino sentir el reconocimiento del alma.

Pocos años después, otro momento tremendamente importante para Clayton y Natali también se produjo en vivo, delante de millones de personas, yo incluida. En esta ocasión implicaba la decisión de tener un hijo.

Clayton y Natali todavía no habían hablado de casarse cuando ella se quedó embarazada.

—Fue una sorpresa para ambos —afirma—. Yo tenía treinta y un años, pero todavía me consideraba demasiado joven para esto. Trabajaba muchísimo y mi profesión constituía una parte muy importante de mi identidad. Tener un hijo me parecía algo así como cruzar el espejo.

Decidieron tener el bebé y, a su debido momento, nació su precioso hijo Miles. Sin embargo, la mezcla de sentimientos que había tenido durante el embarazo provocó en Natali una gran sensación de culpabilidad.

—Muy pronto, Miles necesitó un tratamiento médico y yo me pregunté si el problema podría haber sido causado por traumas intrauterinos —relata—. Como no estábamos casados, y como no me sentía segura, el embarazo me resultó traumático y eso me originó todavía más sensación de culpabilidad.

Años más tarde, cuando el camino de Natali y el mío se cruzaron, le hice una lectura en la que el Otro Lado me mostró la imagen de una consulta médica.

—¿Por qué me hablan de un médico? —le pregunté.

Me describió su indecisión y la culpabilidad que sentía.

—Por eso lo ha señalado el Otro Lado —le dije—. La culpabilidad es un tóxico que tienes que eliminar. Tu hijo ha venido para sanaros, para convertiros en una familia, para indicaros la dirección correcta. Libérate de la culpabilidad que arrastras. Suéltalo todo.

Natali y Clayton se casaron en el ayuntamiento de Manhattan tres meses después del nacimiento de Miles.

—Como trabajaba en el turno de fin de semana, pude estar mucho tiempo en casa con él durante los primeros meses —cuenta Clayton—. Diríamos que asumimos los papeles de padre y madre y empezamos a darnos cuenta de que se nos daban muy bien. Éramos unos padres estupendos.

Con el tiempo decidieron tener otro hijo y llegó la preciosa Ava.

—Después de esto —relata Natali—, yo tenía la sensación de que *habíamos cumplido*.

Clayton, sin embargo, no estaba tan seguro.

—Habíamos acordado pararnos en dos y estábamos de acuerdo en que era una pequeña unidad estupenda de cuatro personas, y que ya era bastante; pero entonces yo empecé a insistir en aportar un quinto miembro —dice Clayton.

También Natali había pensado en ello, pero cuenta:

—Lo que honestamente sentía era que no quería tener otro hijo. Los embarazos me resultaban duros, quería volver a trabajar y se me estaba haciendo todo muy complicado. Estaba inmersa en un conflicto muy importante. Al cabo de un tiempo, tuve que decirle a Clayton que dejara de sugerírmelo.

Y fue entonces cuando entré yo en escena.

Clayton pasó su infancia y adolescencia en Spring Township, Pensilvania (EE. UU.). Sentía una curiosidad innata por los secretos del universo.

—De niño solía correr por ahí con un disfraz de los *Cazafantasmas* intentando encontrar fantasmas por todas partes —relata—. Más tarde grabé un programita sobre asuntos paranormales y colgué los episodios en YouTube. Cuando me hice mayor, levanté estos muros de estrés y ansiedad vital y dejé de intentar acceder a ese espacio, a esa curiosidad. Sin embargo, siempre me mantuve abierto a ello.

Natali nació en California y fue criada como testigo de Jehová, pero abandonó esa fe a los veinte años.

—No había encontrado ningún conjunto de creencias que me sirviera —afirma. No empezó a formarse una auténtica perspectiva del mundo hasta que comenzó a leer libros acerca de la otra vida y la conciencia—. ¡Fue como si todo lo que había creído hasta entonces acerca de la vida estuviera completamente equivocado! Aquellos libros dieron forma a mis ideas sobre ella.

Junto a Clayton, exploró la espiritualidad leyendo más libros, estudiando meditación y, sencillamente, intentando no limitar su capacidad para conectarse con el mundo «en términos vibratorios».

Ese deseo de más conexiones, de más apertura, fue lo que condujo a Clayton y Natali a mi libro *La luz entre nosotros*.

—En cuanto terminamos el libro, ambos exclamamos: «¡Tiene que ir al programa!» —recuerda Natali.

Sin embargo, antes de que Clayton pudiera sugerírselo a nadie, su productor envió al día siguiente un correo electrónico a todos los presentadores del programa: «¿Quién quiere entrevistar a la médium psíquica Laura Lynne Jackson?».

—Yo —respondió rápidamente Clayton.

El día de la grabación llegué al estudio, situado en Rockefeller Center. Justo antes de entrar en antena, me acomodé en un sofá enfrente de Clayton. Natali quiso estar en el plató durante la entrevista, así que se colocó detrás de las cámaras para escuchar atentamente. Tanto ella como Clayton querían —esperaban— lo mismo: algún tipo de señal relacionada con la posibilidad de tener un tercer hijo.

Cuando empezó la grabación, Clayton y yo estuvimos un rato hablando sobre el libro, pero el Otro Lado tenía un plan muy diferente. Alguien se hizo presente con mucha fuerza y su mensaje era muy claro.

—Bueno, voy a empezar a hacerte una lectura —le dije a Clayton—. Tienes dos hijos, ¿verdad?

Clayton dijo que sí.

—Muy bien. Pues estoy viendo una tercera luz que te está esperando.

Tras las cámaras, Natali rompió a llorar.

—Me había sentido muy asustada, con muchas resistencias, pero en cuanto Laura Lynne pronunció esas palabras, dejé de tener miedo —afirma—. Estaba allí de pie, riendo y llorando, porque sabía que eso era lo que iba a decir.

Pero había más. El ser que se estaba haciendo presente desde el Otro Lado era la abuela de Clayton, Alma. Me dio su nombre para que se lo dijera a Clayton como confirmación y me mostró algo acerca de un par de botas nuevas. Era como si le estuviera tomando el pelo a Natali con ellas.

—Laura le preguntó a Clayton si yo me había comprado unas botas, y efectivamente llevaba puestas unas negras nuevas que me llegaban hasta las rodillas y que acababa de adquirir —relata Natali—. Sin embargo, sabía que Clayton iba a protestar diciendo que eran muy parecidas a otras que ya tenía, así que estaba intentando esconder la bolsa para que no la viera. Y entonces llegó Alma y habló de ellas.

Lo más importante fue que Alma me mostró el miedo y la incertidumbre que sentían tanto Clayton como Natali.

—Está aquí, y me está diciendo que estáis muy asustados, que creéis que otro hijo os va a impedir llevar adelante vuestra familia y vuestros trabajos. Sin embargo, me dice que todo va a ser estupendo, que lo hagáis, que tengáis un tercer niño —les dije—. Si decidís hacerlo, será maravilloso. En cualquier caso, no *dejéis* de hacerlo por miedo.

Cuatro semanas más tarde, Natali estaba embarazada de nuevo.

—En esta ocasión, me obligué a disfrutar del embarazo como no lo había hecho antes. Confiaba en lo que estaba sucediendo —relata—. Tenía fe en nuestra decisión. Dejé de lado todos los miedos y la incertidumbre. Y fue nuestro tercer bebé el que me sanó completamente. Esta almita tan insistente vino y me sanó.

Y nació su tercer retoño, una niñita maravillosa. Sin embargo, ni Natali ni Clayton conseguían decidirse por un nombre. Los copresentadores del programa de Clayton estaban dispuestos a anunciar el nacimiento en vivo, pero, a pocos minutos de empezar la emisión, *todavía* no habían elegido un nombre.

—Estaba en el vestíbulo del hospital, a punto de ir a ver a Natali, de pie, con mi taza de Starbucks en la mano. Respiré hondo y esperé a que me cayera un rayo —cuenta Clayton—. Y en ese momento, me cayó.

En el piso de arriba, en la habitación del hospital, a Natali también le vino de repente un nombre a la cabeza.

—Estaba desayunando, me vino de repente y me pareció apropiado —cuenta—. Entonces entró Clayton a toda velocidad y dijo: «Ya sé cómo se va a llamar».

Me dijo un nombre. Yo le dije un nombre. Era el mismo.

—En unos minutos envié el nombre a mi productor y entonces empezó la emisión y anunciaron el nacimiento —relata Clayton.

Y así fue como el mundo conoció a Eve Morris.

Desde que nació la niña, tanto Clayton como Natali han estado más abiertos a las señales del Otro Lado. Hace poco, Clayton estaba dudando sobre si seguir con su trabajo en la televisión o montar su propio negocio de inversiones inmobiliarias.

—Siempre he tenido la sensación de que mi espíritu animal es un oso, porque suelo ver muchos y, cada vez que me encuentro uno, sucede algo asombroso —afirma—. Ya sabes, veo un oso y ocurre algo grande al cabo de una hora.

El día en que finalmente decidió dejar el programa, llamó al trabajo para informar a los productores de su decisión.

—Al poco rato de hacer la llamada, *muy poco rato*, estaba en el coche conduciendo y un enorme oso negro caminó por la carretera justo delante de mí —relata—. Me quedé mirándolo y viendo cómo se alejaba. Aquello significa que el universo estaba confirmando que la elección que acababa de hacer estaba en consonancia con mi camino más elevado.

Hoy en día, Clayton y Natali viven juntos una vida realmente bella y auténtica. Ahora que han vivido y dominado su miedo y su incertidumbre, son auténticos trabajadores de la luz.

No necesitaban que yo les dijera que estaba en camino un tercer hijo; solo tenían que confiar en lo que ya sentían por dentro. Necesitaban reconocer qué decisión estaba en el camino del miedo y cuál en el camino del amor. A fin de cuentas, todas las decisiones que tomamos aquí, en la Tierra, se resumen en elegir un camino de miedo u otro de amor. Nuestra tarea consiste en reconocer la diferencia… y elegir el camino del amor. Ese es siempre el más elevado.

—Dejamos a un lado el miedo y permitimos que sucediese lo que se suponía que tenía que suceder, y cuando lo hicimos, todo cambió: nuestra economía, nuestra dinámica familiar, nuestro futuro —afirma Natali—. Todo consiste en confiar en las señales y en lo que el universo está intentando decirte. Hacemos que las cosas sucedan cuando nos damos cuenta de que tenemos el poder de hacer que sucedan. Todos podemos crear magia en este mundo. Sencillamente tenemos que creer que podemos hacerlo.

24

LUCES CENTELLEANTES Y CHISPAS

¿CÓMO SABEMOS SI ESTAMOS HACIENDO lo correcto en esta vida? ¿Cómo encontramos nuestro propósito más elevado? ¿Cómo sabemos si estamos siguiendo el camino correcto?

Muchos de nosotros buscamos el significado de lo que estamos haciendo y nos preguntamos si estaremos viviendo la mejor de nuestras vidas. Danielle Perretty se planteaba todo esto, sobre todo cuando se encontraba en una encrucijada.

—Me encontraba en una situación en la que empecé a preguntarme si estaría usando mis habilidades y mis pasiones para ayudar a la gente —recuerda—. Quería sentir que estaba influyendo en el mundo, que toda mi vida estaba alineada de la forma correcta.

No era que Danielle estuviera pasando graves apuros ni que hubiera tocado fondo. De hecho, mirándola desde fuera, su vida parecía maravillosa. Tenía un trabajo que le entusiasmaba, un novio al que quería y un futuro brillante. En su opinión, no tenía que abordar ninguna necesidad apremiante ni se había perdido ninguna gran oportunidad. En líneas generales, tenía la sensación de estar en el camino correcto.

—No era nada abrumador ni acuciante —afirma—. Era solo una sensación, como una pequeña llamada. Un susurro diminuto que me decía: «Puedes hacer más. Puedes *ser* más».

Y escuchó el susurro.

Cuando lo hizo, todo cambió.

La primera vez que lo oyó fue en el año 2010, en una conferencia sobre diseño. Por aquel entonces trabajaba como directora de mercadotecnia de una respetada firma de diseño y desarrollo de productos. Llevaba diez años viviendo con su novio y estaban planeando casarse y fundar una familia. En la conferencia se encontró con una amiga, Angela, y las dos hicieron juntas el viaje de vuelta a casa. Durante el trayecto, Angela le habló de una médium psíquica a la que había estado visitando: yo.

Poco después, Danielle acudió a mí. Jamás había pensado en que le hiciera una lectura, pero sentía la necesidad de conectarse: era el primer susurro.

En nuestra primera lectura se hizo presente su abuela Sally, como la llamaban. Para Danielle había sido una figura importante durante su infancia. Sus padres se habían divorciado cuando tenía cinco años.

—Pasaba mucho tiempo sola escribiendo, saliendo de excursión, escuchando música. La naturaleza era mi consuelo.

Y tenía a Sally, a la que describe como una persona de enorme alegría, felicidad y luz. Para ella era más una madre que una abuela. Pasaban juntas los fines de semana haciendo repostería, jugando, contando cuentos y cantando. Era creativa y moderna; tenía una energía enorme y un gran entusiasmo por la vida y por la gente que quería.

Sally hizo el tránsito cuando Danielle tenía dieciséis años, y ahora, casi veinte años más tarde, estaba intentando volver a conectarse con ella. Se hizo presente en la lectura sin esperar a que yo empezara el proceso de abrirle camino.

—Te protege mucho —le dije a Danielle—. Está velando por ti todo el tiempo. Pregunta si te acuerdas de cómo solíais pasar juntas los fines de semana. Bueno, dice que lo seguís haciendo. Que ella está contigo todos los fines de semana.

Sally insistía mucho en transmitir su mensaje.

—¡Vaya carácter tiene! —seguí diciéndole—. Está dando golpes en el suelo con el pie y diciendo: «Ya basta, queremos que tu vida siga adelante. Tienes que ser más enérgica, hablar más y ser menos paciente».

Danielle comprendió a qué se estaba refiriendo Sally: a su novio. Su relación no era perfecta. A él le costaba comprometerse. Cada vez que hablaban de casarse, surgía algo que lo retrasaba.

—Estaba empezando a comprender que él no evolucionaba ni crecía ni estaba en el mismo camino que yo —afirma Danielle—. Pero, a pesar de todo, le quería. Una cosa es romper y dejar a alguien cuando lo has superado y estás lista para irte y otra muy distinta hacerlo cuando quieres a la persona pero te das cuenta de que tienes que pasar página si quieres crecer.

Le estaba costando mucho tomar la decisión de dejar a su novio o no, hasta que al final encontró el valor necesario para irse.

Se produjo una recesión económica y Danielle perdió su trabajo. Sus jefes fueron muy amables y le dieron una indemnización generosa, pero, a pesar de eso, la situación supuso para ella una conmoción total.

—Acababa de dejar una relación de diez años y casi al mismo tiempo me despiden de un trabajo en el que llevaba más de ocho —relata—. En un abrir y cerrar de ojos me encontré sola.

Cuando hicimos la siguiente lectura, su abuela tenía un mensaje muy directo para ella.

—Esto no es un error —le transmití—. No es casualidad. El universo te sacó de tu espacio seguro. Y lo hizo a propósito. Te está conduciendo a tu camino más elevado.

Estas palabras no aliviaron su dolor ni eliminaron su miedo. Al menos, no al momento. Sin embargo, al cabo de un tiempo todo empezó a tener sentido.

—El universo me proporcionó una ruptura limpia —afirma.

Estuvo viajando durante seis meses, regresó y empezó a buscar un nuevo trabajo. En seguida empezaron a llegarle unas ofertas estupendas.

—Recibí algunas de empresas de Boston y otras de San Francisco, y todas eran increíbles —relata—. El tipo de trabajos que tendrías que estar loca para no aceptar.

Llegó a un acuerdo con una de ellas y dijo a la persona de la empresa de selección de personal que debía negociar un sueldo más alto.

En ese momento, un amigo suyo le planteó una cuestión muy simple. Le dijo: «Si el dinero no fuese un problema, ¿qué querrías hacer con tu vida?».

—Nadie me había preguntado esto antes y me hizo pensar.

De hecho, tenía una pasión secreta.

Siempre había considerado la naturaleza como una especie de cobijo seguro. Era vegetariana desde los doce años y se preocupaba por vivir de una forma consciente y saludable. Cuando se permitía soñar, pensaba en cómo ayudar a la gente a conseguir un equilibrio perfecto en su vida. Soñaba con tener su propia línea de zumos frescos y con hacerse profesora de yoga.

—Cuando pensé en montar una tienda de zumos y dar clases de yoga, me entusiasmé, pero, al mismo tiempo, me decía que nunca iba a poder hacerlo —cuenta—. Nunca me lo planteé de una forma realista. Estaba sola, no podía permitírmelo, tendría que hacerlo todo por mí misma… No hacía más que ponerme muros. Y ahí era donde se quedaba el sueño, encerrado tras los muros.

Centró toda su energía en la oferta de trabajo. Una tarde estuvo hablando por teléfono con la empresa de selección de personal, que le comunicó la contraoferta de la empresa.

—Era un montón de dinero —afirma Danielle—. Todo se estaba alineando para que aceptara el trabajo.

Sin embargo, durante la conversación telefónica, oyó un pequeño estallido.

—Miré hacia el enchufe y vi que salían humo y chispas —dice—. Chispas y humo, como en un fuego auténtico. Y lo raro era que no había nada enchufado.

Le dijo a la de selección de personal que consideraría la oferta y colgó apresuradamente. En cuanto lo hizo, el chisporroteo cesó.

Al día siguiente presionó a la empresa para que le hicieran una oferta mejor y esa noche la volvieron a llamar de selección con una contraoferta aún más atractiva que incluía un bono muy lucrativo. Y, en ese momento, el enchufe empezó a humear y a chisporrotear de nuevo.

Anteriormente ya le habían sucedido cosas similares: las luces del apartamento parpadeaban y se atenuaban, las bombillas se fundían inesperadamente, iba a casa de una amiga y las luces empezaban a titilar…

—También recibía un montón de llamadas fantasma —añade—. Sonaba el teléfono y no contestaba nadie, y, cuando devolvía la llamada, el número estaba desconectado. Me sucedía constantemente.

A partir de sus conversaciones conmigo, se había ido abriendo cada vez más a las señales del universo y, en particular, a aquellas en las que estaba implicada la electricidad. Es habitual que el Otro Lado se comunique mediante la fuerza electromagnética, es decir, la interacción física entre partículas con carga eléctrica y campos magnéticos. Gracias a su fluidez, esa fuerza resulta fácil de manipular, si no con mucha precisión, al menos sí de forma perceptible. Según mi experiencia, las llamadas telefónicas fantasma, las luces parpadeantes, los apagones y los enchufes que chisporrotean conllevan interacciones muy marcadas entre el Otro Lado y nosotros.

Danielle se convenció de que Sally estaba usando la electricidad para transmitirle su mensaje, porque, con estos sucesos perfectamente cronometrados, le llegaba la sensación de una descarga.

—El hecho de que sucediera durante las llamadas de teléfono de la empresa de selección de personal se debía a que Sally me estaba haciendo saber que estaba allí, que me estaba empujando para que me pusiera en marcha, para que empezara una aventura nueva —afirma—. Era Sally, que quería que tuviera una vida más alegre. Siempre veló por mí y sigue haciéndolo. Quería que fuera feliz y que me sintiera satisfecha.

Danielle rechazó el trabajo.

Empezó a echar abajo los muros que había levantado entre su vida y sus sueños.

En la actualidad, justo dos años después de aquellas llamadas telefónicas inusualmente cargadas, es la propietaria y fabricante de una línea de zumos llamada Beacon Blend.

—Un *beacon* es, en inglés, un faro, y eso es mi abuela para mí —afirma—. Y eso es lo que quiero que sean mi negocio y mi vida: un faro de bienestar y alegría.

El logo de Beacon Blend está basado en un collar que solía llevar Sally. Danielle ha creado un producto de puro bienestar. Y esa es una forma muy bella de honrar a su abuela.

Levantar la empresa desde cero —y, además, dando clases de yoga varias veces por semana— le ha resultado complicado y, en ocasiones, le ha dado bastante miedo.

—La mercadotecnia se me da muy bien y sigo una dieta a base de plantas, pero no tengo formación empresarial —dice—. Tampoco tengo un socio. Ni siquiera tenía dinero, aparte de mis ahorros. Tuve que dar un salto hacia lo desconocido y básicamente tirarme por un acantilado. Y cada día había un acantilado nuevo desde el que tenía que saltar.

Lo que le ayuda a seguir adelante son las señales:

—Las señales de mi abuela. He tenido días muy duros en los que necesitaba recibir noticias suyas y le pedía una señal. Y siempre se hace presente. Las luces parpadean. Suena el teléfono. Siempre me hace saber que está ahí conmigo, velando por mí. Me da mucha fuerza.

Lo que también le sirve de gran ayuda es que Sally está siempre trabajando.

—Empecé a pedirle que me enviara elefantes —relata Danielle—. Y, cuando estaba empezando mi negocio, siempre había alguien que me daba una figurita de uno para que me diera buena suerte.

Estar abierta a estas señales —«y aprender a confiar en ellas»— ha cambiado para siempre la vida de Danielle.

—Me siento capaz de compartir una especie de claridad con el mundo —afirma—. Todos tenemos capacidad para reconstruir nuestra vida. Esta puede ser mucho mejor y más bella de lo que creemos. Y todo depende de nosotros. Tenemos que preguntarnos cómo queremos de verdad construir nuestras vidas.

—Cuando encontramos la respuesta —dice Danielle—, el universo nos respalda y nos apoya para que tengamos éxito.

25

LAZOS Y TRÉBOLES

Amy, una joven cantante y música de California, se despertó una mañana de viernes sintiéndose mal. Intentó seguir adelante con la jornada, pero no conseguía hacer desaparecer las náuseas y el agotamiento. Luego vomitó.

—Y yo *nunca* vomito —dice—. Creo que fue entonces cuando lo supe, cuando dije: «Oh, oh».

Fue a la farmacia y compró una prueba de embarazo. Poco después, tuvo el resultado: estaba embarazada.

—Me quedé mirando el palito y diciendo: «Esto tiene que estar mal» —recuerda—, así que volví a la farmacia y compré otra prueba.

El resultado fue también positivo.

Así que compró una tercera prueba.

Y una cuarta.

Y una quinta.

Finalmente, después de que seis dieran positivo, dejó de ir a la farmacia.

—Exclamé: «Mierda, estoy embarazada» —recuerda—. Luego pensé: «Muy bien, pero no voy a quedarme con este bebé».

Esa noche tuvo una pesadilla terrible en la que llegaban unos militares armados y le robaban al niño. Pasó dos días hecha un ovillo en el sofá y llorando. Durante las dos semanas siguientes evitó el contacto prácticamente con todo el mundo.

—Fue una época oscura, terrorífica —relata—. Estaba aterrorizada. No hacía más que darle vueltas a la idea de si tener el bebé o no tenerlo. Quería quedarme con él, pero me parecía imposible. Estaba absolutamente perdida.

Al final eligió lo que le pareció la única opción real.

Llamó a una clínica y pidió cita para que le practicaran un aborto.

No era que no quisiera tener un bebé. Sí que quería. El problema era que el momento no podía ser peor. Solo un año antes su padre, un poderoso productor televisivo, había ingresado en el hospital con neumonía. Veinte días más tarde había hecho el tránsito.

—Me quedé hecha polvo —dice Amy—. Mi padre estaba sano y se cuidaba muchísimo. Todo me resultaba extremadamente confuso, injusto y doloroso.

Por aquel entonces estaba poniendo fin a una relación de dos años.

—No me gustaba la forma en la que él me hacía sentirme —afirma—. Fue malo para mí. Yo aguantaba porque siempre creí que nos casaríamos y tendríamos hijos. Pero eso no iba a suceder jamás.

Amy luchaba contra la pena y la depresión y recurrió al alcohol para consolarse.

—Fue terrible —dice—. Una época realmente inestable. En cierto modo, me sentía como una niña incapaz de cuidarme de mí misma. Fue la peor época de mi vida.

Unos meses más tarde, una tía suya le regaló una lectura conmigo. Cuando me puse en contacto con ella, iba conduciendo. Aparcó y empezamos. Su padre, del que más tarde me enteré que tenía una presencia imponente aquí, en la Tierra, era también muy mandón en el Otro Lado. Se hizo presente al momento y me transmitió una serie de afirmaciones que quería compartir con Amy para que ella estuviera segura de que se trataba de él.

—Le conté a Laura Lynne por lo que estaba pasando y lo duro que me estaba resultando —cuenta Amy—. Le dije que quería casarme y tener un bebé, pero que en ese momento tenía la sensación de que eso no iba a suceder jamás. Fue entonces cuando ella me dijo que mi padre se estaba riendo. Él dijo: «Amy, vas a tener un bebé mucho antes de lo que imaginas». Yo le respondí: «Venga, papá, eso no tiene gracia. No bromees con estas cosas».

Tres meses después, Amy se despertó sintiéndose mal.

—De verdad que no encontraba ninguna forma de quedarme con el bebé —afirma—. La gente me decía que podía hacerlo, que los bebés son preciosos, pero lo único que a mí me venía a la mente era que no podía hacerlo sola. Que era demasiado duro. Que me daba demasiado miedo.

Hasta su hermano le dijo que no tuviera el bebé.

Según cuenta Amy:

—Ese fue un momento muy doloroso. Sentía que me estaban presionando demasiado para que no lo tuviera.

Incluso después de tomar la decisión de poner fin al embarazo, el terror y la confusión seguían estando presentes.

—Algo me decía que tuviera al niño, aunque sabía que era una idea terrible. Estaba rota. Tenía la sensación de que me estaba volviendo loca, que no había nadie en el mundo capaz de entender por lo que estaba pasando.

Pocos días antes de la cita para el aborto, Amy me envió un correo electrónico urgente pidiéndome otra lectura. Yo tenía la agenda totalmente llena, pero sentí el impulso de llamarla. Es más, sabía que la lectura iba a ser un regalo de su padre. Sería halagüeña. Marqué una hora para hablar con ella. Lo que yo no sabía era que la había programado para un día antes de la cita de la clínica.

Amy me dijo que estaba embarazada y que no creía que su exnovio fuera a estar con ella en el futuro. Me preguntó qué debía hacer. Buscaba desesperadamente una respuesta, cualquier respuesta. Yo le dije lo que le digo a todo el mundo, que la decisión era suya y solo suya. Ella tenía que ser la que decidiera qué camino de vida quería seguir.

Luego vi en mi pantalla la conexión entre Amy y su hijo no nacido, entre el alma de ella y la del niño. Vi que estaban unidas en un nivel profundo, en el del alma. El Otro Lado me estaba mostrando las consecuencias de la decisión de Amy.

—Tener este bebé puede ser para ti un camino muy bonito, pero no es el único —le dije—. Tú eres la que debe tomar la decisión, pero tienes que hacerlo sin tener en cuenta a tu novio. El bebé está unido a ti. Si tu novio se apunta, estupendo, pero si no lo hace, tienes que entender que esto no está relacionado con él, sino contigo y con el bebé. Se trata de cómo están conectadas vuestras almas.

Amy tenía que plantearse qué era lo que motivaba su decisión. Si era el miedo, ese siempre la conduciría por un camino inferior. Sin embargo, si seguía un camino de amor, encontraría el más elevado.

Había otra cosa que tenía que decirle a Amy. Estaba relacionada con su padre. Él se estaba haciendo presente y me estaba haciendo saber que había enviado montones de señales y mensajes a Amy y que ella no los había recibido. Estaba demasiado sumida en el miedo y la confusión. Me mostró una caja de regalo con un gran lazo azul encima.

—Tu padre te está enviando un mensaje —le dije a Amy—. Este bebé puede ser un regalo para ti. Busca en tu interior y confía en tu instinto. No dejes que el rugido del miedo te impida oír lo que tu voz interior te esté diciendo que hagas.

Amy admitió que le costaba recibir señales de su padre. Incluso ahora que él se había hecho presente, yo no podía estar segura de si ella había oído realmente lo que su padre estaba intentando decirle. Era como si necesitara recibir una señal que viniera directamente de él.

Le dije que siguiera buscando señales, que su padre le enviaría una confirmación de su mensaje directamente a ella. Le aconsejé que recordara que me había mostrado un regalo y un lazo. Le recordé que el universo la amaba y la apoyaba, que no estaba sola. Que tenía un Equipo de Luz del Otro Lado siempre cerca de ella.

Dos horas más tarde, Amy fue a casa de su amiga Sue. Esta estaba de pie junto a una mesa poniendo flores en un jarrón, preparándolo para la próxima boda de una amiga.

—Miré el jarrón y me quedé boquiabierta —relata Amy—. Estaba rodeado por un lazo grande y precioso. Un enorme lazo azul.

En su interior oyó que la vocecita se hacía un poco más fuerte.

Sí, decía la voz, *sí.*

Cogió inmediatamente el teléfono y llamó a la clínica.

—Anulé la cita —recuerda— y le dije a Sue: «Voy a tener este bebé».

Las señales continuaron llegando a lo largo del embarazo. Vio dos niños caminando hacia ella con regalos en las manos, cada uno con un lazo encima. Empezó a establecer un lenguaje más concreto con su padre y le pidió su propia señal, la canción *Sweet Caroline,* que solían cantar juntos. La primera vez que la pidió fue la primera que apareció aleatoriamente en su iPhone.

Luego pidió tréboles. Su padre era irlandés y, cuando ella era pequeña, parecía haber tréboles irlandeses por todas partes. Ahora quería volver a verlos. Él le hizo caso y se los mandó en anuncios, en tablones de avisos, e incluso Amy encontró tréboles de verdad en el suelo, en lugares donde no solía haber.

—Mi padre me estaba hablando —dice Amy—. Lo había estado haciendo todo el tiempo. Me estaba diciendo que había tomado una decisión estupenda al querer quedarme con el bebé.

Tuvo un niño sano al que puso de nombre James.

—Tenía un hoyuelo adorable. Era un hombrecito perfecto y lo quise desde el primer momento, aunque era un tipo de amor nuevo, muy profundo —afirma—. Le apodé mi pequeño Buda, porque siempre está feliz y sonriente.

A pesar de todo, los primeros meses no fueron fáciles. Según afirma Amy, James es un niño difícil y ella ya no forma pareja con el padre del crío, por lo que lo está criando sola.

—Hay días en los que hablo con mi padre en voz alta y le digo: «Papá, por favor, ayúdame con todo esto; por favor, envíame señales para que sepa que nos estás cuidando y protegiendo» —cuenta—. Hay días en los que sigo estando realmente asustada.

En esos días, Amy piensa en la conexión que existe entre ella y su hijo y también en la conexión entre su hijo y su padre.

—Tal como yo lo veo, James pasó un tiempo en el cielo con mi padre antes de venir a mí —afirma—. Por ello, siempre que me siento realmente triste, pienso en eso. Sé que este bebé ha estado con mi padre y eso me hace muy feliz. Siento como si mi padre me dijera: «Yo no estaba preparado para dejarte todavía, así que te envío a este niño, que es un regalo de amor en tu vida».

Mi lectura con Amy me enseñó otra lección increíble acerca del modo de funcionar que tiene el universo.

A veces, nuestro camino más elevado nos aparta de alguien a quien queremos románticamente, o creemos que queremos, sencillamente porque esa persona no está lista para cambiar de camino con nosotros. Tenemos que darnos cuenta de que, incluso aunque elijamos un camino que no la incluya, eso no significa que ya no podamos quererla ni que el tiempo que pasamos juntos no fuera «el camino correcto». Nos cruzamos con el camino de otro por una razón, para enseñarnos mutuamente lecciones útiles y ayudarnos a crecer. A veces, sin embargo, para poder seguir creciendo, tenemos que aventurarnos a avanzar solos por un camino nuevo y más elevado. Y no pasa nada. Puedes querer a alguien y, *a pesar de todo*, no tener por qué pasar toda tu vida con él.

La relación de Amy con su hijo, sin embargo, es distinta. Están conectados en un nivel profundo del alma y, si no se hubieran encontrado en esta vida, lo habrían hecho en otra. Al tomar la decisión de tenerlo ahora, Amy honró esa conexión especial, a pesar de sus miedos acerca del futuro. Tomó una decisión basada puramente en el amor. Y, cuando tomamos decisiones basadas en el amor y no en el miedo, nos movemos a un camino de vida superior.

Amy dice:

—Hoy en día siento que mi padre me envió a James y, honestamente, me salvó la vida de una forma muy real. Siento de verdad que este bebé me ha salvado la vida.

El niño de Amy ha reavivado también la conexión de esta con su padre. Después de perderlo de una forma tan dolorosa cuando hizo el tránsito y luego luchar por encontrarlo cuando más lo necesitaba, ahora se ha vuelto a conectar con él de un modo que permite que su relación siga creciendo.

—Por muy difíciles que se pongan las cosas, tengo unos ángeles realmente fuertes y tengo a mi padre —afirma Amy—. Fue un jefe en la Tierra, conseguía que las cosas se hicieran, jamás aceptó un no por respuesta y ahora me está ayudando a mí para que en mi vida sea igual.

¿Y cuando las cosas se ponen realmente difíciles?

—Sencillamente hablo con mi padre y le pido una señal —dice Amy—. Y cuando él me la envía, me siento como si tuviera un contacto directo con Dios.

26

ARCOÍRIS

De todas las señales que nos envía el Otro Lado, pocas son tan bellas y dramáticas como un arcoíris, un fantástico espectro de colores que cruza el cielo. Para la mayoría de nosotros, ver uno constituye una sorpresa muy emocionante, una diminuta explosión de magia en un día por lo demás corriente. Siempre que veo uno sé que el Otro Lado está intentando decirme algo, si no a mí, sí a alguien en algún lugar. Esto se debe a que al Otro Lado *le encanta* usar este tipo de fenómenos para captar nuestra atención.

Los arcoíris constituyen unas señales estupendas, porque son relativamente raros. Por eso, cuando vemos uno, nos damos cuenta de verdad. Los dobles son todavía más escasos. Ver uno puede producirnos la sensación de que estamos viendo un unicornio. Es más, los arcoíris se crean cuando la luz del sol se refleja y se refracta en el cielo al atravesar las gotitas de lluvia, y al Otro Lado se le da muy bien manipular la luz. Además, son ligeros, brillantes y nos levantan el ánimo. A lo largo de la historia, muchas culturas los han considerado mensajes poderosos y positivos de amor y esperanza. En la mitología nórdica se tenían por puentes sobrenaturales que unían a los seres humanos de la Tierra con los dioses del Otro Lado.

Según mi experiencia, son señales espectaculares enviadas por nuestros Equipos de Luz del Otro Lado. Han aparecido en docenas de mis lecturas y en muchas historias sobre señales que he oído.

Una de estas en particular destaca sobre las demás, y me gustaría compartirla contigo. Es una historia que desafía toda lógica, pero que, a pesar de todo, es cierta.

Lo sé porque estuve involucrada en ella y observé cómo se desarrollaba de la forma más mágica.

Hace unos años, Susan cogió un avión con sus tres hijos para ir desde California a Nueva Orleans a visitar a su marido, Marc, que era diseñador de producción y trabajaba en una película que se estaba rodando en esa ciudad. La familia había planeado pasar, todos juntos, un fin de semana largo y maravilloso.

Mientras Marc llevaba a los chicos a una excursión en barco, Susan fue a la ciudad y se paró junto a un museo de vudú. Tuvo el capricho de dejar que un hombre que trabajaba en la tienda le leyera el tarot.

—Acababa de regresar de Haití y parecía muy amable, así que nos sentamos y me echó las cartas —relata—. Todas estaban relacionadas con la muerte. Resultaba muy alarmante e intenso.

Pudo ver que incluso el lector del tarot estaba sorprendido.

—¿Está bien su marido? —le preguntó.

Ella le respondió que Marc estaba estupendamente.

—Tengo la sensación de que le duele la cabeza —le dijo el hombre. Volvió a mirar las cartas y añadió—: Usted va a sufrir la mayor transformación de su vida. Sin embargo, al final todo va a salir bien.

Susan estaba asustada. Pero apartó aquellos pensamientos de su mente y, al día siguiente, toda la familia voló de regreso a Los Ángeles. Unos días más tarde, Marc voló de nuevo a Nueva Orleans para terminar la película.

Era un hombre sano y vital y no tenía ningún problema grave de salud, pero la misma mañana en que regresó a Nueva Orleans, de camino hacia el plató de grabación, sufrió una hemorragia cerebral.

Seis días más tarde, rodeado de su familia, hizo el tránsito.

Susan se quedó destrozada. La sensación de pérdida era insoportable.

—Tenía unos amigos maravillosos que me dieron un apoyo increíble, pero fueron unos meses oscuros y terribles —recuerda—. De hecho, no fueron meses, sino más bien dos años.

Fue en esta época cuando una amiga suya, Jill, la conectora de la que hablamos en el capítulo 18, me llamó para concertar una lectura telefónica para Susan.

Justo al empezarla, se hizo presente su marido. Él sabía que su marcha la había dejado sumida en la oscuridad y la soledad, y lo dura que le estaba resultando la vida. Sin embargo, tenía un plan para cambiarlo todo.

—Me está diciendo que te está esperando otra relación —le dije a Susan—. Me dice también que es posible que todavía no estés preparada para ella, pero que quiere que sepas que no tienes por qué estar sola. Tienes que disfrutar de una vida vibrante y él quiere ayudarte a conseguirla. Lo está organizando desde el Otro Lado.

Susan se sorprendió muchísimo, y no es de extrañar. Acababa de perder a su marido. Lo último que se le ocurría era tener otra relación. Sin embargo, su *marido* le estaba diciendo que iba a organizarle una cita.

El mensaje de Marc era muy directo. Iba a ayudar a Susan a encontrar la felicidad que merecía, pero no de forma inmediata. De hecho, me dijo que tardaría cuatro años y medio desde su tránsito. Susan aceptó lo que le decía Marc, pero yo me di cuenta de que no se lo estaba creyendo. La mera idea de mantener una nueva relación debió de parecerle una traición al amor que habían compartido.

Entiendo que se sintiera así, pero también sé que el universo actúa de otra forma. No es así como lo ven nuestros seres queridos del Otro Lado. Ellos quieren que *seamos felices*.

Cuando hacemos el tránsito, llevamos con nosotros el amor que sentimos en la Tierra. Cuando estamos en el Otro Lado, ese amor se intensifica. Sin embargo, aunque no para de crecer, jamás se vuelve posesivo. Cuando damos nuestro amor a otra persona, no se lo estamos quitando a la primera. En el Otro Lado existe *abundancia* de amor, por lo que no es un juego en el que unos tengan que perder para que los otros puedan ganar. Por eso Marc, al ver a su esposa, Susan, compartiendo su amor con otra persona, no lo consideraría una traición; ni siquiera le sugeriría la idea de que el amor que sentía hacia él, o el de él hacia ella, había disminuido en absoluto.

Muy al contrario. Viviendo una vida llena de amor y vitalidad, Susan estaría *honrando* el amor que había compartido con Marc. Le estaría haciendo el mayor regalo que él podría desear: verla en su camino de vida más elevado.

He hecho lecturas para muchas personas a las que aterrorizaba la idea de que una relación nueva pudiera hacer daño al ser querido que había hecho el tránsito. En cada una de ellas, la esposa o el marido del Otro Lado se hacía presente con energía para explicar que no era así en absoluto. De hecho, no solo aprobaban una nueva relación que proporcionara una felicidad y una satisfacción auténticas, sino que a menudo ¡participaban activamente para hacerla realidad!

De todas formas, mi lectura para Susan fue la primera en la que una persona del Otro Lado me explicaba con antelación que iba a actuar como casamentero. Por eso sentía mucha curiosidad por ver cómo se desarrollaban los hechos.

Unas semanas más tarde, estando en Los Ángeles, quedé con Susan y Jill para desayunar. Susan no me preguntó nada más acerca de nuestra lectura, pero sentí que alguien se estaba haciendo presente a través de ella. No era su marido, Marc; era otra persona. Estaba recibiendo un nombre con R.

—Alguien se está haciendo presente con muchísima fuerza —le dije—. Se llama... se llama Randy.

—¿Randy? —dijo Susan boquiabierta.

—Sí, Randy. Está ahí de pie y no quiere irse. Me dice que te conoce.

Susan hizo memoria durante unos momentos y dijo:

—¿Randy D?

—¡Sí! —exclamé—. Está ahí de pie. Y está con Marc. Están de pie juntos.

—Qué raro —dijo Susan—. Randy falleció hace diecisiete años.

No suelo acordarme de él. Estaba casado con mi buena amiga Barbara. Vaya, hace tiempo que no hablo con ella.

—Bueno, pues está aquí y Marc está diciendo que lo va a reclutar para que le ayude a encontrar un hombre para ti.

Pude observar que Susan no sabía muy bien qué pensar. Me dijo que seguía hablando con Barbara, la viuda de Randy, unas cuantas veces al año, pero que no se había puesto en contacto con ella desde hacía un tiempo. En realidad, no había motivo para que Marc se aliara con Randy en el Otro Lado.

Unos minutos más tarde sonó el móvil de Susan. Esta miró el número y se quedó helada. Era Barbara; solo quería saber de ella.

Ahora sí que Susan no sabía qué pensar.

Yo, sin embargo, sí. Randy era la segunda pieza del rompecabezas.

Cuatro años y medio es mucho tiempo de espera, así que, para mantener a Susan consciente de la presencia de él en su vida, Marc empezó a enviarle señales. En nuestras lecturas ya me había mencionado que sospechaba que lo estaba haciendo. Sobre todo una señal en concreto: arcoíris.

—La canción favorita de Marc era *Over the rainbow** —relata—. Le encantaba tocarla al piano. Cuando murió, fuimos a Hawái, donde nos habíamos casado, para esparcir sus cenizas. Recuerdo que, mientras las esparcía en aquel precioso lugar de la playa, alcé la vista y le dije a Marc: «¿Por qué no me envías ninguna señal? Quiero una».

Unos minutos más tarde, un hermoso arcoíris cruzó el cielo.

Susan, sin embargo, no se sintió impresionada.

—Le dije: «Marc, esto es Hawái, siempre hay arcoíris. ¿Eso es todo lo que tienes? ¡Eres un artista! ¡Seguro que puedes mejorarlo!».

A los pocos minutos, Susan volvió a mirar el arcoíris. Pero había cambiado. Ya no era un solo arcoíris.

---

* *Over the rainbow*, la canción de la película *El mago de* Oz, significa «Más allá del arcoíris». *(N. de la T.)*

Era un arcoíris doble.

—Entonces le dije: «De acuerdo, Marc, esto sí es impresionante».

Ahora que ya habían establecido su señal, Marc se volvió realmente creativo. Susan quería celebrar un funeral en los estudios de Sony, donde había hecho un trabajo tan estupendo. Intentó concertar la fecha, pero estaban haciendo obras en el aparcamiento y eso trastocaba todos los actos. Al final lo arreglaron para una fecha posterior.

La mañana del funeral, Susan y Jill fueron a Culver City. Por el camino, Susan miró por la ventanilla del coche y vio algo deslumbrante: el arcoíris doble más grande y brillante que había visto en su vida. Las dos supieron inmediatamente que Marc estaba guiando el camino.

—Era un arcoíris tan increíble que salió en las noticias del día siguiente —comenta—. Cuando lo vi, me eché a llorar.

Pero eso era solo el primer acto de Marc.

Cuando llegaron al aparcamiento de los estudios de Sony para dejar el coche, Susan vio la construcción que había retrasado el funeral. No era un edificio nuevo ni más plazas de aparcamiento.

Era un arcoíris. Un arcoíris gigantesco e imponente.

—Me quedé anonadada —afirma Susan—. Lo habían construido sobre el aparcamiento como tributo a *El mago de* Oz, que se había rodado allí en los años treinta. Y en cuanto lo terminaron pude celebrar el funeral. ¡Pero no pudimos hacerlo hasta que no estuvo listo!

Tenía cincuenta y siete metros de ancho, la altura de un edificio de diez pisos y estaba construido sobre un armazón de acero de cuarenta y cinco toneladas y media, y cubierto por seiscientos cuarenta y ocho paneles de aluminio de colores brillantes. No era un arcoíris cualquiera. Era un glorioso arcoíris de Hollywood cuya construcción necesitó diez grúas y ciento quince personas, como cualquiera de los muchos platós que Marc había diseñado en aquel aparcamiento.

Y estaba allí, en ese mismo aparcamiento, esperando para que Susan lo viera.

Tres años y medio después del tránsito de Marc, Susan contrató a un arquitecto para un trabajo que estaba diseñando. Se hicieron muy amigos y un día él le habló de un cliente suyo.

—Le estoy haciendo una casa en Seattle —le dijo—. Me encantaría que os conocierais. Tengo la sensación de que os ibais a caer bien.

Susan se mostró educada pero firme.

—Le dije que no, que lo sentía, pero que no estaba preparada para conocerlo. Y eso fue todo. Dejamos el tema y pasamos a otra cosa.

Sin embargo, un año más tarde, el arquitecto la volvió a llamar por sorpresa.

—Me dijo que su amigo de Seattle había venido a Los Ángeles y que le apetecía mucho que le conociera —recuerda Susan—. Una vez más le respondí que gracias, pero que no estaba interesada.

El arquitecto insistió y le propuso que se juntaran para cenar y pasarlo bien. Nada más.

Susan se reunió con el arquitecto y su amigo, David, para cenar.

Se cayeron bien. Tenían muchas cosas en común. Hablaron de arte y arquitectura, de viajes, de sus familias respectivas y de muchas cosas más. Después de la cena, David le preguntó si podía llamarla cuando regresara a Seattle. Ella accedió. Unos días después, recibió la llamada. Y al día siguiente volvió a llamar.

—Me llamaba mucho —relata Susan—. Teníamos unas conversaciones estupendas. Un día me envió un mensaje de texto desde Hawái, donde se encontraba. No tenía palabras, solo una imagen.

David le había enviado una fotografía de un precioso arcoíris doble, aunque desconocía totalmente el significado que este fenómeno tenía para ella.

—Fue entonces cuando dije: «Bueno, de acuerdo, más me vale prestarle atención a esto».

Poco tiempo después, David acudió de nuevo a Los Ángeles y se citó con Susan. Más tarde vino una segunda cita, y luego una tercera. Susan fue a visitarlo a Seattle y él le mostró orgulloso su colección de motocicletas. Cuando Susan tuvo que viajar a San Francisco, David se reunió allí con ella.

—Lo pasamos estupendamente y luego nos fuimos cada uno por nuestro lado, yo a Los Ángeles y David a Seattle —cuenta—. Sin embargo, de camino hacia el aeropuerto, aparecieron dos arcoíris más en el cielo. Dos arcoíris independientes en dos lugares diferentes. Les hice fotos. Tengo fotografías de todos los arcoíris que vi durante ese tiempo. Miraba por la ventana de mi dormitorio y veía uno gigante allí mismo. Estaba conduciendo, daba la vuelta a una esquina y me topaba con otro enorme. Aparecían de tal forma que era imposible no verlos.

Fue por entonces cuando yo me encontraba en California y volví a reunirme con Susan. Si he de ser honesta, había olvidado casi todos los detalles de la lectura que le había hecho, pero cuando la vi se me refrescó la memoria. Le pregunté si recordaba cuánto tiempo había dicho Marc que tenía que esperar para conocer al hombre.

Ella asintió. Cuatro años y medio.

—¿Y qué pasa con Randy? —le pregunté—. ¿Has tenido alguna conexión con él?

—No, ninguna —me respondió Susan.

A la mañana siguiente, Barbara, la viuda de Randy, volvió a llamarla inesperadamente para saludarla.

—Y fíjate, una de las primeras cosas que me preguntó fue si estaba saliendo con alguien —relata Susan—. Yo le dije que sí, pero que no lo conocería, y le di su nombre.

Se produjo un silencio. Finalmente, Barbara le respondió:

—*Sí* que lo conozco.

—¿Y de qué lo conoces? —le preguntó Susan.

—Era un buen amigo de Randy. Solían ir juntos a montar en moto. De hecho, tiene una de las motos de Randy.

Susan se quedó anonadada. Había visto la moto. David se la había mostrado en Seattle. Y ahora se enteraba de que era la moto de Randy. ¡La conexión con Randy! Entonces Susan le contó a Barbara todo lo que había sucedido: la lectura, que Marc le había dicho que estaba organizándole las cosas, que sabía de Randy y, por último, que había conocido a David.

—Sí —contestó Barbara—, suena a algo en lo que Randy se implicaría.

—Era asombroso —dice Susan ahora—. Era como un rompecabezas increíble en el que todas las piezas tenían que colocarse en el sitio exacto. Por eso, cuando me enteré de que David y Randy habían sido amigos, vi que eso era lo que lo unía todo. Supe que Marc y Randy estaban trabajando juntos en el Otro Lado.

Susan tenía razón. Marc había reclutado a Randy para que le ayudara en su misión: dirigir a Susan hacia una nueva relación que la ayudara a crecer y a volver a implicarse plenamente en la vida. El Otro Lado es capaz de orquestar de una manera brillante conexiones para nosotros aquí, en la Tierra, y lo que le sucedió a Susan es una fantástica evidencia de lo muy implicados que están nuestros seres queridos en su afán por dirigirnos hacia nuestro camino de vida más elevado.

—Nadie habría podido saber todo lo que hacía falta para organizar este tinglado —afirma Susan—. David es una persona muy lógica y no cree en señales ni cosas así, pero cuando le llamé y le conté lo de Randy, hasta él estuvo de acuerdo conmigo en que la situación no tenía ninguna explicación lógica. Sabía que nadie en el mundo podría haberlo hecho.

Los seres humanos tenemos tendencia a aferrarnos a los paradigmas o modelos de realidad que conocemos y comprendemos. Cuando surge algo que los desafía, buscamos formas de encajar eso que acaba de aparecer para darle un sentido racional. Buscamos explicaciones lógicas. Sin embargo, ¿cómo se puede explicar lógicamente lo que le sucedió a Susan? Aun en el caso de que alguien pusiera en Google «Susan, Marc, David y Randy» y se enterara de todo lo relacionado con ellos, ¿cómo podría usar esta información para elaborar un plan que cuadrara tan bien? ¡Lo que le había sucedido a Susan no es *googleable*!

Las únicas personas capaces de mover los hilos y juntar a Susan y David de una forma tan mágica son Marc y Randy trabajando juntos en el Otro Lado.

No mucho después de que Susan se diera cuenta de que tenía que salir con David, sucedió una cosa curiosa: dejó de ver tantos arcoíris.

—Todavía veo alguno que otro, pero es diferente —afirma—. Ya no son tan destacados. Tengo la sensación de que Marc se está echando un poco atrás. Era como si me hubiera estado llevando de la mano todo el camino y ahora me estuviera dejando el espacio que necesito para avanzar. Todo ha sido muy libre y fácil con David. Resulta increíblemente natural. Y eso es que Marc está dando un paso atrás en el momento exacto.

Así es como actúa el Otro Lado. Nuestros Equipos de Luz nos llevan de la mano por la oscuridad como un padre que lleva a su hijo al colegio el primer día de preescolar. Sin embargo, también sueltan cuando saben que es preciso, con objeto de que podamos hacer libremente lo que tengamos que hacer para acceder a nuestro camino de vida superior.

De acuerdo, pero ¿qué habría pasado si yo no hubiese estado allí para hablarle a Susan de Randy o del plan de Marc? ¿Habría acabado saliendo con David?

Creo que sí, por una razón: las señales.

Susan había establecido su señal con Marc (los arcoíris) antes de que ella y yo nos conociéramos. Y Marc había confirmado esa señal de forma indiscutible para Susan. ¿Un arcoíris gigante en un aparcamiento? ¿Precisamente en el aparcamiento por el que tenía que pasar Susan el día del funeral? Y luego, después de que el arquitecto le presentara a David, este le envió una foto de un arcoíris. Eso hizo que ella prestara atención. Aunque yo no le hubiese hablado de Randy, probablemente habría acabado descubriendo que David había sido colega de un amigo suyo que había hecho el tránsito unos años antes y seguro que eso le habría resultado muy significativo.

En otras palabras, Marc habría encontrado una forma de poner en marcha su plan conmigo o sin mí. A veces el Otro Lado usa a alguien como yo —una médium psíquica—, pero, en la mayor parte de los casos, no lo hace. Utiliza lo que puede y donde lo encuentra. Pone arcoíris en nuestro camino incluso en los aparcamientos.

27

SUSURROS DIMINUTOS

Una señal del Otro Lado no es una orden. Las señales no son directivas para actuar de una determinada manera. Aunque pueden funcionar como indicaciones o codazos de amor y apoyo por parte de nuestro Equipo de Luz, todos tenemos libre albedrío para elegir nuestro propio camino, nuestras lecciones y nuestras experiencias. En último término, nuestro libre albedrío nos empodera. Somos nosotros, y no ninguna fuerza exterior, los que decidimos qué queremos hacer. La decisión es siempre nuestra.

Lo que el Otro Lado *sí* intenta hacer es que nos demos cuenta de que, en lo más profundo de nuestro ser, ya solemos saber lo que necesitamos hacer para encontrar nuestro camino de vida más elevado: sencillamente, confiar en él. No debemos permitir que el miedo se imponga a las decisiones que tomamos siguiendo nuestra voluntad. A menudo, nuestro Equipo de Luz solo intenta que abramos la mente y el corazón a una respuesta que ya está dentro de nosotros.

Lo que hacen las señales es *afirmar* que nunca estamos solos en esta Tierra, que siempre estamos rodeados por nuestro propio equipo personal de animadores y que nuestro Equipo de Luz nos apoya incansablemente —y espera pacientemente— para que hagamos aquello que tenemos que hacer y vivamos la vida mejor, más auténtica y con más propósito posible.

Todas las señales son mensajes de amor. Y todas las decisiones que nos llevan a nuestro camino de vida más elevado están basadas en el amor, no en el miedo. Por eso, cuando reconocemos y honramos las señales poderosas que recibimos del Otro Lado, les permitimos que nos guíen por un camino de amor en lugar de tomar decisiones dictadas por el miedo.

Ya albergamos este conocimiento en nuestro corazón. Si reflexionamos sobre ello el tiempo suficiente, podemos saber cuáles de nuestras decisiones se basan en el amor y cuáles en el miedo. Y, cuando nos vemos realmente divididos entre ambas, cuando no somos capaces de distinguir cuál es el camino basado en el amor y cuál en el miedo, el Otro Lado intenta enviarnos distintas señales. Son como flechas que apuntan hacia el camino más elevado.

A veces, sin embargo, estas señales no son externas. En ocasiones no son ni siquiera cosas físicas, ni una palabra dicha, ni una pieza de música, ni el viento.

A veces no son más que un susurro diminuto en nuestro corazón.

Sarah y David Rathke se conocieron en un bar. Él era camarero y ella le pidió una bebida.

—Lo curioso es que, la primera vez que lo vi, me resultó conocido —recuerda Sarah—. No sabía por qué, pero así era.

Coquetearon y quedaron, y, seis meses más tarde, David se le declaró.

—Hacía un frío horrible y le dije a Sarah que quería enseñarle un barco que estaba en el puerto, porque quería declararme junto al agua —cuenta David—. Cuando llegamos al muelle, de repente Sarah se volvió a mí y me preguntó: «¿Cuánto me quieres?». No me lo creía. Allí estaba yo, con un anillo en el bolsillo y a punto de hincar la rodilla en tierra. Fue el escenario perfecto.

Se casaron y en los años siguientes tuvieron dos niños. La vida con Luke y Daniel era una bendición interminable, pero también cara y caótica.

—Vivíamos en el norte de California, una zona muy cara —dice David, funcionario jefe de Hacienda (Sarah es intérprete de música clásica)—. No somos millonarios. Conducimos un monovolumen. Empezamos a hablar de tener un tercer hijo, porque a Sarah le hacía muchísima ilusión tener una niña. Pero no era una decisión fácil. Si he de ser sincero, a mí no me volvía precisamente loco la idea de tener otro crío.

—Y yo no iba a presionarle si él realmente no quería tenerlo —añade Sarah—. No es un asunto que puedas forzar a alguien a hacer.

Ambos estaban muy indecisos. No querían decir que sí, pero tampoco que no. Y no podían dejarlo mucho tiempo. Sarah tenía treinta y nueve años.

Al final decidieron tenerlo. A pesar de ello, todavía no estaban convencidos de haber tomado la decisión correcta. Por eso, incluso después de haberla tomado, no se apresuraron a «quedarse embarazados». El miedo los retenía.

Fue justo entonces cuando los conocí, en una boda. Yo me encontraba con un estado de ánimo estupendo y festivo y me había tomado un par de copas, y, cuando me tomo un par de copas, me sucede una cosa extraña. Es como si me costara mucho mantener «cerrada» la puerta al Otro Lado, por decirlo de alguna forma. Me vuelvo especialmente receptiva a él. Por eso, cuando me encontré en un grupo con Sarah y David, no pude impedir que el padre de él se hiciera presente.

—Tu padre ha fallecido recientemente, ¿verdad? —le pregunté a David.

Él se sorprendió y respondió:

—Sí, así es.

—¿Y su nombre empezaba por R?

—Sí.

—Muy bien. Pues está aquí y quiere que te diga unas cosas.

Curiosamente, el padre de David, Richard, me mostró zapatos, pijamas y dientes. Me pidió que le dijera a su hijo que, aunque llevaba puestos unos zapatos muy elegantes, más le valía invertir en un par de deportivas decente.

David sonrió. Llevaba unos mocasines de Gucci y efectivamente necesitaba unas deportivas nuevas.

Luego su padre le dijo que, ya que estaban con esto, tenía que tirar los pijamas raídos y comprar unos pantalones de chándal nuevos.

—Su pijama tiene un enorme rasgón en el costado y lo lleva usando desde hace diez años. Pero no me deja tirarlo —explica Sarah.

Luego Richard le dijo a su hijo que tenía que ir inmediatamente al dentista.

—Me dice que tienes un problema con una muela de la parte posterior derecha de la boca y que si no te la arreglas pronto, se va a convertir en un problema de salud importante —le dije.

Sin embargo, David no tenía nada en las muelas.

De todas formas, concertó una limpieza de boca para la semana siguiente, para asegurarse. Cuando el dentista le examinó, le preguntó rápidamente:

—¿Tienes libre esta tarde?

—¿Por qué?

—Tienes una muela en la parte de atrás con una grieta vertical grave. Quiero enviarte a un cirujano inmediatamente para que te haga una endodoncia. Si no lo haces pronto, la muela podría infectarse y afectarte al corazón.

Mi breve lectura con David había resultado tener un significado enorme para él. No solo porque le arreglaron la muela a tiempo, sino por cómo influyó sobre su relación con su padre, que había sufrido un infarto y había hecho el tránsito cuando David tenía solo veintiún años.

—Cuando murió mi padre, pasé los siguientes veintitrés años encerrándolo en una caja —explica David—. No quería pensar en él ni hablar casi de él y esperaba que esa caja siguiera en su sitio para siempre. Lo contrario me resultaba demasiado duro. Por eso la construí.

Sin embargo, cuando su padre se hizo presente con señales y afirmaciones, todo cambió:

—La caja se quemó —afirma David—. Desapareció. Fue entonces cuando supe que mi padre seguía estando conmigo.

Durante nuestra breve lectura en la boda, me pidió que le hiciera una pregunta a su padre. Más bien, bromeó acerca de ello.

—Déjame adivinar —dijo en ese momento—. Mi padre cree que deberíamos tener un tercer hijo.

—Ve una tercera presencia en vuestra vida —les dije a David y a Sarah—, y está rodeada de muchísima positividad. Me dice que os diga que será una niña… y me está diciendo que queréis una. Me dice también que, si esperáis a poder permitíroslo económicamente, será demasiado tarde. Sin embargo, si la tenéis ahora, jamás podréis volver a imaginar vuestra vida sin ella.

Luego, el padre de David coló de rondón un último mensaje para su hijo:

—Dile que se suba a una cinta de correr y que empiece a perder algo de peso.

Según David, aquello era muy propio de su padre.

Recuerdo que, después de recibir todos esos mensajes maravillosos para David, este quiso hacerme una pregunta. A mí, no a su padre.

—Cuando mi padre me da consejos desde el Otro Lado, ¿es como si siguiera estando aquí, en este planeta? ¿O es más bien como si fuese omnipotente? Es que, cuando estaba aquí, se equivocaba a menudo.

—En el Otro Lado, tu padre puede verlo todo en su conjunto —le expliqué—. Por eso ve todas estas cosas y quiere transmitirte aquellas que son importantes para tu bienestar. Pero no es algo radical. Está el libre albedrío. Las decisiones las tienes que tomar tú.

Dicho de otra forma, nada de lo que su padre le había transmitido era imperativo. No eran órdenes. Su padre no lo llevó al dentista. Era el propio David el que tenía que ir si decidía hacerlo. El propósito de las señales, mensajes y afirmaciones del Otro Lado era encaminarlo en esa dirección.

—Yo creo que oír a su padre hacerse presente con todos esos mensajes fue lo decisivo —afirma Sarah—. Se mostró tan positivo acerca de tener otro bebé… Ambos asumimos completamente la idea y al cabo de un mes me quedé embarazada.

Cuando llegó el tercer hijo de David y Sarah, la preciosa Emily, todo cambió.

—Es tan alegre, tan lista, tan bonita y tan juguetona que David está absolutamente embobado con ella —relata Sarah—. Ha aportado una energía nueva y diferente para toda la familia. Podríamos decir que ha suavizado a los niños y estos la adoran. Era cierto lo que dijo el padre de David, no podemos imaginar nuestra vida sin ella.

Meses después de ponerle el nombre de Emily a su hija, David y Sarah se enteraron a través de otro familiar de unos detalles acerca de sus bisabuelos.

—No sabía nada sobre ellos, pero descubrimos que mi bisabuela se llamaba Emila y mi bisabuelo, Emil —cuenta David—. Da la impresión de que Emily fue siempre nuestro destino. Tenía que suceder.

Así es como actúa el universo. Las almas tienen unas conexiones profundas y unos contratos exclusivos que se extienden a lo largo de los siglos, hacia adelante y hacia atrás en el tiempo, y que nos unen de un modo que no podemos llegar a comprender. Las brillantes cuerdas de amor que ligaban a generaciones y generaciones de la familia de David y de la de Sarah unieron a ambos (¿te acuerdas de que Sarah tuvo la sensación de que ya conocía a David aunque no se hubieran visto jamás?) y acabaron trayéndoles a Emily. Estas conexiones son ancestrales y eternas y ya existen en nuestro corazón aunque no siempre seamos conscientes de ellas.

Después de todo, David y Sarah tomaron la decisión de tener otro hijo *antes* de conocerme y *antes* de que el padre de David, Richard, se hiciera presente. Lo único que este hizo fue confirmar lo que ellos ya sabían en su corazón.

En ocasiones, la señal *es* el susurro en nuestro corazón, el impulso profundo e innegable, el *conocimiento* inherente de que ya tenemos la respuesta.

—Todas estas conexiones que entran y salen de nuestra vida, con las personas de aquí y las del Otro Lado, son muy reales y dan lugar a emociones y cambios también reales en nuestra vida —afirma Sarah—. Si estamos abiertos a ellas, nos enriquecen enormemente la vida. Porque la vida es mucho más de lo que podemos ver en esta dimensión.

Marina Romero creció en una familia grande, con cinco hermanos y muchos primos, y es posible que alguna parte de esta imaginara que también ella tendría una familia grande algún día.

—Nací en España, y las familias españolas suelen ser muy amplias —afirma.

Sin embargo, al hacerse mayor se labró una carrera muy exitosa como profesora y terapeuta que le consumía la mayor parte del tiempo.

—El estilo de vida que elegí no era propio para niños —explica—. Trabajaba seis días a la semana todas las semanas del año y mi profesión me apasionaba. Esto me llevó a tomar la decisión de no tener hijos.

Evidentemente, y como sucede en la vida tantas veces, las cosas cambiaron. Marina se enamoró y se casó y, por primera vez en su vida, se lo planteó.

—Estaba con una persona con la que sentía que podría tener hijos. Era un sentimiento profundo en mi corazón.

Por aquel entonces, tenía ya cincuenta años.

A pesar de su edad, decidió, junto con su marido, Samuel, intentar formar una familia. Acudieron a una clínica de fertilidad y los médicos le dijeron que tenía una salud más que suficiente para engendrar un hijo. A los cincuenta y dos años se quedó embarazada y supo que iba a tener dos niños gemelos.

Sin embargo, a las cuarenta semanas, los bebés murieron justo antes de nacer.

—Nacieron muertos —relata Marina con tristeza—. Los médicos dijeron que no tenía nada que ver con mi edad, pero desconocían el motivo que podía haber provocado su muerte. Después de eso, estuvimos de duelo durante mucho tiempo. Empecé a pensar que era la forma que tenía el universo de decirme que yo no estaba destinada a ser madre y lo dejé de lado. Intentamos aceptar que no íbamos a tener hijos.

Unos meses más tarde, Marina y Samuel participaron en lo que se conoce como búsqueda de visión. Fueron al bosque y pasaron allí varios días, separados, sin comida y con el agua indispensable para sobrevivir.

—Creo que, cuando me adentré en el bosque yo sola, pude sentir por fin el dolor de perder a mis gemelos —afirma Marina—. Y cuando lo hice, noté otra sensación muy fuerte. Quería intentarlo una vez más.

Samuel la apoyó en esa decisión y, a los cincuenta y tres años, volvió a quedarse embarazada. En esta ocasión, el médico vio a las doce semanas que el embarazo no era viable.

—Fue extremadamente duro —dice Marina—. Pasábamos de una decisión a otra, de viable a no viable, de tener el niño a no tenerlo. Fue muy doloroso.

Sin embargo, Marina y Samuel decidieron volver a intentarlo.

Habían empezado el proceso con varios embriones congelados en la clínica de fertilidad. Ahora solo les quedaban cuatro.

—Volví a intentarlo con dos embriones, pero no me quedé embarazada —recuerda Marina—. No sé por qué, pero así fue. Entonces me dije a mí misma: «Bueno, esto es todo».

Tenía cincuenta y cuatro años y se sentía perdida. Intentó dedicarse de pleno a su carrera, pero había días en los que ni siquiera podía trabajar.

—Echaba de menos a los niños que habían muerto —afirma—. Estaba sumida en un mar de confusión. Me sentía perdida, realmente perdida. Ya no sabía qué hacer con mi vida.

Resulta que Marina y yo tenemos un amigo común, Ken Ring, afamado psicólogo y uno de los pioneros en la investigación de los estudios sobre experiencias cercanas a la muerte. Este me remitió a Marina. En la lectura que le hice, su padre, Rafael, se hizo presente muy rápido y me mostró dos almas muy claras.

—Tu padre me está mostrando dos niños —le dije. A ella le sorprendió que el tema de los niños apareciera tan rápido.

—Sí, tuve dos hijos. Murieron al nacer.

—Tu padre quiere que sepas que no fue en absoluto culpa tuya —le dije—. La misión de sus almas era sentir tu amor incondicional durante los nueve meses de embarazo. Esa era toda su misión y su lección, sencillamente sentir tu amor incondicional. Ahora están seguros y felices en el Otro Lado junto a tu padre. Y ahora…

Hice una pausa porque el padre de Marina me estaba mostrando *otro* grupo de dos almas claras.

—Tu padre quiere que te plantees la posibilidad de volver a intentarlo.

—Me quedé de piedra —afirma Marina—. Estaba totalmente cerrada al proceso de intentar volver a quedarme embarazada, pero mi padre insistía. Me dijo que había dos almas esperando para venir a mí, esperando para venir a esta vida, si yo quería tenerlas. Me dijo que cualquiera que fuera mi decisión, estaría bien, pero que se estaban preguntando si quería hacerlo. Porque ellos querían estar aquí.

Vi que se sentía confusa. Me contó lo que estaba pensando: quizá toda su lucha era una señal del universo diciéndole que *no* estaba destinada a ser madre, que tenía que abandonar su sueño. Su padre repitió el mismo mensaje haciéndole saber que los gemelos eran felices y que había otras dos almas deseando venir.

—Dice que va a suceder —le dije a Marina—. Eso es lo que me está mostrando. Que va a suceder si te abres a ello.

Se fue a casa y le contó a su marido lo sucedido durante la lectura y el mensaje tan claro que le había transmitido su padre.

—Entonces fue él quien se quedó anonadado —cuenta Marina.

Lo cierto era que ella estaba petrificada. Le asustaba volver a intentarlo, la posibilidad de perder a otro hijo o incluso a otros dos hijos. Creía de verdad que la puerta para ser madre se había cerrado. Pero no era así. A pesar de su edad y de todo lo que había pasado, el Otro Lado le había dejado muy claro que la puerta estaba abierta.

Lo habló largo y tendido con su marido y al final acordaron ir al médico. Si este decía que tenía salud suficiente para engendrar un hijo, volverían a casa y lo pensarían un poco más. El médico les dio luz verde. Luego el universo les envió una señal muy importante: la clínica de fertilidad les comunicó que no podrían seguir guardando los dos embriones durante más de tres meses.

—Daba la sensación de que todo señalaba en esa dirección —relata Marina—. Me sentía muy excitada y, al mismo tiempo, muy asustada.

Sin embargo, el miedo no fue suficiente para dar el portazo.

El día en que cumplía cincuenta y cinco años, intentó quedarse embarazada de nuevo.

—Esa noche estuvo impregnada de señales muy hermosas del Otro Lado que confirmaban las palabras de mi padre —recuerda—. Bailamos y celebramos no solo mi cumpleaños, sino también la llegada de nuevas almas.

En esta ocasión, sí se quedó embarazada. Y supo que iba a tener gemelos.

El médico le había dicho que todo parecía ir muy bien, pero, a medida que se acercaba a la semana cuarenta, no podía evitar obsesionarse con los gemelos que había perdido. Y cuando pensaba en ellos se sentía asustada y deprimida.

—No podía estar segura de que los bebés que tenía dentro fueran a poder salir adelante.

Entonces, una mañana muy temprano, rompió aguas. El nacimiento de los gemelos estaba previsto para un mes después, pero se puso de parto. Samuel la ayudó a entrar en el coche y la llevó al hospital, pero, antes de salir, Marina levantó la mirada hacia el cielo. Observó que la luna y Júpiter estaban juntos brillando con fuerza y aumentando la belleza del momento.

—Tuve la sensación de que era un guiño de amor del Otro Lado —afirma.

Los gemelos llegaron justo después de que Marina entrara en la sala de partos. Dos niños preciosos. Eran pequeños —uno pesó 1,800 kilos y el otro 2,200—, pero estaban sanos. La enfermera los lavó, los envolvió y se los entregó a su madre.

Por fin tenía a los gemelos en sus brazos.

—Fue como si hubiera entrado en otro lugar, en otra dimensión —afirma—. Como si no estuviese en esta Tierra. Era el sentimiento de alegría más puro y poderoso que había sentido jamás. Luego vinieron nuestros familiares y todo el mundo contemplaba a los bebés; pero yo seguía sin creerme lo que estaba sucediendo. No podía creer que aquellos niños estuviesen realmente *aquí*.

De forma milagrosa, habían nacido prácticamente a los tres años justos del tránsito de los otros gemelos.

Les pusieron de nombre Oceanos y Arthur y, dos años después, se están criando estupendamente.

—Están sanos, guapos, tiernos y también salvajes —relata Marina—. Estoy siempre agotada, pero muy feliz. Creí que no iba a suceder, pero sucedió. Ahora soy madre.

Las afirmaciones y mensajes que recibió de su padre fueron fundamentales para ayudarla a tomar la decisión. Lo cierto es que su conexión con él en el Otro Lado no era especialmente clara ni fuerte antes de la lectura.

—Incluso ahora, cuando intento comunicarme con él, no siempre lo percibo directamente —afirma—. Sin embargo, la diferencia es que ahora sé que está aquí. Cuando los niños se ponen especialmente difíciles y me siento muy cansada, le tomo el pelo y le digo: «Te has metido en un lío, papá». Lo hago porque creo que, si nos comunicamos con nuestros seres queridos del Otro Lado, nuestras vidas mejoran.

Si Marina no hubiera celebrado una lectura conmigo y si su padre no se hubiera hecho presente con tanta fuerza, ¿habría decidido por sí sola intentarlo una vez más? No podemos saberlo. Quizá el aviso de la clínica de fertilidad la habría empujado a tomar la decisión. También es posible que su padre hubiera encontrado otra forma de transmitirle su mensaje de esperanza, confianza y amor.

—Debido a lo mal que lo pasé cuando los primeros gemelos nacieron muertos y a las dificultades de todas las veces que intenté quedarme embarazada, no siempre pude oír la voz profunda, suave y tierna de mi corazón —afirma Marina—. Estaba bloqueada, me sentía perdida y no sabía qué hacer con mi vida. Pero entonces llegaron los niños y no solo recuperé mi conexión con aquella vocecita suave y diminuta de mi corazón, sino que me di cuenta de que puede ser un canal a través del cual nuestros seres queridos del Otro Lado se conectan con nosotros. Así es como nos susurran su orientación amorosa.

Elana conoció al que más tarde sería su marido, Steven, a través de una amiga común que tenía una habilidad poco habitual para emparejar a la gente.

—Se le daba muy muy bien —afirma Elana—. Mentía y manipulaba para juntarnos y esperaba pacientemente cuando salíamos con otras personas, hasta que al final me dijo que Steven estaba realmente interesado por mí. A él le dijo que yo estaba interesada en él. Y tenía razón. Steven resultó ser el hombre perfecto.

Se casaron y, cuando tenían treinta y pocos años, tuvieron un hijo, Noah.

—Era un niño precioso sin ningún problema de salud —relata Elana—. Sin embargo, cuando tenía unos catorce meses, empecé a observar que algo había cambiado. No hablaba, y eso no me preocupaba, pero había algo distinto en la calidad de las interacciones que mantenía con otros niños.

Al cabo de un tiempo, le diagnosticaron autismo.

—Tenía un autismo de alto funcionamiento; era sociable y contaba chistes —cuenta Elana—, pero su habilidad para permanecer tranquilo y regulado, para afrontar cualquier frustración menor, era increíblemente limitada. Se ponía muy agresivo y estallaba a menudo. Si no era capaz de encontrar sus zapatos, daba golpetazos, gritaba y chillaba. Era emocionalmente frágil.

Elana y Steven siempre habían pensado en tener un segundo hijo. Estaban de acuerdo en que no querían que Noah fuera hijo único. Sin embargo, la complejidad de su situación y el hecho de saber que no iba a mejorar los hicieron reconsiderar su idea.

—Yo quería que Noah disfrutara de la experiencia familiar típica de tener un hermano —afirma Elana—, pero al mismo tiempo me abrumaba la idea de tener otro hijo, sobre todo porque, cuando tienes un niño autista, las probabilidades de que el otro también lo sea son mucho mayores. Si he de ser sincera, me sentía muy asustada. Por eso, mentalmente estaba segura al noventa y nueve por ciento de que no tendría otro.

Sin embargo, no se había cerrado totalmente a la idea. Cuando cumplió los cuarenta y dos, fue su marido quien sugirió que tenían que decidirlo de una vez por todas.

—Él había aceptado que era yo quien tenía que tomar la decisión —cuenta Elana—, pero quería saber si yo decía que sí o que no. Teníamos que decidirnos. No podíamos vivir con esa interrogante.

Sin embargo, ella no era capaz de decantarse.

La semana siguiente a la charla con su marido, acudió a un seminario de espiritualidad. Uno de los ejercicios de empoderamiento consistía en escribir una carta a Dios y luego la respuesta *de* Dios a *ella*.

—Siempre he tenido la sensación de que me costaba mucho recibir mensajes del Otro Lado, porque mi mente es demasiado activa y charlatana y no puedo distinguir entre una señal, una intuición y aquello que ya está en mi mente —relata—. Sin embargo, cuando escribí aquellas cartas y luego me acomodé en el asiento y leí la segunda, la de Dios, me quedé completamente anonadada.

Esta carta le decía que tendría otro hijo, que sería una niña y que se llamaría Ahava.

—Aunque era yo la que la había escrito, me quedé atónita con lo que estaba leyendo. Estaba realmente sobresaltada. Era tan poderosa. Fui directamente al teléfono y le dije a Steven: «Vamos a tener el bebé».

Poco tiempo después, se quedó embarazada. Estaba contenta, pero no era una felicidad absoluta.

—Seguía estando demasiado asustada. Tenía la sensación de no estar preparada.

Al cabo de solo un mes, tuvo un aborto.

Aquello le dio más razones aún para dudar de la sensación que albergaba en lo más profundo de su ser de que tener otro bebé era lo que verdadera y honestamente quería hacer.

—Steven y yo fuimos a ver a un orientador, lo debatimos todo e intentamos llegar a un punto en que pudiéramos estar preparados para hacerlo —cuenta Elana—. Yo sentía una cosa en mi corazón, pero no podía evitar pensar: «¿Y si el miedo me está indicando lo correcto? ¿Y si otro niño me arruina la vida?».

Una de las medidas que tomó para intentar aclararse fue ponerse en contacto conmigo para concertar una lectura. Su objetivo al hablar conmigo era simple y claro:

—Lo único que quería era que alguien me dijera si debía tener el bebé o no.

Sin embargo, no fue eso lo que sucedió durante la lectura. Elana no obtuvo la respuesta directa que deseaba tan ardientemente. El Otro Lado le proporcionó afirmaciones y mensajes, pero no se hizo presente nadie que anunciara definitivamente si debía o no tener otro hijo.

El Otro Lado me mostró más bien que Elana tenía un contrato del alma con su hijo, Noah. Estaban destinados a estar juntos; pero era un contrato morado, y ese color significa que algo es muy complicado y difícil. Todo aquello le resultaba lógico a Elana, que quiere a su hijo de todo corazón y está dedicada en cuerpo y alma a su cuidado y bienestar. Sin embargo, por lo que se refiere a tener otro hijo, lo único que el Otro Lado me mostró fue que la decisión dependía de ella.

—Me dijeron que era una decisión libre —cuenta Elana—. Que el viaje de mi vida era como una hermosa excursión y que esta sería más bella con otro acompañante, otra alma, pero que también estaría bien si no contaba con él. Tomar la decisión por mí misma formaba parte de mi viaje.

El mensaje era profundo y poderoso y estaba brillantemente iluminado de amor. El alma del niño abortado había viajado con la de Elana durante muchas vidas y estaban destinadas a estar juntas, pero si eso no se producía en esta vida, lo haría en otra.

—Estás realmente entre dos aguas —le dije—. Digamos que es una proporción de sesenta-cuarenta. Si lo haces, el primer año será muy difícil. Toda tu vida se verá trastornada. Pero no pasa nada si decides no hacerlo. Los dos estaréis juntos en algún otro momento. Cuando lo estéis, será muy bonito. Sin embargo, si decides tener este hijo, me están mostrando que será una niña.

Esa no era la respuesta que había deseado Elana. Quería un sí o un no claros. Sin embargo, el Otro Lado no estaba dispuesto a dárselo. La decisión dependía de ella.

Entonces me preguntó:

—¿Y tendría esta niña los mismos problemas que Noah?

—No —le respondí—. El contrato del alma con esta niña es diferente. No tendrá autismo. Y vas a tomar la decisión pronto. En los próximos diez o quince días.

Ese fin de semana, Elana había hecho planes de volar a una conferencia de mujeres con cuatro buenas amigas.

—Me dije: «Muy bien, al final de la conferencia sabré qué hacer. De un modo u otro, lo sabré».

Pasó el primer día de la conferencia y Elana seguía con la misma confusión de antes, sin obtener la claridad que necesitaba. Pasó el segundo y terminó la conferencia, y Elana seguía sin tener una respuesta. Se montó en el avión y se fue a casa. En el aeropuerto seguía estando confusa, indecisa.

—Fui al lavabo del aeropuerto, entré en una de las cabinas y me dije: «Ya está. Ahora mismo va a suceder algo que me dirá lo que debo hacer. Cuando salga de esta cabina».

Y entonces… no sucedió nada. Ninguna señal, ningún mensaje. Nada.

—De acuerdo —se dijo Elana—, supongo que no me queda más remedio que elegir.

Salió del lavabo y les dijo a sus amigas:

—Voy a tener otro bebé.

Así. Tal cual. Dos semanas más tarde, estaba embarazada. Nueve meses después nació su preciosa hija, Ahava.

Ahava en hebreo significa «amor».

—Es increíble —dice Elana de su hija, que ya tiene tres años y no ha mostrado ningún signo de ser autista—. Es la luz absoluta de nuestras vidas. Y su conexión con Steven es una locura. Desde el momento en que le dije que mi respuesta era sí y me quedé embarazada, estuvo leyendo cuentos infantiles a mi tripa, dándole besos y emocionado ante la idea de conocerla. Cuando llegó, sus miradas se unieron y ahora ella se agita de alegría en cuanto él entra en la habitación. Tienen una conexión del alma muy profunda.

También el hijo de Elana, Noah, ha desarrollado un vínculo muy poderoso con su hermana.

—El primer año fue muy duro, porque ella sufría cólicos; pero lo superamos, y ahora Ahava es muy fuerte, muy animada, y sabe cómo manejar a Noah —afirma Elana—. Actúa con él como si fuese una jefecilla. Tienen una conexión muy dulce y amorosa.

Por lo que respecta a Elana, que estaba en una de las cabinas de los lavabos de un aeropuerto cuando comprobó que la respuesta que buscaba había estado siempre escondida en su interior, la llegada de Ahava ha sido como una profecía cumplida.

—Fue como si hubiese estado en el Otro Lado esperando a ver si yo quería darnos la experiencia de estar juntas en esta vida —afirma—. Tenía la sensación de que ya la conocía. Era como si ya la tuviese en mi vida.

Había esperado y esperado para recibir una señal clara del Otro Lado que le hiciera saber qué dirección tomar, pero este, como ella dice, mantenía un mutismo absoluto sobre el tema del bebé.

Sin embargo, a lo largo del proceso de toma de decisión, incluso en los momentos en los que Elana se había prácticamente convencido de que la respuesta sería no, jamás se cerró a tener un segundo hijo. ¿Por qué no lo hizo? ¿Por qué no dijo sencillamente que no?

—Porque, cuando echo la vista atrás, pienso que llevaba años con un presentimiento muy fuerte de que sí quería tener esta niña —dice—. En lo más profundo de mi corazón sabía que había una hija esperándome. Pero tenía esa esperanza en un hombro y miedo en el otro. Y ese miedo me impedía confiar en mi intuición, en mi conocimiento interior.

Al final no necesitó una señal ni un mensaje claro del Otro Lado. La respuesta estaba ya allí, en «lo más profundo de su corazón». Lo único que tenía que hacer era confiar en esa intuición, en ese impulso innegable, en esa voz interior.

—Tenía que creer que Dios había puesto este profundo deseo en mi corazón y que no iba a recibir una patada en la boca si decía que sí —afirma—. Tenía que confiar en mi corazón más de lo que creía en el miedo, y eso es algo muy difícil de hacer. Sin embargo, cuando me di cuenta de que la única que podía darme una respuesta era yo misma, me vi ante dos escenarios: uno de ellos me alegraba el corazón y el otro era un lugar de terrible pérdida y desesperación. Por eso confié en la alegría de mi corazón. Confié en que el universo no me iba a llevar en la dirección equivocada.

A veces, una señal puede ser solo un susurro diminuto en nuestro corazón. Un impulso interior, una voz suave o un instinto. Lo único que tenemos que hacer es aprender a confiar en él, a permanecer abiertos a él, a escucharlo y a honrarlo cuando lo sentimos o lo oímos. Esto no siempre resulta fácil, sobre todo cuando estamos atravesando momentos oscuros. La oscuridad conduce a la confusión, y esta, al miedo. Y el miedo es enemigo de la confianza, de la esperanza y del amor.

En esos momentos oscuros, nuestro Equipo de Luz del Otro Lado se esfuerza siempre al máximo para hacernos saber que no estamos solos. Hará todo lo que esté en su mano para enviarnos señales, afirmaciones y mensajes de amor y esperanza. Pero, si el miedo es demasiado grande, si la oscuridad es demasiado intensa, es posible que no los veamos. Es posible que no sintamos el impulso o que no oigamos la voz. Podemos estar demasiado cerrados por el dolor, la desesperación y el miedo para mostrarnos receptivos al Otro Lado.

Sin embargo, este no va a dejar de intentarlo nunca. Nuestro Equipo de Luz se esfuerza siempre por guiarnos hacia la decisión basada en el amor y por empujarnos hacia las respuestas que ya residen dentro de lo más profundo de nuestro corazón.

Porque dentro de cada uno de nosotros hay una conexión con un manantial profundo y hermoso de amor y conocimiento. A veces, lo más importante es encontrar una forma de estar suficientemente en silencio para oír los susurros diminutos.

¿Quién ha sido en tu vida tan buen sirviente para ti, quién te ha ayudado a amar lo bueno que crece en tu interior? Vamos a dedicar diez segundos a pensar en algunas de esas personas que nos han querido y que han deseado lo mejor para nosotros, aquellos que nos han animado a convertirnos en lo que somos.

No importa dónde estén, aquí o en el cielo. Imagina lo contentos que deben sentirse sabiendo que estás pensando en ellos en este momento.

Fred Rogers

28

UN REGALO DE AMOR Y PERDÓN

NO MUCHO DESPUÉS DE SALIR en un programa de televisión para promocionar mi primer libro, alguien del equipo del programa se puso en contacto conmigo para hacerme una petición personal.

«Leslie, la hermana de mi marido, ha sufrido una pérdida y lleva mucho tiempo sumida en el duelo —me escribía—. No está viviendo la vida y creemos que quizá puedas hacerle una lectura y ayudarla».

Mientras leía el correo electrónico, sentí un fuerte impulso de hablar con esta mujer. No sabía quién era Leslie ni lo que le había sucedido, pero sí que nuestros caminos debían cruzarse. Respondí a la carta diciendo que estaría encantada de hacerle una lectura.

Una vez abierta esa puerta, sentí una joven presencia masculina. Emitía una energía de «hijo». Me dejó muy claro que la lectura iba a ser un regalo de él para su madre. Supe inmediatamente que eso significaba que no debía cobrar nada a su madre por la lectura. De vez en cuando se hace presente alguien del Otro Lado e insiste en que una lectura sea un regalo. Y cuando el Otro Lado habla, yo escucho.

La lectura tuvo lugar unos días más tarde, por teléfono. Desde el principio se hizo presente la misma energía masculina. En esta ocasión me dio un nombre que empezaba por J: Jon. También asumió la responsabilidad de su tránsito. Mencionó rápidamente que el cumpleaños de su madre estaba próximo. Le pregunté a Leslie si tenía un hijo que había hecho el tránsito y que si su nombre empezaba por J, como Jon. Ella me dijo que sí. Le hice saber que él estaba pidiendo perdón y asumiendo la responsabilidad de su tránsito.

—Bueno —le dije—, este es el regalo de cumpleaños de tu hijo para ti.

Leslie rompió a llorar. Su dolor y su pena eran evidentes. Sentí que su cumpleaños tenía un significado adicional para ella y para su hijo, pero todavía no sabía cuál era. Entonces ella me explicó por qué estaba tan conmovida por el gesto de él.

—Hace cinco años —me dijo suavemente—, mi hijo se suicidó el día de mi cumpleaños. Yo fui la que lo encontró.

Cuando Leslie tenía solo diez años, recibió una descarga del universo que le hizo saber que iba a tener dos hijos. También le dejó claro que algo le iba a suceder al padre de estos y que, en consecuencia, ella viviría el resto de su vida como una monja. Era una premonición rara para una niña de diez años y, en los años siguientes, la mantuvo casi todo el tiempo alejada de su mente.

Luego tuvo dos hijos y poco después el padre de estos los abandonó. Ella no volvió a casarse y dedicó el resto de su vida a cuidar de sus hijos.

—Fue entonces cuando entendí por qué había visto la figura de una monja cuando tenía diez años —afirma Leslie—. Era la única forma de que mi yo de diez años pudiera interpretar lo que me iba a suceder en la vida.

Cuando se quedó embarazada de su segundo hijo, Jonathan, recibió otra descarga del universo.

—Tuve una fuerte sensación de que mi hijo no iba a vivir una vida larga —explica—. Cada gramo de mi ser me dijo que no viviría una vida entera. Sentí incluso que sabía cuándo iba a fallecer: entre los veintidós y los veintiocho años. Tenía que aceptarlo, seguir adelante e intentar no pensar en ello.

Jonathan resultó ser un chico excepcional. Era increíblemente listo (tenía un CI de más de 160) e increíblemente dotado. Le encantaba dibujar y pintar, y uno de sus cuadros de infancia, una representación sobrecogedora de fragmentos de cristal rotos, sigue colgado en la casa de Leslie.

—Le entusiasmaba hacer rompecabezas, leer y hacer peliculitas con sus compañeros de clase —relata—. Era un niño de lo más dulce. Teníamos una relación extremadamente cercana.

Tenía cuatro años cuando su padre se fue y se convirtió en una presencia ocasional en la vida de sus hijos. Según cuenta Leslie, fue una herida que no curó jamás.

—El dolor de perder a su padre no le abandonó nunca. Le torturó toda su vida.

Cuando tenía catorce años, un compañero de clase se le acercó y le ofreció marihuana por primera vez.

—Fue como si entrase el diablo por la puerta —afirma Leslie—. Jonathan empezó con la hierba y, a los diecisiete, hizo su entrada la heroína. Después de eso se pasó todo el tiempo entrando y saliendo de rehabilitación. Estaba luchando por recuperar su vida.

Su lucha contra la adicción fue larga y dolorosa. Hubo días en los que parecía que su vida se le iba. En uno particularmente malo, se quedó en su dormitorio de la casa de Leslie tumbado en la cama sin fuerzas.

—Parecía tan frágil —recuerda Leslie—. Era como un bebé. Le llevé sopa y se la di a cucharadas. Le dije que había reservado una cama para él en rehabilitación, pero él me dijo: «Mamá, estoy acabado. No quiero seguir con esto más tiempo. No quiero».

Leslie no le presionó y le aconsejó que intentara descansar. Al cerrar con suavidad la puerta de su dormitorio, se acordó de algo que Jonathan le había dicho a su abuela unos días antes.

—Ojalá no fuera un drogadicto.

Leslie había visto a su hijo soportar muchos de estos momentos de desesperación. Tenía la esperanza de que, después de dormir un poco, se sentiría mejor, así que apagó la luz y bajó las escaleras. Es una pianista consumada que trabaja como profesora de piano. Ese día tenía clase con una alumna.

Hacia el final de la clase, oyó un ruido fuerte en el piso de arriba que la sobresaltó.

—Sonó como si alguien hubiera golpeado el suelo con un molde de galletas —explica.

Se excusó ante la alumna y subió con una sensación creciente de malestar. Intentó abrir la puerta del dormitorio de su hijo, pero estaba cerrada con pestillo. La golpeó, pero no obtuvo respuesta. Volvió a bajar y, afortunadamente, acababa de llegar el padre de la alumna a recogerla. En cuanto se fueron, volvió a subir corriendo al dormitorio de Jonathan.

—Golpeé la puerta y le llamé. Por último, me lancé con todas mis fuerzas contra la puerta y conseguí abrirla.

Vio a su hijo tumbado en el suelo al fondo de la habitación. Tenía la cara cubierta de sangre. Leslie gritó sin dirigirse a nadie: «Mi hijo se ha ido».

—Desde el momento en que entré, supe que estaba muerto —dice entre lágrimas—. Llamé a emergencias y vinieron diez coches de policía y tres ambulancias. Pero yo sabía que se había ido. Mi hijo se había ido. Lo único que pude decirle a la policía era: «No puedo creerme que le haya pasado esto a mi precioso hijo».

Jonathan se había pegado un tiro en la cabeza. Tenía veintiocho años. Y había elegido poner fin a su vida el día del cumpleaños de Leslie.

—Sentía como si estuvieran atacando cada parte de mi cuerpo —afirma Leslie—. Sentía dolor, dolor físico, todos los minutos del día. Un dolor constante y terrible. Era como si me estuvieran atacando desde dentro. Estaba destrozada.

En cierto modo, Leslie cerró su vida. Seguía estando allí para su hija y consiguió continuar con las clases de piano. De hecho, los únicos momentos en los que no sentía dolor eran cuando estaba enseñando o tocando. Sin embargo, a todos los efectos había cerrado su vida.

—Por la forma en la que Jonathan había vivido, por cómo había terminado su vida y por el momento en que había elegido, yo creía que había pretendido hacerme todo el daño posible. Por eso sentía una terrible culpabilidad, una pena horrorosa, y en lo único que podía pensar era en el día en que nació, lo pequeño y precioso que era, en cómo se había ido y en que ya no podía sentirlo más. Me producía un dolor terrible y profundo. Estaba destrozada.

A Leslie le atormentaba también otro recuerdo: dos años antes de hacer el tránsito, Jonathan le había pedido que le hiciera para su cumpleaños una tarta de bizcocho con muchas capas.

—Recuerdo que le dije que era demasiado complicada, y no la hice. Le preparé una tarta más sencilla —relata—. Después me atormentaba el remordimiento por no habérsela hecho.

En los casi seis años que habían pasado desde que Jonathan había hecho el tránsito, el dolor de Leslie no había disminuido. La gente le decía que tenía que superarlo y seguir adelante con su vida, pero para ella eso no tenía sentido.

—Yo pensaba: «No, eso no es lo que debo hacer, porque nadie puede superar esto» —dice—. Siempre estará ahí y tengo que encontrar una forma de llevarlo conmigo. Pero no se supera. Mi hermano, por ejemplo, estaba constantemente intentando ayudarme y curarme, pero yo no le dejaba, con lo cual nuestra relación también se resintió. Me sentía completamente sola y desconectada de todo el mundo.

Y lo peor de todo era que Leslie no sentía ninguna conexión con Jonathan.

—La gente decía que recibía señales de los seres queridos que habían hecho el tránsito, pero yo nunca tuve la sensación de recibir ninguna. No podía sentir, ver ni percibir nada. No había más que vacío.

Un año después del tránsito de Jonathan, el padre de Leslie, Tony, enfermó gravemente. Leslie tenía una relación muy estrecha con él y, cuando su vida estaba apagándose, le pidió un favor.

—Le dije que estaba muy preocupada por Jonathan, que quizá no estaba en un buen lugar en el Otro Lado, que posiblemente estaba enfadado conmigo. Sabía que mi padre estaba a punto de hacer el tránsito y le pedí que, por favor, cuando llegase al cielo, encontrara a Jonathan y buscara una forma de hacerme saber que estaba bien.

Al poco tiempo, su padre falleció. Tres días más tarde, Leslie recibió un mensaje de texto en el móvil. Era una foto de su padre con las palabras «Todo está bien» escritas debajo. Comprobó el número para ver quién se la había mandado.

Había sido enviada desde el móvil de su padre.

—¡Daba miedo! —relata—. Quiero decir, esta fotografía de mi padre no estaba en mi móvil, no es que sencillamente hubiera saltado desde mi galería de imágenes. Sin embargo, ¿cómo pudo enviarse desde el de mi padre? ¿Cómo pudo él enviarme un mensaje tres días después de morir?

Se lo enseñó a otros miembros de su familia que se quedaron tan anonadados como ella. Preguntó si alguien tenía el móvil de Tony, pero no era así. Nadie tenía ni idea de dónde estaba. Leslie fue a la casa de su padre y entró en su dormitorio para hacer un repaso de sus pertenencias.

—No podía encontrar el teléfono. Por último miré debajo de la cama y allí estaba. Lo encendí y solo le quedaba una pizca de batería. De alguna forma, ese teléfono me había enviado su fotografía y un mensaje de texto.

A Leslie no se le ocurría ninguna explicación plausible para lo sucedido, ni tampoco a ninguno de sus conocidos.

Aceptó la posibilidad de que el inexplicable mensaje de texto de su padre fuera una especie de señal, una indicación de que Jonathan estaba bien. Pero no era suficiente para aliviar la tristeza que estaba acabando con ella.

Cinco años más tarde hicimos nuestra lectura y su hijo se hizo presente con mucha fuerza. Me di cuenta de que Jonathan no era una persona a la que le fuera a costar mucho enviar mensajes desde el Otro Lado. Parecía que se le daba muy bien la comunicación. Parecía *poderoso*.

El problema era que Leslie seguía demasiado consumida por la aflicción para ver lo que tenía delante de las narices.

Una de las primeras cosas que Jonathan me pidió que transmitiera a su madre fue algo que él había pasado por alto el día que hizo el tránsito.

—Tu hijo no te deseó feliz cumpleaños, ¿verdad? —le pregunté a Leslie.

—No, no lo hizo —respondió.

—Te lo está deseando ahora —le dije.

Ella se echó a llorar de nuevo.

—Jonathan me está mostrando que tuvo que luchar contra la adicción y que se suicidó —dije—. Y me está diciendo que ahora comprende cosas que antes, cuando estaba aquí, no entendía. Ahora es más fuerte. Me dice que está curado. Se ha curado estupenda y totalmente. Y necesita que sepas que tú no tuviste culpa de nada. Fuiste la persona más importante de su vida y te quiere muchísimo.

Pude escuchar el efecto que produjeron las palabras de Jonathan sobre su madre. Eran *exactamente* las que más necesitaba oír. En ese momento noté que Leslie empezaba a soltar parte de la carga que llevaba tanto tiempo arrastrando.

—Dice también que lo siente —le dije—. Siente mucho haber hecho lo que hizo el día de tu cumpleaños. Quiere que sepas que no lo hizo para hacerte daño, sino porque no quería que le olvidaras. Quería que mantuvieras un vínculo con él para que le recordaras siempre. Y ese vínculo fue tu cumpleaños. Era un recuerdo, una forma de honrar ese lazo entre vosotros, no un medio de hacerte daño ni de castigarte. Necesita que lo entiendas.

Leslie exhaló y dejó que fluyeran las lágrimas. Se estaba dando cuenta de que la conexión con su hijo, que ella creía perdida, no lo estaba en absoluto.

Jonathan quería confirmar el lazo duradero que existía entre su madre y él y me mostró la señal que compartían: un árbol con un corazón. Cuando se la transmití a Leslie, ella se sorprendió.

—No —me dijo—, esa no es nuestra señal. No la recuerdo.

Pero Jonathan insistía. Me la volvió a enseñar, un árbol y un corazón, y además me mostró el lugar donde podía encontrarla.

Justo en el jardín delantero de su madre.

—Me está diciendo que la señal está contigo *hoy* —le dije a Leslie—. Me está mostrando la parte de delante de tu casa.

Sin cortar la llamada, Leslie se levantó y fue a la puerta de entrada. Pude oír sus pisadas por el teléfono. De repente se paró en seco.

—Dios mío —exclamó.

Me explicó que había un árbol en su jardín delantero y que en el suelo, junto a él, había una pequeña figurita de cerámica.

La figurita de un corazón.

—De repente todo encajó —dice ahora—. Después del tránsito de Jonathan, planté un árbol en el jardín de delante en su honor y puse junto a él ese corazoncito, porque los árboles y los corazones siempre me recuerdan a él. No sé por qué, pero lo hacen. Supongo que luego me olvidé totalmente de ello, hasta que Jonathan me lo volvió a señalar muchos años después.

A través de mí, el muchacho condujo a su madre directamente al pequeño espacio sagrado que ella había creado para él, para que reconociera y confirmara la señal establecida entre ellos: un árbol y un corazón. Había estado allí todo el tiempo y Leslie debía de haber pasado junto a ella miles de veces. Pero la había olvidado; Jonathan, sin embargo, no lo había hecho.

Y ahora se la estaba recordando, y dándole las gracias, y haciéndole saber que seguía estando allí, que seguía en su corazón, tan presente como el árbol.

—Fue un momento sumamente poderoso —afirma Leslie—. Pasé de sentir que no tenía ninguna conexión con él a *saber* que sigue estando conmigo. Y eso me permitió continuar con mi vida.

Desde la lectura que hicimos, Leslie se ha mantenido abierta a las señales que le envía su hijo y, gracias a ello, siente una conexión profunda y duradera con él que le ha sanado el corazón. Hay momentos en los que *siente* su presencia, como si estuviera justo a su lado.

Por ejemplo, al final de un día complicado, a Jonathan le gustaba entrar en el dormitorio de su madre y dejarse caer a los pies de la cama para charlar con ella durante quince minutos…, y también ahora:

—Todavía puedo sentirle a los pies de mi cama, como si estuviera allí sentado —relata Leslie—. Le noto llegar y me hace saber que está bien y que vela por mí.

Otro lugar en el que siente la presencia de su hijo es junto a la puerta de entrada. En cierta ocasión, antes de hacer el tránsito, desapareció durante tres días y Leslie estuvo muy preocupada por si no volvía a verlo. Una tarde alzó la vista y le vio de pie junto a la puerta.

—Fue como si estuviese diciendo: «He vuelto a casa» —recuerda Leslie—. Fue un momento muy poderoso y nos dimos un abrazo larguísimo. Ahora le siento a veces de pie en el mismo lugar. En ocasiones me da casi la sensación de estar *viéndole*. Es como si estuviera siempre llegando, siempre volviendo a casa para verme.

Cuando me dijo que algunas veces «veía» a Jonathan, le pedí que me lo explicara. Cuando yo «veo» a personas que han hecho el tránsito, las percibo como diminutos puntitos de luz y energía en la pequeña pantalla que se forma en mi mente. Algunos médiums psíquicos que conozco las ven en su forma humana, como si estuviesen ahí de pie entre nosotros. Para Leslie era otra cosa, algo que le costó mucho explicarme.

—Bueno —dijo al fin—, es como si lo viera con el tercer ojo.

Entendí lo que quería decir. Muchas culturas y religiones tienen el concepto de un tercer ojo que nos permite percibir cosas más allá de los poderes de la vista ordinaria. Básicamente es una representación figurativa de nuestra capacidad para ver y percibir cosas en un nivel más alto y más profundo de lo normal, un cambio en nuestra consciencia que nos abre a nuevas percepciones. La capacidad de ver lo invisible que está a nuestro alrededor.

Es el mismo concepto al que he estado recurriendo a lo largo de este libro, ese cambio en nuestra conciencia que se produce cuando abrimos la mente y el corazón a las señales y mensajes del Otro Lado. Cuando Leslie «siente» la presencia de su hijo en casa, está demostrando poseer clarisentencia, la capacidad de sentir cosas por medios distintos a los cinco sentidos. Cuando «siente» a Jonathan sentado a los pies de su cama, está percibiendo la presencia sutil de su energía vital y su conciencia. Del mismo modo, cuando dice que lo «ve» de pie junto a la puerta de entrada, está demostrando una forma de clarividencia, la habilidad de percibir cosas por medios distintos a nuestro sentido de la vista.

Yo misma he tenido momentos así y he hablado con miles de personas que los han tenido, y puedo atestiguar que son profundamente significativos. Estas conexiones se producen. No son imaginarias. Las sentimos. Vemos a nuestros seres queridos. Percibimos su presencia. Oímos su voz. Comprendemos que siguen estando con nosotros, que no los hemos *perdido*.

Cuando tenemos momentos así debemos honrarlos y hablar de ellos, no descartarlos.

Antes de que Leslie se abriera a estos hermosos momentos de conectividad, creía plenamente que había perdido a su hijo, que él se había ido para siempre. Sin embargo, no era así. Nunca lo hará, porque nuestras almas resisten, sea cual fuere la forma en la que hayamos hecho el tránsito. Nuestra energía vital sigue viva. Seguimos unidos por poderosas cuerdas de luz, amor y energía que fluyen libremente entre nosotros.

Cuando hicimos la lectura, le dije a Leslie que Jonathan era una fuerza muy poderosa del Otro Lado. Ayudó a su abuelo a enviarle a ella un mensaje increíble de confirmación a través del móvil y de algún modo pulsó las cuerdas que nos reunieron a Leslie y a mí. También me comunicó que se sentía agradecido con su madre por haber accedido a guiarle por el mundo a pesar de saber que no iba a estar en él mucho tiempo.

—Me dice que su alma vino a la Tierra para aprender de ti —le dije a Leslie—. La lección que le enseñaste fue la del amor incondicional.

—El mensaje que me transmitió fue de amor, perdón y sanación —afirma Leslie—. Yo estaba enfadada por lo ocurrido, y es natural, pero ahora tengo la sensación de que estoy sanando y todavía le quiero de una forma plena y profunda. Tenemos una conexión que no desaparecerá jamás, y ahora que lo sé, puedo vivir una vida basada en el amor, no en el miedo. Porque cuando nos conectamos lo único que siento por él es amor.

Hoy en día, Leslie marca su cumpleaños el 1 de mayo, más de dos semanas después del auténtico, que es el 14 de abril.

—Ese día es ahora el día de Jonathan —explica—. Es un día en el que podemos celebrar todo lo que él es y todo lo que nos ha dado.

»Mi mensaje para todo aquel que esté sumido en el duelo y en la tristeza como estaba yo es que no tenga miedo —afirma Leslie—. Porque cuando tienes miedo te cierras. Cuando abres el corazón y la mente, lo que te llega del universo es puro amor y alegría. Y empiezas a comprender que tus seres queridos siguen estando contigo, que no hay reproches, ni fallos, ni ira, ni culpabilidad; solo amor incondicional. Y eso te da la libertad necesaria para seguir adelante.

29

RENDICIÓN

ESTE LIBRO ES UN VIAJE hacia una forma nueva de contemplar nuestra vida. Todo empieza por abrir nuestra mente a la posibilidad de que nos puedan enviar señales desde el Otro Lado. A continuación tenemos que cocrear un lenguaje que facilite a nuestro Equipo de Luz el envío de estas señales. A partir de ahí, debemos apreciar el poder y la capacidad que tienen de cambiarnos la vida. Y entonces llegamos a la parte más complicada de nuestro viaje: nuestra voluntad de confiar en el universo. La disposición a *rendirnos*.

Para explicar lo que quiero decir, me gustaría contarte una historia personal sobre una época muy difícil y aterradora para mi familia y para mí. Si he de serte sincera, al principio me resistía a hacerla pública, pero luego he tomado la decisión de incluirla aquí, porque revela cómo recorrí el viaje de este libro, cómo llegué al punto de confiar en el universo y cómo eso cambió mi camino.

Es una historia de rendición.

Todo empieza en una playa de Long Island un precioso día de verano. Estaba con mis tres hijos. Ashley, la mayor, tenía catorce años. Todo iba bien: mis hijos estaban sanos y felices y disfrutaban de un típico verano sin preocupaciones. Ashley estaba a punto de empezar la secundaria. Se sentía muy ilusionada aunque también algo nerviosa.

Era pura dulzura. Tenía un alma preciosa, tierna y compasiva. Durante la primaria iba muy adelantada, daba ballet y danza lírica, destacaba en arte y estaba en el cuadro de honor del colegio. Daba gusto estar con ella. Era divertida, amable, considerada y cariñosa. Jamás me había mentido ni contestado mal y no decía palabras malsonantes. Sé que no soy imparcial, pero puedo decir que era, en todos los aspectos, la niña ideal.

Esa tarde en la playa observé que tenía una erupción rara en la espalda, como seis anchas líneas horizontales que le cruzaban la parte media de la espalda, casi como si hubiesen sido grabadas con un cuchillo. Le pregunté si le dolía o le picaba y me contestó que no. A pesar de todo, la llevé al médico.

—Es raro —dijo este después de examinarla—. Podría ser una picadura de medusa.

Le respondí que ese día no se había bañado.

—Entonces serán estrías —concluyó—. No se preocupe. Acabarán quitándose.

—¿Está seguro? —pregunté. Ashley era delgada y por eso me extrañaba que pudieran salirle estrías. El médico, sin embargo, insistió en su diagnóstico y yo lo dejé estar. Así es como actuamos, hacemos caso de la autoridad. Me dijo que no me preocupara, así que intenté no hacerlo.

Justo por aquel entonces empecé a observar un cambio sutil en la conducta de mi hija. Empezó a experimentar brotes de ansiedad. Parecía enfadarse con mucha facilidad. Ese verano habíamos ido a Disneyland y estuvimos parados alrededor de un cuarto de hora en un barco del Jungle Cruise, justo al lado de una escena tribal en la que se veía una enorme olla de agua hirviendo y una cabeza reducida pinchada en un palo. En aquel momento nos resultó divertido, pero una semana después, más o menos, y sin venir a cuento, a Ashley le provocó una enorme ansiedad. No conseguía dejar de pensar en ello y pasó dos días en la cama. Le aterrorizaba la idea de que hubiera caníbales en el mundo. Yo intenté razonar con ella y tranquilizarla y al final pareció liberarse del terror. Lo achaqué al nerviosismo por estar a punto de empezar en el instituto.

Sin embargo, cuando comenzaron las clases, Ashley se estaba transformando ya en una persona diferente. *Completamente* diferente. Era maleducada, picajosa e irrespetuosa, y, por primera vez en su vida, empezó a sacar malas notas. Comenzó a sufrir insomnio agudo y ataques de ansiedad que la dejaban acurrucada en el suelo sobre una manta. Por las mañanas no conseguía que se levantase para ir a clase por mucho que lo intentara. Garrett y yo decidimos sacarla del instituto y educarla en casa con tutores. No teníamos otra elección.

Ashley consiguió sacar el curso, pero, al volver a las clases al año siguiente, sus dificultades continuaron. No se centraba en nada y parecía que no le importaba. En casa se envolvía en una manta y se pasaba horas tumbada en el suelo con los ojos cerrados o con la mirada perdida. Su ansiedad era tan aguda que apenas la dejaba funcionar, y hubo días, e incluso semanas, en que no fue a clase. Yo iba alternando entre sentirme terriblemente preocupada por ella y enfadada. Discutíamos mucho y eso influyó en toda la familia. Estaba claro que a mi hija le pasaba algo, pero nadie podía decirme qué.

Un día me acordé de repente de una autobiografía que había leído muchos años antes. Estaba escrita por Amy Tan y se titulaba *En contra del destino*. Uno de los últimos capítulos contaba sus problemas con la enfermedad de Lyme. Sus síntomas habían sido más psiquiátricos que físicos, como le sucedía a mi hija. Aquella biografía que me había venido a la mente me pareció un tirón del universo, e inmediatamente sospeché que la causa de lo que le estaba sucediendo a Ashley podía ser esa enfermedad. Una parte de mí estaba ya convencida de que había resuelto el caso. Por primera vez en mucho tiempo, sentí un destello de esperanza.

Llevé a Ashley al médico para que le hicieran unos análisis de sangre y la prueba de la enfermedad de Lyme, pero los resultados dieron negativo.

—No tiene lyme —declaró el médico.

Yo me quedé de piedra. Había estado completamente segura de que esa era la causa de sus problemas. Sin embargo, el médico insistió en que los resultados eran claros. Nos fuimos a casa sin un diagnóstico. Habíamos vuelto a la casilla de salida. Mi hija estaba en las garras de algo insidioso y pernicioso y no había nadie a quien recurrir en busca de respuestas. Me sentía impotente, desesperada y perdida.

Nos vimos sumidos en un bucle aparentemente interminable de mal comportamiento por parte de Ashley e intentos nuestros de responder. Unos meses más tarde, volví a llevarla al médico para que le hicieran una nueva prueba de lyme y una vez más los resultados fueron negativos. Para entonces yo había investigado mucho y sabía que las primeras pruebas no siempre son exactas. Para descartar esta enfermedad teníamos que hacer otras más avanzadas, como la ELISA y la mancha occidental. Sin embargo, cuando pedí (o más bien *rogué*) a la médica de Ashley que se las hiciera, me respondió que no las necesitaba y que no las iba a pedir. Me quejé, pero los cuatro médicos que había se mostraron inflexibles: Ashley no tenía lyme. Uno de ellos incluso se rio de mí.

Por aquel entonces, la niña sufría un insomnio muy grave. Se quedaba levantada hasta las tres o cuatro de la mañana y al día siguiente se sentía totalmente exhausta. Conseguimos que quedara exenta de ir a clase por motivos médicos y que se volviera a apuntar a un programa de estudios en casa. Era terrible ver sufrir a mi hija, anteriormente tan vivaz, cariñosa y vital y ahora incapaz de actuar como una adolescente normal, sin poder experimentar toda la emoción, la alegría y los momentos de vida que aporta el instituto. Se estaba perdiendo muchísimas cosas. ¡Yo solo quería que mejorara!

Sin embargo, siguió empeorando. Muchas veces se enfadaba sin motivo y pasaba horas furiosa. Su ira era como un volcán en erupción. De hecho, a veces se enfadaba tanto que se escapaba de casa. Una mañana, en un arranque de rabia, se fue. Hacía bastante frío, estaba lloviznando y se había ido sin abrigo. Yo sabía que no quería hablar, pero me preocupaba su seguridad, que se enfriara, y salí con el coche tras ella con la esperanza de convencerla para que volviera; pero ella seguía corriendo y escondiéndose, y muy pronto la perdí de vista. Estuve dando vueltas con la esperanza de encontrarla. Era temprano y las calles estaban desiertas. Al final me dejé llevar por mis instintos y permití que estos me guiaran (a mí y al coche); fue entonces cuando la atisbé escondiéndose detrás de un restaurante japonés cerrado. El aparcamiento tenía dos entradas, una a cada lado del edificio. Me estaba acercando por la primera, pero decidí pasar de largo y volver por la segunda, calculando que quizá así podría cortarle el paso y conseguir que se subiera al coche conmigo.

Sin embargo, antes de girar de nuevo hacia la calle principal, sucedió algo extraño. Una furgoneta blanca que circulaba en sentido contrario cruzó la mediana directamente hasta donde yo me encontraba, aceleró, dio un giro brusco, volvió a bajar por donde acababa de cruzar Ashley y desapareció detrás del restaurante, por donde yo había visto irse a mi hija.

El corazón me latía desaforadamente. La furgoneta me había cortado el paso tan rápido y tan cerca que no chocamos por un segundo o dos. Es más, parecía estar siguiendo a Ashley. Me metí rápidamente por la segunda entrada con la esperanza de que ella hubiera recorrido la corta distancia que había hasta allí, pero no la vi. Era ilógico. No podía haber desaparecido. Di la vuelta al restaurante cerrado y al fin pude verla, acurrucada en un rincón de la pared. La furgoneta blanca había parado muy cerca de allí. La ventanilla del conductor estaba bajada y el hombre le hacía gestos para que se acercara.

—¡Eh! —grité—. Es mi hija. ¿Qué estás haciendo?

El hombre pareció sorprenderse cuando me vio. Era muy temprano, el restaurante estaba cerrado y no había más coches en la carretera; todo a nuestro alrededor estaba desierto.

—Solo le estaba preguntando una dirección —tartamudeó y se alejó a toda velocidad.

En ese momento supe sin ningún género de duda que si Ashley hubiera subido a la furgoneta la habrían matado. Lo supe. Si yo no la hubiera visto enseguida, la habría perdido. Y supe exactamente por qué el conductor se había arriesgado a ponerse en contradirección hasta casi chocarse con mi coche para girar detrás de ella. Él también la había localizado. Sabía que las tiendas estaban cerradas y que la zona situada detrás del restaurante estaba desierta. Había visto una oportunidad para hacer el mal.

Ashley se metió en el coche y nos fuimos a casa. Las dos estábamos asustadas. Yo estaba tan alterada que ni siquiera intenté coger la matrícula de la furgoneta. Si antes no tenía tan claro lo que estaba en juego, ahora estaba absolutamente segura. No estábamos solo intentando averiguar qué le pasaba a Ashley. Estábamos intentando salvarle la vida.

Durante todo este calvario, yo había estado trabajando para permanecer abierta al Otro Lado. Me parecía especialmente importante, porque me sentía perdida y desorientada y necesitaba toda la ayuda que pudiera conseguir. Creía que mi Equipo de Luz se haría presente. Ningún médico había sido capaz de darme una respuesta, pero quizá el Otro Lado sí conseguiría hacerlo.

Para entonces, Ashley había desarrollado graves problemas estomacales y añadimos un gastroenterólogo a su equipo de médicos, que le diagnosticó un síndrome del intestino irritable con estreñimiento. Le recetó una medicación, pero esta no pareció funcionar. La situación iba empeorando cada vez más.

Poco después del incidente con la furgoneta blanca, estaba navegando al azar por mi Facebook cuando me llamó la atención la publicación de una persona que había estado conmigo en el instituto. Incluía las palabras «cambio repentino de personalidad» y tenía un enlace a algo llamado PANS: síndrome neuropsiquiátrico de inicio agudo pediátrico. Es una enfermedad infecciosa que puede provocar inflamación cerebral en el niño, una ansiedad grave y cambios de personalidad. Había también otra enfermedad, conocida como PANDAS, que tenía los mismos síntomas, pero que se desencadenaba como consecuencia de una amigdalitis estreptocócica. Me erguí en la silla como impulsada por un resorte: *a Ashley le habían diagnosticado amigdalitis estreptocócica a principios de ese mismo año.*

Según decían las investigaciones, el PANS y el PANDAS podían hacer que un niño maravilloso empezara a actuar como si estuviera poseído.

Hasta se las conocía como las enfermedades de la posesión.

El enlace me llevó a uno de los poquísimos especialistas en PANS y PANDAS de la costa oeste de Estados Unidos y directamente concerté una cita. Esta doctora le recetó a Ashley un antibiótico, amoxicilina, y al cabo de veinticuatro horas algunos de los peores síntomas habían disminuido. Otro antibiótico, azitromicina, la mejoró todavía más.

Sin embargo, seguíamos sin estar seguros de qué era lo que le sucedía a Ashley. No todos sus síntomas coincidían con el PANS ni con el PANDAS ni sabíamos con exactitud qué virus destructivo había invadido su cuerpo. No podíamos saber con seguridad si los antibióticos por sí solos podrían curarla o, al menos, mantener los síntomas a raya durante mucho tiempo. Seguíamos buscando una respuesta. La doctora me envió a casa con un paquete que incluía un artículo de diecisiete páginas acerca de la enfermedad, que yo pretendía leer en cuanto pudiera encontrar un momento de tranquilidad.

La situación se estaba volviendo desesperada. Aunque sabía que el Otro Lado me acompañaba en esta batalla, necesitaba más ayuda. Ellos me habían conducido a la doctora del PANS, pero ahora necesitaba más orientación. Estaba viendo cómo Ashley se iba desmadejando y cómo iba perdiendo su energía vital. *Estaba viendo desaparecer ante mis ojos a la Ashley que conocía.* Tenía que encontrar la forma de curarla. Tenía que apartarla del borde del precipicio, porque, si yo no podía hacerlo, no sabía quién lo conseguiría.

Una mañana, mientras repasaba las pilas de facturas médicas, investigaciones y resultados de pruebas que se habían ido amontonando por toda la casa en los últimos tres años, sentí una desesperación especialmente fuerte. Pensar en todo lo que había tenido que pasar Ashley me resultaba insoportablemente doloroso. Fui a mi dormitorio y cerré suavemente la puerta. Luego hice algo que no había hecho desde que era pequeña: me hinqué de rodillas y recé.

—Dios, Equipo de Luz, escuchad —dije en voz alta—. Necesito que me ayudéis.

Al instante sentí que mi padre se hacía presente en mi pantalla.

Había hecho el tránsito unas semanas antes y, desde entonces, se había mostrado increíblemente receptivo y me enviaba todo tipo de señales. Y ahora, en el momento más oscuro de todos, ahí estaba otra vez para ayudarme. Levanté las manos al techo, a Dios.

—Me doy por vencida —dije—. Me rindo. Necesito que me enseñes qué es lo que le pasa a Ashley. Sé que hay algo más aparte de lo que dicen los médicos. Sé que no es bipolar. Necesito que me muestres lo que le pasa a mi hija. Me rindo. Por favor, *por favor*, muéstrame qué le pasa.

Esa noche, cuando me preparaba para acostarme, me sentí completamente vacía y exhausta. Apagué la luz y, de repente, recibí una descarga del universo. Era clara y concreta.

El paquete.

Lee el paquete.

Enciende la luz y lee el paquete ahora.

El paquete que me había dado la doctora del PANS y el PANDAS estaba encima de la mesa de la cocina. Me había olvidado de él. Encendí la luz, me senté ante la mesa de la cocina y saqué el largo artículo, que se titulaba «Invasores ocultos».

Al llegar a la mitad de la segunda página, me quedé helada.

Imagina el sonido de un coche frenando de golpe y luego una quietud y un silencio absolutos. Esa era la situación en la que me encontraba. Una sola palabra saltó de la página, como si estuviese iluminada por una luz de neón.

Bartonella

«Todos sabemos que la enfermedad del arañazo de gato, causada por la *Bartonella*, puede provocar enfados y cambios de humor en los pacientes», leí. Estaba escrito como si fuera algo evidente, pero para mí supuso una gran revelación.

¡Bartonella! ¡Eso tenía que ser! Abrí el ordenador, fui derecha a Google y tecleé la palabra. Se abrió la página y lo primero que vi fue una fotografía. Proferí una exclamación de asombro y me eché a llorar.

Era una foto de una erupción exactamente igual a la que había visto en la espalda de Ashley tres años antes.

Según pude leer, la *Bartonella* es una bacteria infecciosa. Si penetra en la sangre, puede provocar ataques psiquiátricos intensos de ira y cambios de humor. Puede dar lugar a fiebre de las trincheras o a la más comúnmente conocida como fiebre del arañazo de gato, que a su vez puede provocar encefalopatía, una enfermedad cerebral capaz de ocasionar daños permanentes en el cerebro e incluso la muerte.

Ya tenía la respuesta. Lo sabía con cada gramo de mi ser. Habría apostado mi vida. Mi Equipo de Luz me había llevado a la respuesta. Ashley tenía bartonelosis.

Entonces recibí otra descarga que me mostró exactamente cómo y *por qué* esta enfermedad la había afectado con tanta fuerza. Unos años antes la habíamos vacunado contra el papiloma humano. El Otro Lado me mostró que había algo concreto en esa vacuna que había dañado sus células. Se había infiltrado en las «puertas celulares» y las había dejado incapaces de cerrarse para evitar el paso de la enfermedad y combatirla. Por eso lo que había atacado a Ashley pudo prosperar.

Me quedé levantada hasta las cuatro de la madrugada investigando. Cuando mi marido se despertó, le dije que el Otro Lado me había mostrado lo que le pasaba a Ashley. Esa misma mañana la llevé a la pediatra armada con el paquete. Había impreso copias de la fotografía de la erupción de Ashley y de artículos de revistas médicas que afirmaban que la *Bartonella* provoca ansiedad, ira y cambios de humor. Se lo enseñé todo a la pediatra y le expliqué que la vacuna contra el papiloma había dañado las células de Ashley. Ella sonrió y sacudió la cabeza.

—Con todos mis respetos, Ashley no tiene bartonelosis —dijo—. La vacuna contra el papiloma humano es perfectamente segura.

Luego sacó un texto médico y me mostró un pasaje que decía que la bartonelosis se presentaba como una erupción de tres puntos, no como la que tenía Ashley. Intenté enseñarle los artículos que había encontrado, pero ella los desdeñó. Se permitió incluso soltar una risita condescendiente y me aseguró que estaba totalmente equivocada.

No mucho tiempo antes, en este punto de la conversación yo me habría sometido a su autoridad y habría cedido. Ahora, sin embargo, no. Esta vez tenía conmigo a mi Equipo de Luz. Ellos me habían mostrado lo que pasaba y yo sabía que estaban en lo cierto. Por eso insistí en que le pidiera a Ashley un análisis de sangre para comprobar la presencia de *Bartonella*.

La médica accedió a hacer el análisis, probablemente para complacerme. Dos días más tarde llegaron los resultados.

Ashley daba negativo en *Bartonella*.

Yo sabía que tenía que estar mal. El Otro Lado me había conducido directamente a la *Bartonella* como causante del calvario de Ashley. ¿Por qué, entonces, daban negativo los resultados?

—No me importa lo que digan los resultados —le dije a la médica—. Sé que eso es lo que tiene.

Unos días después estaba charlando con mi amiga Wendy, a la que habían diagnosticado enfermedad de Lyme. Me preguntó por Ashley y yo le conté lo que el Otro Lado me había dicho acerca de la bartonelosis. Wendy se quedó boquiabierta. Me dijo que la bartonelosis y el lyme suelen ir de la mano, que son coinfecciones. A ella la había tratado un internista de renombre mundial formado en la Universidad de Yale y especializado en infecciones zoonóticas, el doctor Steven Phillips. Tenía la consulta en Wilton, Connecticut (EE. UU.). Estaba muy implicado en la investigación de una cura duradera para el lyme. Era un hombre muy ocupado y tenía una lista de espera de pacientes de dos años. Ashley no podía esperar tanto.

—Déjame ver qué puedo hacer —me dijo Wendy.

Yo sabía que estaba muy bien relacionada y que haría cualquier cosa por ayudarme, pero, de todas formas, me parecía demasiado.

Sin embargo, consiguió una cita con el doctor Phillips para dos semanas después.

El doctor leyó el historial médico de Ashley y me escuchó mientras le contaba mi certeza de que tenía bartonelosis. Me preguntó si había desarrollado recientemente un síntoma concreto, síndrome del intestino irritable con estreñimiento, porque eso sería un buen indicador de bartonelosis. La boca se me abrió de par en par. Como ya he dicho, Ashley lo había desarrollado unos meses antes.

—Esto es una bartonelosis de libro —me dijo—. Voy a pedirle también pruebas de lyme. A menudo van juntas.

Esta vez pidió las pruebas ELISA y de la mancha occidental para el lyme a los laboratorios de la Universidad Stony Brook y un test especializado de *Bartonella* a Galaxy Diagnostics, un laboratorio de Carolina del Norte, el más especializado en esta enfermedad de Estados Unidos.

Los resultados mostraron que Ashley había dado positivo en enfermedad de Lyme y muy positivo en bartonelosis. De hecho, los niveles eran tan altos que el médico supuso que probablemente la tenía desde hacía tres años.

¡Tres años! Exactamente el tiempo que había durado el calvario de Ashley.

Le puso inmediatamente un tratamiento para lyme y bartonelosis y también para los parásitos que suelen acompañar a estas infecciones. La medicación tuvo sus propios efectos secundarios nocivos (experimentó un dolor intenso en los huesos y los músculos, y una vez incluso dijo que le parecía como si tuviera bichos arrastrándose por dentro de su cuerpo), pero todos los síntomas psiquiátricos desaparecieron. Los antibióticos parecieron controlar la ansiedad, pero el agotamiento y la confusión mental que se habían adueñado de ella seguían siendo una batalla constante.

Fue entonces cuando intervino de nuevo el Otro Lado. Otra buena amiga nos condujo a una segunda médica brillante, Kristine Gedroic, doctora con tres especialidades: medicina de familia, acupuntura médica y medicina integrativa. Tenía la consulta en Morristown, Nueva Jersey, y había curado al hijo de mi amiga de lyme y le había devuelto la salud. Una prueba celular realizada por la doctora Gedroic reveló más datos. Sin embargo, antes de hacerle el test a Ashley, me pidió que le escribiera el historial médico de mi hija: sus síntomas y lo que yo creía que le pasaba. Anoté exactamente lo que me había dicho el Otro Lado. Entonces la doctora Gedroic le hizo el análisis de sangre celular. Cuando nos volvimos a reunir con ella para que nos diera los resultados, se sentó con cara de asombro y nos dijo que nunca en su vida había visto algo parecido. Lo que yo había escrito era exactamente lo que habían revelado las pruebas. Había un nivel muy alto de aluminio en las células de Ashley. Era un tipo de aluminio específico de las vacunas: Gardasil, la inyección que le habían puesto a Ashley para el papiloma humano. La médica nos explicó a continuación que el aluminio encerrado en las células de Ashley le había dañado la mitocondria y había adelgazado las membranas de las paredes celulares (¡lo que me habían mostrado como las «puertas de las células» en mi descarga!) permitiendo así que todas las bacterias y virus que había en su cuerpo camparan a sus anchas. Sus células no podían cerrar la puerta a las infecciones. Su sistema inmunitario no podía mantenerse actualizado. La médica le recetó un protocolo de tratamiento intravenoso para recuperar la salud de las células y expulsar el aluminio al mismo tiempo, y también numerosas hierbas y tratamientos naturópatas para tratar cualquier infección de lyme, de *Bartonella* o parasitaria que existiera.

Fue un momento asombroso.

Ashley empezó a mejorar. Estaba mejor. Día a día íbamos viendo a la niña dulce y cariñosa que temíamos haber perdido. La fatiga, el dolor de huesos y la confusión mental también desaparecieron. Sus patrones de sueño se regularon.

No hace mucho, Ashley hizo el examen ACT, una prueba de entrada a la universidad que dura casi seis horas. En los tres años anteriores apenas había podido centrarse en nada más que unos minutos, pero el ACT lo bordó.

En el momento de escribir este libro, todavía no está fuera de peligro. Ashley tiene sus altibajos y debemos mantenernos vigilantes. De todas formas, se encuentra increíblemente fuerte y tiene una voluntad asombrosa. Continúa mejorando y yo me siento orgullosísima de ver cómo lucha y recupera esas partes únicas y especiales de su ser. No podría sentir más amor y admiración por ella de lo que siento y me conmueve el poder fantástico y generoso de su espíritu. Todavía nos queda camino por recorrer, pero seguimos avanzando. Estoy segura de que Ashley se va a poner completamente bien.

Y también estoy segura de que el Otro Lado me guiará hacia lo que tengo que saber para asegurarme de que así sea.

En ocasiones, el Otro Lado nos envía cardenales, arcoíris y marmotas. Otras veces nos envía unas señales más internas: instintos viscerales, impulsos, sueños, pensamientos al azar. Tirones del universo en un sentido o en otro.

Con esto no quiero decir que el Otro Lado nos vaya a arreglar siempre todo. No es así como funciona el universo. Siempre hay puertas y pasos que no podemos evitar, por mucho que luchemos para curar una herida o una enfermedad o para arreglar lo que se ha roto. Hay padres que se esfuerzan tanto o más que Garrett y yo y que, aun así, pierden a sus hijos por aflicciones terribles. No hay ninguna garantía de que el Otro Lado vaya a hacer un milagro. Sin embargo, de lo que sí podemos estar seguros es de que, en nuestros momentos más oscuros, no estamos solos. Tenemos un sistema de apoyo. Tenemos fuerzas a nuestro lado decididas a ayudarnos y guiarnos. Por eso es tan importante que permanezcamos siempre abiertos a nuestro extraordinario Equipo de Luz.

Si lo miro todo en retrospectiva y lo extiendo como si fuese un plano grande, puedo comprobar que el Otro Lado me estuvo guiando hacia la respuesta correcta: desde el libro de Amy Tan hasta la publicación en Facebook, el paquete del PANS, Wendy, el doctor Phillips y la doctora Gedroic. Habían tendido el camino para que yo lo siguiera. Hubo desvíos, giros equivocados y veces en las que casi la fastidié, pero el Otro Lado no me dejó nunca salirme de él. El universo estuvo todo el tiempo tirando de mí en la dirección correcta.

Esta historia trata del poder de la rendición. Del poder de ponernos en manos del Otro Lado. Creo que, cuando confiamos plenamente en un poder superior, se produce algo realmente profundo que nos cambia la vida. Porque en ese momento no estamos solo colaborando con el Otro Lado, sino también honrando nuestra dependencia de él y reconociendo nuestra interconexión.

No importa cómo denominemos a este poder superior. Yo me crie en la religión luterana y siempre he creído en Dios. Cuando me puse de rodillas en mi dormitorio y le recé, pude sentir que mi Equipo de Luz y mi padre ya fallecido estaban también conmigo. Mi concepto de Dios es ahora diferente del que tenía de niña. En este punto de mi vida podría decir que se ha ensanchado. El concepto de un poder superior tiene distintos nombres según las diferentes culturas y sistemas de creencias, y hay infinidad de formas de honrarlo. Los nombres y los rituales importan mucho menos que la creencia básica de la existencia de un poder superior. Está ahí, nos ama, está a nuestra disposición, en cualquier lugar y en todo momento. Sin embargo, depende de nosotros estar abiertos a él, confiar en él y, en último término, conectarnos y rendirnos a él.

El viaje desgarrador de mi hija Ashley, y el nuestro junto a ella, forman parte del plan que el universo tiene para nosotros. Estamos aprendiendo lecciones de amor, esperanza, fe y conexión, y esto nos está conduciendo hacia las personas con las que debemos estar conectados en nuestra vida.

Ninguno de nosotros está solo. Ninguna vida está destinada a ser vivida en soledad. Ninguna existencia carece de importancia ni de significado. Todos estamos conectados los unos con los otros y a las fuerzas de luz y amor del Otro Lado. A través de estas conexiones, de estas cuerdas de luz que nos unen, alcanzamos el bienestar espiritual y la autenticidad personal que nos hacen mucho más potentes e influyentes de lo que seríamos sin ellas.

Ese es el poder que tiene el hecho de rendirse al Otro Lado.

DESAPARECIDO DE MI VISTA

Estoy de pie junto a la orilla del mar. Un barco, a mi lado,
extiende sus blancas velas al vuelo de la brisa y zarpa
hacia el mar azul. Desprende belleza y fortaleza.
Lo observo hasta que, al cabo, cuelga como un punto
de nube blanca allí donde el mar y el cielo comienzan a
entremezclarse entre sí.

Entonces, alguien junto a mí dice: «Se ha ido».

Se ha ido... ¿adónde?

Se ha ido de mi vista. Eso es todo. Su mástil,
su quilla y su cubierta siguen siendo tan grandes como cuando se
fue de mi lado.
Y sigue teniendo la misma capacidad para transportar su carga
viva al puerto de destino.
La disminución de su tamaño está en mí, no en él.

Y justo en el momento en que alguien dice: «Se ha ido»,
hay otros ojos viéndole arribar, y otras voces
preparadas para lanzar el grito alegre: «¡Aquí llega!».

Y eso es morir.

HENRY VAN DYKE

CUARTA PARTE

PERMANECER EN LA LUZ

El amor es el puente que te une a todo.

RUMI

TODO LO QUE NOS RODEA, TODOS LOS DÍAS, TIENE UN LENGUAJE SECRETO. Este lenguaje nos ayuda a comprender algunas de las partes más confusas de nuestro mundo. Nos ayuda a entender por qué determinadas personas llegan a nuestra vida. Nos ayuda a encontrar significado allí donde antes solo había oscuridad o confusión. Nos ayuda a transitar por la pérdida. Nos ayuda a saber que otros nos cuidan y nos aman más de lo que jamás podremos calcular.

Nos enseña también que todos formamos parte del tejido de la vida de los demás. Entre todos tejemos un tapiz mágico de significado, amor, perdón, esperanza y luz. Nos pertenecemos los unos a los otros. Nuestras relaciones son muy importantes aquí, en la Tierra, y siguen siéndolo después de la muerte del cuerpo. El amor es el vínculo irrompible.

Entender el lenguaje secreto del universo nos ayuda a dirigirnos hacia nuestro camino más elevado y nos asegura que no estamos solos. Que jamás lo estamos.

Y hay una verdad. Cuando abres tu mente y tu corazón para percibir este lenguaje secreto, empiezas a observarlo en todas partes.

En todas partes.

30

CÓMO BRILLAR CON FUERZA

UNA PREGUNTA MUY FÁCIL: ¿de qué está hecha una silla? Bueno, una silla puede estar hecha de madera, de plástico, de metal o, en realidad, de cualquier sustancia sólida.

Muy bien, pero ¿de qué está *realmente* hecha esta silla? ¿De qué está hecha la madera? ¿De qué están hechos el plástico o el metal?

Todas estas cosas están hechas de materia, un término científico que designa todo aquello que posee masa y volumen… Básicamente, cualquier cosa que ocupe espacio en el mundo. Todo aquello que denominemos cosa física se considera materia.

Muy bien, pero ¿de qué está hecha la *materia*?

Esta es fácil. Toda la materia está hecha de átomos.

Y los átomos están formados por partículas llamadas protones, electrones y neutrones. Los protones y los neutrones están hechos de otras partículas llamadas quarks y gluones. Es posible que existan otras aún más pequeñas, pero todavía no las hemos identificado.

Lo que sí sabemos, de todas formas, es que el atributo principal de *todas* estas cosas (materia, átomos, protones, electrones y quarks) es el mismo. Ese atributo es la *energía*.

Los científicos que estudian física cuántica creen que toda la materia es energía, que los átomos en sí mismos no son nada más que campos de energía eléctrica que giran de forma permanente. La famosa ecuación de Albert Einstein $E = mc^2$ es fundamentalmente un reconocimiento de que no existe ninguna diferencia real entre la materia y la energía. «La masa y la energía no son más que manifestaciones diferentes de la misma cosa, un concepto desconocido para la mente media», señaló Einstein en 1948. Todo aquello que puede verse o imaginarse (es decir, todo el universo) está formado por energía.

Esto significa que las sillas están en realidad hechas de energía. Pueden parecernos sólidas e inmóviles, pero lo cierto es que contienen átomos diminutos que giran y vibran eternamente en un tornado de energía. La silla no tiene una estructura física real, porque los átomos no están formados por cosas físicas. La misma estructura del átomo es un campo invisible de energía.

Y esto nos lleva a la conclusión natural de que también nosotros estamos hechos de energía.

Nos resulta muy fácil olvidar esta verdad básica y considerarnos seres estrictamente físicos: brazos, piernas, ojos, pelo. Un cuerpo con un alma. Sin embargo, la verdad es justo lo contrario.

Todos somos almas con cuerpos.

Y nuestras almas, como todas las demás cosas del universo, están hechas de energía.

De hecho, nuestros cuerpos emiten luz. Los científicos han demostrado que, en la oscuridad absoluta, emitimos biofotones. Aunque resulten imperceptibles para el ojo humano, pueden medirse con instrumentos sensibles a ellos. Somos, literalmente, seres de luz.

Siempre que hablo con otras personas acerca de las señales, empiezo intentando que adquieran conciencia de su propia energía.

Reflexiona un poco sobre ello: ¿no conocemos todos a alguien capaz de «cambiar la energía» de una habitación por el simple hecho de entrar en ella? ¿No conocemos todos a gente cuya energía positiva prácticamente los anuncia antes de que lleguen? ¿Y no conocemos todos a alguien cuya energía negativa se nos pega como si fuese lodo?

Como estamos formados de energía, también la *desprendemos* y, con ella, podemos influir de una forma muy real y profunda sobre la energía y la vida de otra persona. Es posible que la forma en la que la llevamos y la compartimos resulte invisible, pero es tan real como un apretón de manos. Todos aportamos una energía particular a cada uno de los encuentros que mantenemos en nuestra vida.

Lo que quiero que entienda todo el mundo es que *esta energía es importante*, no solo para nosotros, sino también para todos aquellos que se encuentran en nuestro camino. Hasta nuestros pensamientos son importantes, porque también ellos son energía.

Su importancia se debe a que todos estamos conectados los unos con los otros de una forma muy real. Estamos programados para buscar y anhelar la conexión.

Pero a veces perdemos esta sensación de interconexión. Dejamos que los acontecimientos que se producen en nuestra vida disminuyan nuestra energía. Sin embargo, podemos controlarla. Podemos invocarla.

Para ello, tenemos que *transformarla*.

Para transformar nuestra energía debemos ser más conscientes de cómo la manejamos y la proyectamos. Aquí tienes una forma muy simple de hacerlo. Cuando te despiertes mañana, hazte el propósito de sonreír a diez personas diferentes. Eso es todo, sonríeles. La persona que te sostiene la puerta abierta. Tu jefe. El recepcionista del gimnasio. El camarero que te prepara el café. Dirígeles una sonrisa ancha y observa cómo la energía que circula entre vosotros se transforma. Observa cómo afecta a *su* energía y también a la tuya.

Practica los cambios de energía y comprueba cómo te sientes. Si un conductor te indica que quiere meterse en tu carril, hazle una seña para que lo haga. Si coincides en la charcutería con una persona que tiene aspecto de estar enfadada y abrumada, dirígele una palabra amable. Si ves a una madre en la tienda con un niño enrabietado, dirígele una sonrisa para decirle que no pasa nada.

Así es como transformamos nuestra energía en positivo. Es una forma de honrar la enorme bendición que supone nuestra interconexión. Cuando lo hacemos, cuando cambiamos nuestra energía, nos volvemos más receptivos a la de los demás y a la del universo. Cuanto más lo hacemos, cuanto más «abrimos» nuestra energía, más probabilidades tenemos de estar abiertos a todo, incluidas las bellas señales que nos envía el Otro Lado.

Porque una forma de elevar nuestra vida es elevando nuestra energía.

Todos podemos dar pasos prácticos para adoptar una actitud física, mental y espiritualmente más elevada, lo que nos permitirá mejorar nuestra capacidad para pedir y recibir señales poderosas. Vamos a explorar algunos de estos pasos prácticos.

LA IMPORTANCIA DEL ARTE

Este libro no trata solo de nuestra conexión con el Otro Lado. Trata también de nuestra conexión con la gente que está aquí, en la Tierra, y una de las formas más brillantes de honrar esta conexión y de crecer todos juntos es a través del arte.

A lo largo de la historia, los momentos en los que las sociedades han dado los mayores saltos hacia adelante han tenido lugar cuando el arte era importante. Piensa en el Renacimiento, una explosión de crecimiento e invención que empezó en Florencia en el siglo XIV. Creo que se debe a que el *arte transforma nuestra energía*. Nos abre a ideas nuevas, a nuevas posibilidades, a nuevas energías. Las grandes obras de arte poseen una magnificencia y una intensidad especiales, y esa energía tan hermosa tiene capacidad para transformar la nuestra. Albergan e imparten una energía muy especial incluso *siglos* después de haber sido creadas. La música y las artes visuales pueden sanar y recuperar a las personas como no puede hacerlo la medicina. De hecho, existe una disciplina psicológica de sanación a través del arte llamada arteterapia. Piensa en cómo nos sentimos cuando escuchamos una canción que nos conmueve. El mero acto de escucharla transforma nuestra energía. Muchas veces, el simple hecho de *pensar* en escuchar una música que nos gusta mucho basta para excitarnos y hacer que nos sintamos felices y vivos. Cuando nos relacionamos con el arte, nos conectamos al flujo mismo de luz del universo.

Creo también que todos los artistas se conectan y colaboran con un Equipo de Luz del Otro Lado para crear su arte. J. K. Rowling, por ejemplo, la autora de la serie de Harry Potter, ha hablado de cómo la idea inicial del niño mago (de hecho, casi toda la historia y la mitología que conforman las siete novelas de Harry Potter) le vino de repente en un momento en que se encontraba parada en un tren entre Manchester y Londres.

—La idea de Harry Potter me cayó en la cabeza —ha dicho—. No tenía un bolígrafo a mano y me daba demasiada vergüenza pedírselo a otro pasajero. En su momento, me frustré mucho, pero al echar la vista atrás me doy cuenta de que fue lo mejor que me pudo pasar. Me concedió las cuatro horas enteras del viaje para pensar en ideas para el libro.

¡Qué asombroso! ¡Que una idea tan mágica, de tantas consecuencias, te «caiga» sencillamente en la cabeza! Sin embargo, lo importante es que, aunque J. K. Rowling recibiera una descarga del universo a partir de la cual ella elaboró a Harry Potter, también tuvo que hacer su parte. El arte es siempre una colaboración.

Ningún artista trabaja nunca solo.

Todo el arte es una colaboración entre aquellos que lo hacemos realidad aquí y los que nos envían luz, inspiración y energía creativa desde el Otro Lado.

Recuerdo que fui con mis hijos a una librería a medianoche porque salía a la venta uno de los libros de Harry Potter. Fue una escena *increíble*. Había montones de personas con disfraces de Harry Potter, agitando varitas mágicas, rebosando emoción y expectación. Había tanta alegría, tanta vivacidad y energía positiva en la calle a las puertas de la librería que me eché a llorar. Pensé: «¡Mira cómo nos ha reunido J. K. Rowling a todos! ¡Mira cuánta felicidad y alegría! ¡Y esta escena se está produciendo en todo el mundo, en miles de librerías de docenas de países! ¡Mira lo unidos que estamos todos gracias a esto! ¡Qué momento de conexión más mágico!».

Sin embargo, a pesar de este despliegue tan asombroso del poder del arte, nosotros, como sociedad, no lo valoramos tanto como deberíamos.

Nuestra sociedad ordena que llevemos a nuestros hijos a clases de deporte, por ejemplo, porque apreciamos la conexión entre la condición física y una vida saludable. Pero ¿qué pasa con el arte? No, las clases de arte no se exigen. Si los niños tienen suerte, se las meterán con calzador en su planificación escolar.

Es un error. El arte es nuestra forma de contar la historia colectiva de toda la humanidad, pero también una de las maneras más potentes de conectarnos los unos con los otros aquí, en la Tierra. Privarnos de esta conexión es una actitud miope y costosa. Ignorar el arte supone privarnos de toda la luz, la energía y la genialidad de un artista o un periodo, porque una gran obra de arte es como un portal a esa época y a esa energía, aunque se realizara hace siglos. ¿Por qué queremos apartarnos de este tipo de luz y de energía positiva y duradera? ¿Por qué no queremos formar parte del relato de nuestra propia historia?

La energía y la vitalidad del arte ejercen un efecto muy profundo en todos nosotros y nos colocan en una actitud de mayor receptividad a las señales y las ideas. Si elegimos acceder a este poder, seremos recompensados. Podemos hacerlo pintando un paisaje, esculpiendo, tocando el piano o quizá sencillamente acudiendo a un museo, escuchando música o leyendo una poesía. El arte en todas sus formas es una especie de diálogo entre nosotros y el conjunto de la existencia, pasada, presente y futura. *Somos nosotros elevando nuestra vida al elevar nuestra energía*.

El arte puede también abrir nuestro corazón y nuestra mente. En Estados Unidos se ha estrenado el musical *Hamilton*, de Lin-Manuel Miranda. En él se narra de forma vibrante una parte de la historia de este país. Invita al espectador a analizar qué tipo de legado quiere crear mientras esté aquí, en la Tierra. Plantea preguntas fundamentales, tanto en el plano individual como en el colectivo. Una de sus canciones destacadas es *History has its eyes on you**.

A lo largo de mi vida he sentido siempre una conexión muy profunda con el arte. La música, sin duda, ha sido siempre suma-

* «La historia tiene sus ojos puestos en ti». *(N. de la T.)*

mente importante para mí. Era la forma en la que me comunicaba con mi padre, cantando juntos. Admito que no soy la mejor cantante del mundo (me encantaría volver como una persona con una voz bella y celestial), pero, aun así, me entusiasma cantar. El acto en sí mismo (la vibración, las ondas sonoras) me resulta algo mágico. Me transforma. Es posible que mi voz no alcance notas muy agudas y que no entone bien, ¡pero eso no significa que no sea capaz de transformar mi energía de una manera muy positiva!

Aparte de la música, también me he propuesto comprar y poner en mi casa obras de arte que me hablen y me inspiren. Percibo de una forma muy tangible la energía del artista en cada pieza, que crea un enlace poderoso de ideas, exploración y belleza.

Pruébalo tú mismo. Hazlo cuando te sientas bajo de ánimos. Acude a un museo, al cine o al teatro. Canta una canción o lee un poema. Ábrete a la vitalidad y la genialidad del intercambio. Estoy segura de que notarás cómo se transforma tu energía.

A todos se nos ha concedido el regalo magnífico y precioso del arte y debemos cuidarlo bien. Si lo hacemos, el arte cambiará nuestra energía y nuestra vida.

GRATITUD

Como todos estamos formados de energía, todos emitimos energía. Emitimos vibraciones, la oscilación de las ondas eléctricas. Lo que el Otro Lado nos muestra es que las dos vibraciones más elevadas y puras que podemos alcanzar como seres humanos son el amor y la gratitud.

Las personas pesimistas son imanes energéticos. Tienden a percibir solo la energía negativa que los rodea. Sin embargo, se han hecho experimentos que han demostrado que, si coges a un grupo de pesimistas y les haces escribir a diario una simple lista de gratitud con una o dos (o diez) cosas por las que se sientan honestamente agradecidos, puedes transformar su energía de negativa a positiva en cuestión de semanas (los estudios han demostrado que las prácticas se convierten en hábitos cuando se realizan durante veintiún días consecutivos).

Sheryl Sandberg, la jefa de operaciones de Facebook, ha escrito y hablado acerca del efecto transformador de la gratitud. En el 2015, su marido, David, padre de sus dos hijos pequeños, murió inesperadamente por una arritmia cardíaca mientras hacía ejercicio en una cinta de correr. Ella se quedó hecha trizas. Durante los momentos más oscuros de su depresión, un psicólogo amigo suyo le sugirió que intentara algo aparentemente contrario a la intuición.

—Me sugirió que pensara en que podría haber sido mucho peor —dijo Sandberg en el 2016 en una charla de graduación de la UC Berkeley—. Yo le respondí: «¿Peor? ¿Me estás tomando el pelo? ¿Cómo podría haber sido peor?».

Su amigo le respondió:

—Dave podría haber sufrido la misma arritmia cardíaca mientras iba en el coche con los niños.

La reacción de Sandberg fue una sola palabra:

—¡Caramba!

En ese instante sintió lo que denominó una gratitud abrumadora por seguir teniendo a sus hijos.

—Esta gratitud superó parte del dolor. Encontrar gratitud y aprecio es clave para tener resiliencia [...] y enumerar las cosas buenas puede, de hecho, *aumentarlas*.

Gracias a esta maniobra mental (pensar en las cosas por las que se sentía agradecida y no en la tragedia que había supuesto la muerte de su marido), Sandberg consiguió hacer lo que le había parecido imposible: aliviar el dolor, aunque solo fuera un ratito. Cambió su energía a lo positivo. Parece sencillo, porque lo *es*. La sencilla experiencia de sentir gratitud cambia palpablemente nuestra energía.

Los pensamientos negativos son como trocitos apestosos de basura que arrojamos a nuestro campo energético (algunos más grandes y apestosos que otros). Los positivos, por su parte, son como bellas flores que tenemos a nuestro alrededor. Al cabo de un rato, podemos estar sentados en un apestoso basurero energético o en un campo perfumado. Resulta fácil elegir en qué campo energético queremos estar, porque nosotros elegimos —y controlamos— hacia dónde dirigir nuestros pensamientos. Elegimos qué pensamientos queremos albergar.

Pruébalo. Haz una lista de gratitud. Empieza por una cosa al día. Y no lo dejes. Escribe algo distinto cada día. Recuerda la regla de los veintiún días, que te ayudará a convertirlo en un hábito. Al llegar al día veintidós, te despertarás buscando automáticamente cosas por las que estar agradecido, en lugar de ir a la caza de cosas que te hagan sentirte mal.

LOS PENSAMIENTOS SON IMPORTANTES

Este concepto está demostrado por lo dicho anteriormente sobre la gratitud. Sucede lo mismo con todos nuestros pensamientos: son importantísimos para nuestra calidad de vida.

Pueden ser estimulantes o terroríficos, porque implican una acción, la acción da lugar al cambio y el cambio tiene un poder increíble. El poder que tenemos para cambiar la dirección de nuestra vida puede llegar a aterrorizarnos. Y como es así, a veces permitimos que los pensamientos negativos nos impidan transformarnos o avanzar. Nos decimos cosas como: «Soy tan estúpido» o «Jamás seré feliz», y estos pensamientos se convierten en nuestra realidad. El subtexto que tenemos en la cabeza —nuestros pensamientos— se convierte en nuestra verdad.

Sin embargo, *no* es la verdad. No son más que pensamientos. Y podemos aprender a cambiarlos y a elevarlos.

¿Cómo? ¿Cómo conseguimos cerrar la puerta a esa voz horrible y negativa que suena en nuestra cabeza y a la que le gusta decirnos que no valemos, que estamos sentenciados o que no merecemos que nos quieran?

No podemos. No podemos detener esa voz.

Hablemos *por encima* de ella.

Así es como se hace: lo primero y más importante es darnos cuenta de que surge esa voz negativa. Si te despiertas y la voz te dice: *Uf, hoy va a ser un día horrible,* y dejas que ese pensamiento se quede ahí mientras te preparas para ir a trabajar, ya estás predeterminando tu nivel de energía para ese día. Has aceptado este pensamiento negativo y has admitido que es verdad.

Pero *no* lo es. Por eso, la próxima vez que oigas esa voz negativa, identifícala e, inmediatamente, habla por encima de ella. Di: «No, en realidad el día de hoy es un regalo. Estar vivo ahora mismo, en este mismo segundo, es un regalo increíble. Y estoy conectado de una forma muy profunda con todas las cosas que pueblan el universo; mi presencia tiene poder y magia, y hoy va a ser una exploración muy hermosa de esta conexión y de todo lo que soy capaz de hacer. Hoy va a ser un día *maravilloso*».

¡Y ya está! Esto es todo lo que tienes que hacer. El simple hecho de pensarlo, de decirlo, es suficiente para transformar tu energía. Así de simple y poderosa es la energía del pensamiento. Por eso, sé consciente de la voz negativa, acuérdate de hablar por encima de ella y observa cómo cambia tu energía.

MANIFESTAR

Me gusta tanto analizar este concepto que podría escribir un libro entero sobre él. De momento, sin embargo, me limitaré a compartir mi creencia en el poder increíble de la manifestación, de aprovechar, asumir y dirigir nuestra energía para crear un futuro que nos merezca. Y hay un dato importante del que debemos ser conscientes: ¡siempre estamos en un estado de cocreación con el universo!

Ahora bien, decir que algo es manifiesto es decir que es claro y cierto. No que *será* claro y cierto, sino que ya lo es. Por eso, cuando hablo de manifestar, me estoy refiriendo a estar abierto y a ser plenamente consciente de nuestra conversación con el universo acerca de nuestro futuro y de cuál es la verdad de este futuro. Esta conversación tiene que ser *concreta;* tenemos que compartir nuestro conocimiento total del camino de vida que deseamos. Además, tenemos que abordarlo *como si ya hubiese ocurrido* y, por tanto, debe estar en pasado. Porque no estamos hablando al universo acerca de la *esperanza* que tenemos de que suceda.

Estamos hablándole acerca de algo que *sabemos* que va a suceder.

Yo solía mostrarme muy escéptica en lo referente a la manifestación hasta que la experimenté de una forma muy directa y poderosa. Aproximadamente un año antes de escribir mi primer libro, antes incluso de que se me pasara por la cabeza la idea de escribir un libro, una amiga mía me invitó a acompañarla a una clase sobre la manifestación. Se estaba divorciando y quería manifestar el cambio positivo en su vida. Yo no sabía gran cosa acerca de esto, pero quería ser una buena amiga, quería apoyarla, y accedí a ir.

Durante la clase, el instructor nos dijo que hojeáramos unos montones de revistas y recortáramos imágenes y palabras que reflejaran cómo queríamos que fuera nuestro futuro, o aquellas que simplemente nos atrajeran. En la clase siguiente íbamos a pegarlas en un papel para crear así nuestro propio «panel de visión» personal. Se nos pidió que abordáramos las imágenes no desde una postura de pensamiento desiderativo, sino desde la gratitud, como si ya nos hubiesen sucedido.

Todo aquello me pareció ridículo, pero continué con ello y me encontré recortando unas cosas bastante estrafalarias e improbables. Una de las primeras que me apeteció recortar fue la frase «Autora de un éxito de ventas de las listas del *New York Times*». Era una locura, era ilógico... ¡Yo no tenía ningún plan de escribir un libro! A pesar de ello, la recorté para colocarla en mi panel de visión. Recuerdo incluso la idea que intentaba colarse en mi cabeza mientras lo hacía: ¿Qué? ¿Quién te has creído que eres para recortar eso? Ja, ja, ja.

No llegué a ir a la segunda clase, cuando se suponía que íbamos a crear nuestro panel de visión. Introduje las palabras y las imágenes que había recortado en un sobre y las metí en un cajón.

Ahora adelantemos un año. Yo seguía trabajando como profesora de inglés en un instituto y estaba de guardia en la sala de profesores cuando recibí una descarga del universo en la que se me decía que iba a escribir un libro sobre mis conocimientos acerca de nuestra conexión con el Otro Lado y con los demás. No era una sugerencia; era una orden. Me llegó como algo hecho. En las veinticuatro horas siguientes, y por mera coincidencia, me conecté con una serie de personas entre las que se encontraban un agente literario y un colaborador, y poco después recibí un contrato de publicación para escribirlo.

Finalmente mi libro *La luz entre nosotros* se convirtió en un éxito de ventas y apareció en las listas del *New York Times*. Había manifestado lo que estaba en mi panel de visión.

Recuerdo que, poco después de que el libro hubiera llegado a la lista de grandes éxitos, encontré por casualidad el sobre y me quedé maravillada con lo que contenía. Cuando estamos abiertos a manifestar, a cocrear con el universo, este sueña para ti un sueño aún más grande que el que tú mismo tenías.

Quiero animarte a abrirte a una conversación con el universo acerca de tu futuro.

El primer paso es pensar: identifica qué aspectos de tu vida te gustaría mejorar y especifica *cómo* querrías que cambiaran A continuación está la visualización. Coge unas revistas que resuenen con tu energía y unas tijeras y recorta las palabras, frases e imágenes que te atraigan. Después pégalas en un papel. Colócalo en algún lugar donde vayas a verlo a diario. ¡Hazle una fotografía y ponlo como fondo de escritorio de tu móvil o del ordenador!

Y ahora viene la escritura. Distintos experimentos han demostrado que las personas que escriben sus objetivos tienen muchas más probabilidades de conseguirlos que las que no lo hacen, y esto también se aplica a la manifestación. Por tanto, siéntate y escribe una carta al universo. Escríbela como si las cosas que deseas manifestar ya hubieran sucedido. Escribe: «Gracias por traerme este coche nuevo y más seguro este mayo o antes» o «Gracias por traerme el ascenso, por hacer que me sienta satisfecho y valorado en mi trabajo, hacia el 1 de octubre o antes» (nota: debes siempre decir «o antes» cuando pongas un plazo y «o más» si estás hablando de dinero, para dejar que el universo cocree contigo y te lo conceda en un tiempo o de una forma más divina de lo que tú eres siquiera consciente). Expresa tu gratitud como si ya hubiera sucedido. Sé lo más concreto y detallado que puedas. Puede parecer bastante tonto o simplista, pero no te lo estaría diciendo si no creyera en ello y si yo no hubiera experimentado personalmente el increíble poder de la manifestación. La escritura tiene un poder innegable y de un alcance enorme.

Siguiente paso: comparte tu manifestación con un amigo o con varios. ¡Manifestar con dos o más personas lo amplifica! Yo he observado que, cuando se reúnen grupos pequeños de personas, pueden suceder cosas asombrosas, sencillamente porque, durante unos minutos, todos estamos focalizando nuestros pensamientos sobre la misma cosa. Estamos *juntando* nuestra energía. Compartir con otros la experiencia amplifica el poder a la hora de manifestar, porque nuestros pensamientos colectivos son poderosos (¿recuerdas la máxima de que la unión hace la fuerza?).

Por último, el paso más difícil, el que más le cuesta a todo el mundo, es dejarlo ir.

Libéralo al universo. No intentes microgestionar el cómo. Sé que parece contraintuitivo, porque, después de todo, ¿cómo va a suceder algo si no *hacemos* que suceda? Sin embargo, lo que he podido comprobar es que, si nos abrimos completamente a esta conversación, *el universo averiguará la forma de hacerlo*. Y como puede sorprendernos con mucho más de lo que jamás pudiéramos haber imaginado, es importante que confiemos en él para que lo haga realidad. Es importante que honremos esta cocreación.

Voy a ponerte un ejemplo: pongamos que quieres escribir el guion de una película y vendérselo a una productora. ¿Cómo manifiestas esto? Siéntate, aclara tus ideas, visualiza que se hace realidad y luego escribe la nota al universo. Dale las gracias por dejarte ser la persona que escribe esta bella historia, por encontrarle el hogar perfecto en el estudio perfecto, por permitir que explores tus dotes asombrosas como escritor y por usar ese guion para elevarte a ti y tu lugar en el mundo. Especifica la fecha en la que quieres que todo esto suceda («o antes») y luego *confía* en el universo para que lo haga realidad.

En algún momento tendrás que ponerte manos a la obra y escribir el guion, pero también tendrás que confiar en que el universo te va a guiar por el camino correcto.

Si somos conscientes de que el proceso de manifestar transforma nuestra energía de una forma muy real y positiva, podremos mejorar nuestra actitud y hacerla más elevada y receptiva. La manifestación funciona en todos los aspectos de nuestra vida, desde el amor, la profesión y el dinero hasta dónde y cómo vivimos y la familia que creamos.

VIAJAR

La energía no reside solo en nosotros, sino también en los lugares donde vivimos y nos congregamos. Y, como todos somos diferentes, la energía de cada lugar también lo es. Cuando viajamos, absorbemos de una forma que puede resultar muy transformadora la energía de todos los lugares que nos resultan nuevos. Viajar nos impregna de energía nueva y realza nuestra sensación de estar conectados con el ancho mundo. Esta energía, estos cordones de conexión, permanecen con nosotros y nos elevan incluso después de habernos ido de allí.

Soy incapaz de explicar hasta qué punto enriquece viajar. Cuando estaba en la universidad, decidí pasar un año en el extranjero estudiando en la Universidad de Oxford (Inglaterra). Fue una experiencia que me transformó totalmente. El tiempo que pasé allí me llenó de la energía de los miles de alumnos y artistas que habían estado en aquel lugar antes que yo y, de una manera muy real, dio forma a aquello en lo que me convertí: una profesora.

Todos hemos estado en lugares que tenían una «gran energía»: un restaurante, un *camping*, una ciudad universitaria, etc. Son sitios en los que todo parece ser más vital, más definido y más vivo. Pues bien, esa «gran energía» es real y nos está esperando.

Cuando estés en uno de ellos, te animo a que seas consciente de tus sensaciones. Observa cómo influye la energía del lugar sobre la tuya. Toma nota del carácter único de este lugar nuevo, ya sea un museo, una biblioteca o un parque, y permanece despierto al modo en que transforma tu energía.

IONES NEGATIVOS

Cuando oímos hablar de iones negativos, nos da la impresión de que son algo que deberíamos evitar. Sin embargo, son justo todo lo contrario. ¡Son buenos!

Un ion es un átomo o grupo de átomos creados por la pérdida o la ganancia de un electrón. Un ion negativo es un tipo de ion creado por la *ganancia* de un electrón. Los producen fuerzas naturales como el aire, el agua y la luz del sol. En lugares donde existe una concentración alta, podemos llegar a sentirlos. Un ejemplo de ello es esa sensación especial que percibimos en el aire después de un chaparrón. Otro es la calma repentina que nos invade cuando estamos cerca de agua que se mueve lentamente o del mar. O el calor que percibimos no solo en la piel, sino también por dentro, cuando tomamos el sol. Muchas de las maravillosas, sorprendentes e inexplicables subidas de energía que notamos a veces en determinados lugares son obra de estos iones negativos.

En términos prácticos y científicos, podemos afirmar que limpian el aire de olores, bacterias, polen, esporas de mohos y otras partículas. Piensa en lo frescos y claros que nos sentimos cuando nos duchamos. Eso se debe a que nuestras duchas son productores naturales de iones negativos. Es lo mismo que hacen los chaparrones, y por eso nos sentimos muy excitados cuando nos pilla uno. Viajar a las cataratas del Niágara y colocarse cerca de sus portentosas salpicaduras, por ejemplo, nos aportaría una explosión *enorme* de estos iones. Estar en la playa, salir al mar en barco, permanecer en el puerto de la bahía o junto a la orilla de un lago son cosas que nos cambian la energía. El simple hecho de estar cerca de una *fuente* puede producirnos un efecto positivo.

También los árboles desprenden iones negativos y nos bañan con esta energía, sobre todo los pinos. Hacer una excursión por un bosque es una forma estupenda de limpiar nuestra energía y revitalizarnos. Yo voy todos los años a las montañas de Adirondack, sencillamente porque me atraen esos árboles majestuosos y esos lagos tan bonitos. El torbellino de iones negativos me llena de una energía maravillosa y renovadora.

No son algo en lo que pensemos mucho, pero sí una forma fácil de estimularnos y de elevar nuestra energía. Veámoslo de este modo: llevamos con nosotros nuestra energía como la ropa puede llevar el barro en el que la hayamos rebozado. Si nuestra ropa se embarra, nos la quitamos y la lavamos; sin embargo, si nuestra energía es negativa, es posible que no hagamos nada para limpiarla. Podemos llevar este «barro» pegado a nosotros durante días y días.

Los iones negativos nos limpian. De hecho, algunos edificios de oficinas de Europa los bombean a través del sistema de ventilación y, gracias a eso, los empleados enferman menos y afirman sentirse mejor. Venden máquinas ionizadoras portátiles para las casas y los coches. Sin embargo, hay formas más fáciles de introducir estos iones en nuestra vida. Sal a dar un paseo por el bosque. Báñate en el mar. Cuando te duches, observa cómo corre y salpica el agua. *Centra tu atención* en el agua. Este simple acto de conciencia plena puede revitalizarnos y transformar nuestra energía de una forma sorprendente.

SAHUMERIOS

La antigua práctica de quemar hierbas durante la oración y las ceremonias de purificación se denomina hacer sahumerios y es algo que se sigue poniendo en práctica a día de hoy. Muchísimas culturas, incluidas las norteamericanas, queman hierbas como método de purificación. Sin embargo, aunque esta práctica se remonta a la prehistoria y está presente en todas las épocas y civilizaciones, implica algo más que sabiduría ancestral y supersticiones tribales. Ciertos experimentos científicos han demostrado que el humo procedente de materia vegetal como la salvia seca elimina las bacterias perjudiciales del aire que nos rodea. Actúa como un purificador de aire y favorece el funcionamiento de los pulmones, la piel y el cerebro. Los beneficios de los sahumerios son algo muy real.

Además de eliminar lo negativo del aire, en nuestra energía produce el mismo efecto. Cuando dirigimos los pensamientos hacia afuera y asignamos al humo el papel de purificador, este puede purificar nuestra energía. A menudo llevamos con nosotros la pátina de personas con las que hemos entrado en contacto y que pueden tener una energía bastante negativa. Por eso es bueno limpiar la nuestra regularmente, y los sahumerios son una forma estupenda de conseguirlo.

Es más, resulta muy fácil hacerlo en casa. Investiga un poco y averigua qué es lo que mejor te va. Hasta en Amazon pueden encontrarse manojos de hierbas secas atadas con cordel. Yo he quemado salvia seca, una planta cuyo nombre deriva de una palabra latina que significa «sanar», y he descubierto que es una forma excelente de limpiar energía negativa y de cambiar la mía en sentido positivo.

En ocasiones, rituales pequeños como este nos recuerdan que debemos limpiar, aclarar y honrar nuestra energía de manera constante.

MOVIMIENTO

Cualquier actividad física que libere nuestra energía cinética es otra forma estupenda de transformarnos y elevarnos. Todos somos seres de luz embutidos en un cuerpo físico. A veces, esto puede resultarnos un tanto incómodo y nuestra energía puede acumularse y estancarse. Los movimientos cinéticos nos ayudan a desatascarla y nos estimulan. Correr, bailar o practicar algún deporte nos ayudan a eliminar la energía negativa y revitalizan el alma. Ciertas actividades, como el yoga, van un paso más allá. Combinan el movimiento con un ascenso gradual a un estado de semimeditación, dos cosas que transforman poderosamente la energía. El yoga, además, equilibra lo que yo llamo el CMA: el triángulo formado por el cuerpo, la mente y el alma. El arte de la acupuntura y el ejercicio de dar golpecitos sobre los puntos del meridiano (lo que se conoce como EFT) consiguen el mismo efecto: al golpear los puntos de energía del cuerpo, se libera y aclara nuestra energía.

La idea es que encontremos formas de incorporar a nuestra vida el movimiento divertido como forma de cuidar nuestra energía y de elevarla hacia un estado más receptivo. ¡El movimiento es una herramienta maravillosa para equilibrar y liberar la energía!

COMIDA

Otra cosa a la que debemos prestar mucha atención es la comida que consumimos. Piénsalo. Comer es en realidad la cosa más íntima que hacemos todos aquí, en la Tierra. Supone introducir algo en nuestro cuerpo y convertirlo en parte de nosotros. Por desgracia, muchos no pensamos demasiado en lo que comemos o en cómo nos sentimos con ello.

En consecuencia, consumimos cantidades ingentes de azúcar, conservantes, productos químicos, cafeína y otras sustancias que van destruyendo lentamente nuestro organismo y provocando desequilibrios en su interior. Sin embargo, algunos somos más conscientes que otros de que los hábitos alimentarios malos influyen negativamente sobre nuestro nivel de energía. Por eso nos preocupamos constantemente por consumir alimentos mejores y más sanos. Entendemos que si cambiamos lo que comemos, cambiamos nuestra energía y, cuando lo hacemos, cambiamos lo que somos y cambiamos también nuestra vida.

No quiero darte ninguna charla, pero estoy realmente convencida de que ser conscientes de lo que comemos tiene una importancia capital. Tenemos que consumir alimentos más sanos y menos procesados. Si sentimos el impulso de hacerlo, podemos incluso experimentar (si es que no lo hemos hecho todavía) lo que supone comer solo alimentos nutritivos, es decir, aquellos que no están ligados a la energía negativa de algo a lo que se ha matado. Si eres consumidor de carne, plantéate la posibilidad de poner en práctica los «lunes sin carne». Prueba a seguir una dieta a base de plantas un solo día a la semana y observa cómo te sientes con ella.

Es evidente que nuestra dieta es una elección absolutamente personal y no estoy aquí para juzgar a nadie. Sencillamente estoy convencida de que cuanto más conscientes nos hagamos de lo que introducimos en nuestro cuerpo, más gratitud experimentaremos hacia nuestras comidas y más honraremos nuestro cuerpo y la energía que le aportamos.

En el transcurso de los años he abierto los ojos a los peligros de la industria alimentaria. Te animo a que veas los documentales (en inglés) *What the health?* y *Forks over knives*. También me guió por lo que he aprendido del Otro Lado. Mi consejo sería que todos aprendamos más y nos volvamos más conscientes de lo que elegimos comer y por qué.

SUEÑO

Cuando el móvil se nos queda sin batería, lo recargamos enchufándolo a una toma de corriente. Eso es lo que sucede cuando dormimos. No solo estamos dejando que nuestro cuerpo físico descanse y sane, sino que también estamos enchufando nuestra alma a la energía del Otro Lado.

Todos tenemos una profunda conexión del alma con el Otro Lado, que es nuestro verdadero hogar. Sin embargo, el alma necesita recargar esta conexión. Para ello utiliza el sueño, que es un estado de conciencia alterado durante el cual nuestro cerebro no se ve bombardeado por estímulos y nuestro cuerpo es capaz de recuperar y reabastecer todos nuestros sistemas vitales.

Sin embargo, es también el momento en el que nos sincronizamos con el Otro Lado. Es cuando tenemos sueños vibrantes repletos de simbolismo y significado que, como ya hemos visto, pueden contener señales del Otro Lado. Ofrece a nuestro Equipo de Luz la oportunidad de impartirnos las respuestas que necesitamos. ¿No decimos todos en algún momento eso de que hemos de consultar algo con la almohada? Pues lo hacemos con razón, porque, cuando dormimos, nos conectamos con el Otro Lado y a nuestro Equipo le resulta más fácil enviarnos las señales y las flechas indicadoras que necesitamos para encontrar nuestro camino más elevado. Piénsalo. Estoy segura de que ha habido momentos en los que te despertaste viendo más claro algún tema que te preocupaba.

El sueño es también el momento en el que se producen las visitas oníricas de nuestros seres queridos. Porque es entonces cuando se desconectan los filtros de nuestro cerebro, lo que permite que se establezcan conexiones directas. Estas visitas en sueños suelen ser muy potentes y vibrantes. Las sentimos como *experiencias* y no solo como sueños, y permanecen con nosotros mucho después de despertar.

Por eso, por muy difícil que pueda resultarte, protege tu sueño. Intenta dormir todo lo que puedas. La Fundación Estadounidense para el Sueño, radicada en Washington D. C., sugiere que los adultos deben dormir una media de entre siete y nueve horas al día (menos que los adolescentes, que necesitan un promedio de entre ocho y diez). Es un objetivo que no siempre podemos cumplir, pero cuanto más nos acerquemos a él, mejor, sobre todo si queremos transformar nuestra energía y hacernos más receptivos al Otro Lado.

ORACIÓN

He llegado a comprender, a través de las muchas lecturas que he hecho y de observar y experimentar cosas en mi propio camino, que la oración posee un poder increíble y una gran importancia. Siempre que dirigimos conscientemente nuestros pensamientos al Otro Lado, eso es una oración. Y siempre que rezamos, el Otro Lado nos oye. *Siempre*. La oración es una conversación íntima. Podemos rezar nosotros solos o con otras personas, en voz alta o en silencio, formal o informalmente. La oración no está reservada solo para los lugares de veneración. La tenemos siempre a nuestro alcance, a todas horas del día y de la noche, cuando queramos y estemos donde estemos. Puede ser una oración rápida y silenciosa pidiendo fuerza antes de afrontar una situación difícil; una oración de esperanza o sanación para un amigo; una oración para que nos ayude a ver con más claridad una situación, o una oración de perdón. No existe una forma correcta o incorrecta de hacerlo. Es un cordón instantáneo de luz y conexión al que podemos acceder en cualquier momento. Y lo más importante es que siempre nos da fuerza.

Cuando rezo, dirijo mis pensamientos a la energía de Dios y también a mis guías espirituales y a los seres queridos que están en el Otro Lado. El acto mismo de rezar te une con algo más grande que tú, con una gran cadena de luz, amor y conexión. De hecho, en las lecturas es habitual que los que están en el Otro Lado den las gracias al médium por las oraciones que ha elevado. Rezar es una forma muy hermosa de música para el Otro Lado. Nos fortalece y nos conecta siempre. Por tanto, reza, reza y reza mucho. Y sé consciente de que siempre eres escuchado.

MEDITACIÓN

Cuando hago lecturas, entro en un estado de quietud y conciencia interior en el que mi propio sentido del yo se disuelve y escucho al Otro Lado. Como ya he puntualizado a lo largo de estas páginas, no hace falta ser médium psíquico para entrar en este estado de ser. Cualquiera puede acceder a él a través de la meditación.

La meditación es un ejercicio diseñado para ayudarnos a alcanzar un nivel superior de conciencia espiritual. Otra forma de definirla es el acceso a un lugar en el que podemos apreciar plenamente lo que está sucediendo en el presente y *solo* en el presente. Muchísimos estudios han demostrado los beneficios de practicar algún tipo de meditación. Disminuye el estrés, ahuyenta la depresión, nos hace menos irritables y reactivos y mejora la calidad del sueño, por nombrar solo algunos de ellos. Otros estudios han revelado que enseñar a los escolares a meditar ha producido un efecto claramente positivo en su salud y en su rendimiento. Su Santidad el Dalai Lama ha dicho: «Si a todos los niños de ocho años del mundo se les enseñara a meditar, eliminaríamos la violencia del mundo en una generación». Es, sin duda, una afirmación muy poderosa de un hombre muy sabio.

De hecho, una famosa, Goldie Hawn, ha asumido esta idea. Su programa filantrópico Mindup ayuda a niños desde preescolar hasta octavo de primaria a aprender a meditar, con lo que reducen el estrés y mejoran sus relaciones en casa.

Está claro que la meditación puede ser una práctica muy beneficiosa, pero comprendo que también puede resultar un tanto intimidante. Oigo a mucha gente decir: «Yo no soy capaz de meditar, porque mi mente vaga sin descanso», «No tengo tiempo para meditar» o «No sé *cómo* meditar». Y, sin lugar a dudas, las meditaciones largas no son apropiadas para todo el mundo. En cierta ocasión asistí a un retiro de meditación y silencio de tres días y, sinceramente, me resultó muy duro. No hacía más que recibir descargas psíquicas y mediúmnicas para el profesor y para los demás alumnos.

Sin embargo, he comprobado que una meditación de diez minutos, o incluso de tres, puede producir los mismos efectos positivos que otra de tres horas. De hecho, diversos estudios científicos han demostrado que una de siete minutos puede resultar tan beneficiosa como otra más larga. Estas sesiones cortas son las que se alinean mejor con mi energía.

Entonces, ¿cómo se medita? ¿Tenemos que sentarnos en la postura del loto? ¿Necesitamos un mantra? ¿Tenemos que entonar cánticos?

No, no y no. Meditar puede ser algo tan simple como sentir nuestro pulso con el dedo o centrar nuestra atención en la respiración. Todo consiste en reflexionar en lugar de reaccionar. Se trata de conseguir y apreciar un momento de auténtica conciencia plena. Es estar absolutamente *presente*. Se trata de aprender a no dejar que el entorno haga que nos disparemos y a ser más reflexivos. Y, para conseguirlo, no necesitamos muchos trucos ni técnicas. Meditar es, esencialmente, cerrar los ojos y permanecer quietos y callados en el momento presente. Existe incluso lo que se denomina meditación caminando, en la que, literalmente, no se deja de caminar mientras se medita.

Evidentemente, cuanto más profundicemos en ella, más poderosos serán los beneficios que obtengamos. Para empezar podemos leer un libro sobre meditación, dar unas clases para principiantes o descargarnos una aplicación para el móvil en la que se ofrezcan instrucciones.

Una de mis meditaciones favoritas la creó el gran líder del pensamiento espiritual Deepak Chopra. Hace unos años dio una conferencia en un acto en el que yo también participé y le observé guiar a una sala entera de seiscientos veteranos y curtidos profesionales en una meditación asombrosa de cinco minutos. Según lo que yo recuerdo, nos pidió que cerráramos los ojos, que uniéramos los pulgares con los dedos índices y que, durante un minuto, centráramos nuestra atención en la respiración inspirando profundamente por la nariz y exhalando por la boca. Luego nos pidió que formáramos una frase en nuestra mente: «Yo soy [tu nombre y apellidos] y trabajo como [tu ocupación]». Teníamos que repetirla mentalmente despacio y centrarnos en cómo servía para identificar quiénes éramos.

A continuación, nos indicó que la repitiéramos pero omitiendo la parte final y usando solo nuestro nombre y apellidos: «Yo soy _____ _________ ». Teníamos que ser conscientes de que esto también definía quiénes somos.

Luego nos pidió que la repitiéramos omitiendo los apellidos: «Yo soy ______ ».

A continuación teníamos que omitir totalmente nuestro nombre y sencillamente repetir: «Yo soy».

Por último, nos pidió que repitiéramos solo «Yo».

De esta forma, todos nos fuimos apartando suavemente de los símbolos de nuestra vida ruidosa y centrada en el yo para dirigirnos hacia un entendimiento más simple y elemental del lugar que ocupamos en el mundo. Somos seres de luz y energía conectados con todos los otros tipos de luz y energía que existen en el universo.

Me quedé atónita tanto por la sencillez de la meditación de Deepak como por lo potente que resultaba. Aquellos cinco minutos transformaron mi energía de una forma muy profunda y duradera. Cambiaron mi modo de abordar el resto del día e incluso el resto de la semana. Transformaron también toda la energía colectiva de la sala. Antes de aquella sencilla meditación, había estado cargada y, en cierto modo, era frenética. Sin embargo, después de pasar cinco minutos meditando, pude percibir que la energía de todos fluía colectivamente como una ola gigantesca que lamiera el suelo.

La meditación es también la forma en la que nos sintonizamos con el Otro Lado y lo escuchamos. Deepak Chopra lo define de esta forma: rezar es dirigir nuestros pensamientos hacia Dios o hacia el universo; meditar es escuchar la respuesta. No resulta raro recibir descargas de información procedente del Otro Lado durante las meditaciones, porque se genera un espacio maravilloso en el que podemos «escuchar la respuesta».

Esta es la magia de la meditación. Es una de las formas más eficaces de cambiar nuestra energía, de escuchar mensajes del universo y de nuestro Equipo de Luz, y de vivir una vida más llena de significado. Dejar todos los días un espacio para meditar aporta claridad a nuestra vida y la recubre de significado. De este modo, acaba transformándola.

Ser consciente de todos los conceptos estudiados en este capítulo puede transformar radicalmente nuestra energía. Son métodos sencillos y prácticos que nos permiten tener una mente más clara, elevar nuestra energía y abrirnos más a recibir mensajes del Otro Lado. Son formas de reconocer que todos somos almas con cuerpos, que estamos formados de luz y energía y que restaurar y reabastecer esta conexión entre el alma y el cuerpo tiene consecuencias en el funcionamiento de nuestra mente y, a su vez, en las decisiones que tomamos.

Creo que la Tierra es una escuela y que todos somos estudiantes. Y creo también que estamos aquí para permanecer continuamente aprendiendo a elevarnos, a ayudar a otras almas y a compartir nuestra luz poderosa y nuestra energía con el mundo. Todos estamos aprendiendo una lección colectiva de amor. Las herramientas que he analizado en este capítulo pueden ayudarnos a brillar con nuestra luz más viva y a estar plenamente abiertos a las conexiones con nuestros Equipos de Luz y con los demás.

Estar abierto a estas lecciones y a la suave orientación de nuestro Equipo de Luz es lo que nos permite convertirnos en la mejor versión de nosotros mismos.

31

SIGUE BRILLANDO

Si tuviera que señalar un tema que está presente en todas las historias de este libro, diría que es el de que *todos estamos conectados*.

Todos pertenecemos al mismo hermoso tapiz de existencia y nuestras vidas están todas entretejidas para crear la experiencia mágica de la vida.

Ninguno de nosotros está solo o aislado; todos somos importantes, porque formamos parte de algo que es inmensamente mayor que nosotros pero que, al mismo tiempo, comprende cada una de nuestras energías individuales. Nos pertenecemos los unos *con* los otros y *a* los otros. Estamos por siempre interconectados y estas conexiones nos inspiran más asombro y son más poderosas de lo que jamás podríamos llegar a imaginar.

En estas páginas he compartido algunos ejemplos de señales enviadas por el Otro Lado para transmitir este mensaje de amor e interconexión. Sin embargo, podría haber compartido mil más. Es raro que pase un día sin que me cuenten la experiencia notable que ha tenido alguien con una señal o sin que yo misma experimente una. Las señales están por todas partes, todos los días. Yo no puedo evitar observarlas.

Lo que me encantaría es que todos nosotros, colectivamente, empezáramos a observar las señales y mensajes que recibimos y que habláramos de ellos para así celebrar, honrar y compartir las historias de conexión con los demás.

A veces lo hacemos.

He encontrado evidencias del lenguaje secreto en el lugar más inverosímil: Twitter. Recuerdo un día en que estaba repasando mi cuenta y encontré pruebas del lenguaje secreto que se revelaba en los mensajes del programa de televisión *The tonight show starring Jimmy Fallon*.

El productor, Mike DiCenzo, se aficionó a Twitter el día después de que Jimmy Fallon regresara al programa tras haber cogido un permiso por la transición de su madre, Gloria.

En el ensayo previo a la grabación del programa, Jimmy había compartido con el público del estudio un recuerdo muy especial de ella. Contó que, cuando era niño, su madre y él se comunicaban mediante un código secreto.

—Me apretaba la mano tres veces y decía: «Te quiero» —relató Jimmy—. Yo se la apretaba a mi vez y le decía: «Yo también te quiero». La semana pasada, estando en el hospital, le cogí la mano, se la apreté y le dije: «Te quiero». Sabía que las cosas no iban bien.

En Twitter, su productor explicó que esa noche no estaba programado que la artista Taylor Swift actuara en el programa. Sin embargo, como el equipo quería hacer algo especial para Jimmy y la cantante estaba en la ciudad haciendo *Saturday night live*, le pidieron que fuera como invitada.

«Dijo que sí sin dudarlo ni un segundo», tuiteó DiCenzo.

En el programa, Taylor decidió cantar una canción que no había interpretado nunca titulada *New Year's Day*.

«De repente, cantó una línea que decía: "Apriétame la mano tres veces en la parte posterior del taxi" —tuiteó DiCenzo—. Casi suelto una exclamación de sorpresa. Lágrimas. Creo que todo el público empezó a sollozar. Pude ver la silueta de Jimmy recortada ante su mesa secándose los ojos con un pañuelo. Todos perdimos el control. Fue una coincidencia muy hermosa en una actuación preciosa. "Aférrate a tus recuerdos, ellos se aferrarán a ti", cantó Taylor».

Cuando terminó la actuación, Taylor se apartó del piano y se lanzó a los brazos de Jimmy para darle un fuerte abrazo.

Mike DiCenzo describió la canción de Taylor como una «coincidencia muy hermosa», pero no fue ninguna coincidencia, ¿no te parece? Fue el lenguaje secreto del universo revelándose plenamente en la televisión estadounidense. Fue la madre de Jimmy Fallon enviando un mensaje de amor a su hijo, haciéndole saber que seguía estando con él, que todavía le estaba apretando la mano, y animándole a aferrarse a sus recuerdos.

Y para ello utilizó a Taylor Swift.

Qué absolutamente mágico.

De todas formas, no es solo en la televisión donde puedes encontrar evidencias de las señales y del lenguaje secreto. A veces se hallan en la puerta de al lado.

O al menos eso fue lo que le sucedió a mi hermana, Christine, cuando su vecina Kathleen la llamó un día para pedirle que me contara una historia.

Kathleen había leído mi libro *La luz entre nosotros,* en el que analicé por primera vez cómo los seres queridos que han hecho el tránsito pueden enviarnos señales. Su madre había hecho el tránsito recientemente y ella decidió que quería una prueba.

Sus padres eran estadounidenses de origen irlandés y la habían criado en un hogar grande y lleno de amor del Bronx. Toda su vida se había sentido muy apegada a ellos. Cuando su madre hizo el tránsito el año pasado, a Kathleen le costó mucho hacer frente al duelo, sobre todo en vacaciones, porque tenían como tradición reunirse toda la familia. Cuando decidió que iba a abrir la mente y el corazón para crear un nuevo lenguaje de señales entre su madre y ella, estuvo mucho tiempo pensando qué quería pedir. Entonces se le ocurrió la señal perfecta: pan de soda irlandés. Su madre solía elaborarlo y luego se lo regalaba a los amigos y vecinos.

El problema era que faltaba mucho para el día de San Patricio, una fecha en la que es más probable encontrar este tipo de pan irlandés. Kathleen le había puesto a su madre todo un reto. ¿Estaría a la altura? ¿Funcionaría el lenguaje secreto?

Esa noche, Kathleen estaba navegando por su página de Facebook cuando encontró, entre todas las noticias, una publicación de una vecina en la que aparecía una fotografía de algo que le resultó muy familiar.

Respondió a la publicación y preguntó a su vecina: «¿Es pan de soda irlandés? ¡Tiene un aspecto delicioso!».

«¡Sí, es pan de soda irlandés! —respondió la vecina—. ¡Te guardo un trozo!».

¡Allí estaba! ¡Su madre se las había ingeniado para hacer aparecer pan de soda irlandés directamente en la pantalla de su ordenador!

—Estaba conmocionada —afirma Kathleen—. Me impresionó muchísimo lo que había hecho mi madre para conseguir llegar hasta mí.

Al día siguiente, salió a coger el correo. Vio una caja en el buzón y la abrió.

Dentro de ella había un trozo grande y hermosísimo de pan de soda irlandés.

—No había pensado que mi vecina fuera realmente a enviarme un trozo. Creí que no era más que una forma de hablar —relata—. Sin embargo, allí estaba, justo en mi buzón.

Entró en su casa, se sentó con el pequeño yorkie terrier de su madre (al que había recogido cuando esta falleció), se sirvió una taza del té favorito de su madre y disfrutó del maravilloso trozo de pan de soda irlandés. Sabía lo que significaba. Estaba indicando que su madre seguía estando con ella. Ahora ya no podía dudarlo, porque no solo le había enviado una fotografía o las palabras *pan de soda irlandés* como señal. ¡Le había mandado un trozo *directamente a su buzón*!

Me encanta cuando otras personas me cuentan sus historias sobre señales. Pueden hacerlo en cualquier momento, como, por ejemplo, una noche en la que mi marido y yo habíamos salido a cenar con nuestros buenos amigos Paul y Pam.

Su hijo Griffin había hecho el tránsito siendo todavía bebé hacía más de veinte años. Sin embargo, yo sabía que seguía formando parte de la familia. Siempre estaba presente en sus pensamientos y en su corazón. Durante la cena, Paul nos contó una historia.

Justo después del tránsito de Griffin, él y su familia celebraron una ceremonia religiosa y luego se fueron a casa para hacer el *shiv'ah*, el tradicional periodo de duelo de siete días que practican los judíos. Paul vio una mantis religiosa colgada directamente de la mosquitera de la puerta de la cocina. Curiosamente, daba la impresión de que le miraba. Él la ahuyentó, pero al día siguiente la volvió a encontrar en el mismo lugar, y también al siguiente. La mantis permaneció con Paul y su familia hasta que terminó el shiv'ah. Luego desapareció misteriosamente.

Aunque las mantis religiosas son bastante raras, y ver una resulta todavía más extraordinario, algo interesante empezó a sucederles a Paul y a su familia. Daba la impresión de que los estaban siguiendo.

—Siempre que mi familia se reúne o cuando tenemos un momento especial o hablamos de algo importante, aparece una mantis religiosa —afirma Paul—. Es algo constante en nuestra vida. Y siempre que vemos una decimos: «Hombre, hola, Griffin».

En la celebración al aire libre posterior a la boda de su sobrino, Paul vio una mantis religiosa justo a su lado en el sofá en el que estaba sentado con su familia. El día del cumpleaños de su hijo menor vio otra en una cortina de la casa. Cuando se fueron de viaje a Italia observaron otra en la puerta del hotel.

Un día se encontraba en su despacho de Midtown Manhattan hablando por teléfono sobre una decisión difícil que acababa de tomar después de una lucha muy ardua. Tenía la sensación de haber tomado la decisión correcta, pero sentía que le vendría muy bien una confirmación. Justo en ese momento miró por la ventana y allí, colgada por fuera del cristal, mirándole directamente, había... Sí, lo has adivinado: una mantis religiosa. Esto habría resultado sorprendente de por sí, pero lo que lo hacía todavía más increíble era que el despacho de Paul estaba ¡en el piso veintiocho!

—Las mantis religiosas aparecen y se quedan por aquí como si nada —afirma Paul—. En cierta ocasión estaba sentado en un banco del parque con un muy buen amigo cuando apareció una y se sentó justo en medio de nosotros. Alargué la mano y se me subió, y allí se quedó durante mucho tiempo. Mi amigo dijo: «Qué cosa más extravagante». Yo le respondí: «No, es Griffin».

Lo que más me alegra es que a Paul no le importe nada compartir su historia mientras cena y con un buen vaso de vino, y que sea capaz de ver la belleza y el significado que contiene. La señal de Griffin se recibe alta y clara.

Me encanta conocer a gente y, cuando lo hago, me entusiasma compartir historias con ellos. Es algo que sucede allí donde voy, y sobre todo cuando un extraño me pregunta a qué me dedico. Algunas personas tienen una energía increíblemente cálida y positiva, y conocerlas supone una auténtica bendición. Es lo que sucede con una enfermera llamada Kelly que trabaja con uno de los médicos de Ashley.

Cuando le dije que era médium psíquica, me contó que su madre, con la que había mantenido una relación muy estrecha, había hecho el tránsito cuando ella tenía solo diecinueve años.

—Me gustaría tanto saber que sigue estando cerca, que sigue estando conmigo —me dijo—. Ojalá tuviera la oportunidad de conocer a mi hija. La echo muchísimo de menos.

Le respondí que su madre estaba sin duda cerca de ella, velando por ella, y que no solo conocía a su hija, sino que también velaba por ella. Le dije que no necesitaba en absoluto a una médium psíquica para que se lo confirmara, que lo único que tenía que hacer era pedir una señal.

—Tiene que ser concreta —le dije—. Pídele que te la envíe para que sepas que está cerca de ti, cuidándote, que sabe todo lo que te ha sucedido en la vida. Y, después de pedirle que te la envíe, confía en que vas a recibirla. Di: «Universo, estoy lista para recibir un mensaje de mi madre». Ya verás como te llega la señal.

Le dije también que a veces tarda un poco, así que hay que ser paciente, porque el Otro Lado se esfuerza mucho para hacerla realidad.

Esa noche, mientras volvía en el coche a su casa, Kelly soltó todo lo que llevaba dentro.

—Iba conduciendo y gritando: «¡Universo, estoy preparada!» —me contó más tarde—. Sin embargo, no se me ocurría ninguna señal buena. Nada me parecía apropiado. De hecho, tardé más de dos semanas en dar con la correcta.

Un día le vino a la mente un recuerdo feliz de sus padres llevándola en Halloween a pedir por las casas cuando tenía tres años. Encontró incluso una foto de ese día.

—Mis padres iban vestidos como Raggedy Ann y Andy* —relata—. Decidí que esa iba a ser mi señal. Era muy apropiada, porque mi madre se llamaba Ann y mi padre, que también ha hecho el tránsito, Andy. Le pedí a mi madre que, por favor, me enviara a Raggedy Ann, pero no se lo dije a nadie. Me lo guardé para mí.

Kelly esperó pacientemente su señal. Dos semanas más tarde entró en el comedor de la clínica y se puso a charlar con una compañera, Mary Ann.

—Me contó que su vecina había fallecido y empezó a hablarme de ella. Estuvo haciéndolo un rato y yo la escuchaba a medias —me dijo—. Entonces mencionó casualmente que su vecina se llamaba Ann y su marido, Andy, y que todo el mundo los llamaba Raggedy Ann y Andy.

Kelly se quedó petrificada.

—Estaba impresionada. Me giré ligeramente para que no viera que estaba llorando. En cuanto se fue, las lágrimas se me desbordaron. Y es que nadie habla hoy en día de Raggedy Ann y Andy. Son de otro tiempo. Sin embargo, mi compañera había dicho sus nombres y no tuve ninguna duda de que era una señal que me enviaba

---

* Raggedy Ann y Andy son unos muñecos creados por el estadounidense Johnny Gruelle para una serie de libros que escribió e ilustró para niños. Son de trapo y tienen hilos rojos como cabello y una nariz triangular. *(N. de la T.)*

mi madre. ¡Era tan directa y clara! Era mi madre, que me estaba diciendo: «Aquí estoy, contigo; formo parte de todo lo que haces». Resultó *tan* emocionante. Tenía la sensación de que me había tocado la lotería.

Una de las cosas que más me gusta hacer es dar talleres y conferencias públicas. Aunque me esté dirigiendo a un grupo grande, me siento conectada personalmente con la energía de cada una de las personas que lo forman. Es maravilloso cuando la gente que se cruza en mi camino también percibe esa conexión y se pone en contacto conmigo para compartir sus historias.

Hace poco, Ted, un hombre que acudió a una charla que di ante una audiencia muy numerosa, siguió mi sugerencia de pedir a su Equipo de Luz una señal muy concreta.

«Siempre me había sentido un poco atascado en mi profesión y albergaba una cierta duda e incertidumbre —me escribió en un correo electrónico—. Por eso, mi novia y yo hicimos planes de viajar a California para ampliar nuestras opciones profesionales. Fue entonces cuando recordé tu consejo y decidí probarlo. Intenté pensar en algo concreto y, sin motivo alguno aparente, me vino a la cabeza un jugador de béisbol de los Yankees: Bernie Williams. Ni siquiera era mi jugador favorito del equipo, pero siempre me había gustado. Pedí a mis guías que me lo enviaran como señal de que el viaje era una buena idea y de que me estaba encaminando en la dirección correcta.

La víspera de partir con su novia, buscó por la habitación un papel para hacer una tarjeta de San Valentín. Encontró un viejo cuaderno que no había tocado desde hacía años.

—Fui a arrancar una hoja y, al hacerlo, algo cayó del cuaderno —afirma—. Era un cromo de béisbol de Sammy Sosa. Me pareció curioso; no era Bernie Williams, pero quizá era lo máximo que podían hacer mis guías.

Dejó el cuaderno y ya se disponía a salir de la habitación cuando vio, por el rabillo del ojo, que había algo más en el suelo.

—No lo había visto y no sé cómo se me pudo pasar, pero lo recogí y era otro cromo de béisbol, y en esta ocasión sí era de Bernie Williams.

Un viejo cromo de béisbol que se cae de un cuaderno: algunos dirán que solo fue eso. Sin embargo, para Ted fue mucho más.

—Fue la señal más increíble —afirma— y me ayudó muchísimo. ¡Me permitió saber no solo que aumentar mis opciones profesionales estaba en mi camino más elevado, sino también que tenía un Equipo de Luz que me apoyaba en todo!

A veces encuentro, en libros que leo, historias que muestran evidencia de señales y del lenguaje secreto. Y no me estoy refiriendo a libros escritos por psíquicos o médiums, sino a libros corrientes. Una de estas historias describía una de las señales más profundas y poderosas que he oído.

Está relacionada con el doctor Neil Spector, un oncólogo de la Universidad Duke e investigador sobre el cáncer que contó la historia de su señal en su libro *Gone in a heartbeat: A physician's search for true healing*. Lo compré porque era la autobiografía de un médico que se había dado cuenta de que no le habían sabido diagnosticar una enfermedad de Lyme. Estuvo tanto tiempo sin tratarla que acabó dañándole el corazón. Me conmovió tanto que me puse en contacto con él y le pregunté si podía compartir su historia en este libro, a lo que accedió gentilmente.

Neil era un hombre atlético y perfectamente sano de treinta y pocos años. Un día, sin motivo aparente, empezó a tener extraños problemas cardíacos.

—El corazón se me ponía a doscientos latidos por minuto durante treinta segundos o más —recuerda—. Como médico sabía que algo no estaba funcionando correctamente, pero no fuimos capaces de diagnosticarlo. Durante los cuatro años siguientes sufrí miles de episodios de estos y una fatiga extrema. Pasé de correr dieciséis kilómetros (diez millas) al día, seis días a la semana, a no poder apenas caminar diez metros (diez yardas) sin sentirme agotado.

Finalmente le diagnosticaron un bloqueo cardíaco de tercer grado y le implantaron en el pecho un marcapasos y un desfibrilador. Sin embargo, el diagnóstico no le convenció del todo. Al cabo de varios años, empezó a tener dificultades para subir cuestas. Durante una revisión hospitalaria rutinaria para comprobar la posible existencia de alguna infección, le dio la sensación de que padecía algo muy grave en el corazón. Como oncólogo, las enfermedades y sus efectos sobre el cuerpo no le eran desconocidos.

—Tuve la sensación de que me estaba muriendo —relata.

El personal médico se alarmó. Llamaron a su mujer y le dijeron que tenía que acudir al hospital lo antes posible.

Tenía algo *muy* grave. Los médicos calcularon que solo le quedaba un diez por ciento de su función cardíaca normal.

—En realidad, me tenía que haber muerto —afirma—. Tenía el corazón gravemente dañado y apenas se podía detectar la presión arterial. Las probabilidades de supervivencia eran muy bajas.

Consiguió superar el episodio, pero los días siguientes fueron muy complicados.

—Me estaba literalmente muriendo —cuenta—. Los órganos me estaban fallando y el corazón apenas bombeaba. Era como intentar navegar en un barco velero en un día sin una brizna de viento.

Un médico le dijo que, si no se sometía a un trasplante de corazón, moriría en tres días.

—Fue el momento más apacible de mi vida —afirma—, porque sabía que no era mi momento de morir. Si hubiera tenido que fallecer, ya lo habría hecho.

Increíblemente, a las treinta y seis horas apareció un corazón apto. Tras una intervención quirúrgica de doce horas, el trasplante fue un éxito.

—Al día siguiente entró en la habitación del hospital mi hija pequeña, Celeste—recuerda Neil— y yo le dije: «Estoy pensando que no podemos llamarlo sencillamente el nuevo corazón de papá. Tenemos que ponerle un nombre». Y Celeste dijo: «¡Ya sé! Celestialmente Precioso. Es un regalo precioso y vino del cielo. Vamos a llamarlo Celestialmente Precioso».

Y eso hicieron.

Según el protocolo estadounidense, el receptor de un trasplante debe esperar un año antes de ponerse en contacto con la familia del donante. Una vez transcurrido ese periodo, Neil envió una carta a la familia del donante anónimo para transmitirle su gratitud.

—Había estado contando los días —afirma—. Sentía una obligación tremenda de darles las gracias por su sacrificio y por regalarme literalmente la vida.

Escribió una carta muy emotiva. La respuesta tardó seis meses en llegar, pero finalmente lo hizo. Era una carta de la familia del donante de su corazón. La había escrito el viudo. El corazón de Neil había pertenecido a una mujer llamada Vicky.

—Era tremendamente conmovedora —relata Neil—. En primer lugar, me decía que estaba entusiasmado sabiendo que el corazón de su mujer podía ayudarme a continuar mis esfuerzos de ayudar a otras personas como médico. Y, al final de la carta, me decía que se había conmovido muchísimo al conocer el nombre que mi hija le había puesto al corazón de su mujer: Celestialmente Precioso. Estaba entusiasmado porque, durante todo el tiempo de su matrimonio, él la había llamado por un mote: Preciosa.

¡Preciosa!

Neil estaba asombrado. Siguió leyendo la carta.

—El marido me decía que, cuando se enteró del nombre con el que mi hija había bautizado al corazón, tuvo la sensación de que su mujer se estaba comunicando a través de nuestra hija para hacerle saber que estaba bien y que su Preciosa era ahora Celestialmente Preciosa.

Fíjate. ¿Qué probabilidades había de que esto sucediera? Celestialmente Preciosa. Preciosa en el cielo. ¿Podría ser solo una coincidencia? ¿Lo vería un hombre de ciencia como una señal del Otro Lado?

—Creo firmemente en la ciencia —replicó Neil—, pero también tengo una fe profunda en cosas que no podemos demostrar.

De hecho, como médico que atiende a pacientes que se aproximan a la muerte, tenía una perspectiva única sobre nuestro tránsito de esta vida.

—He aprendido muchísimo de mis pacientes y de su forma de asumir el viaje —afirma—. Siempre he creído que el cuerpo y el alma son diferentes y he comprobado, en mis pacientes más enfermos, en esos momentos en los que sus cuerpos están ya devastados, cómo se abre camino la belleza de sus almas. En sus ojos, en su energía, en toda su amabilidad y su amor. He visto emanar de ellos una especie de luz y eso ha reforzado mi creencia de que existe algo más allá de nuestro cuerpo físico, de que no somos nuestro cuerpo, sino más bien nuestra alma. Lo que sabemos del universo cabe en un dedal. Así es como recibo la vida, como una persona que no conoce todas las respuestas.

Cree que, aparte de nuestro cuerpo físico, somos energía.

—Todos somos seres de energía. Hay personas que poseen sensibilidad a esta energía y también a nuestra energía colectiva. Es posible que todo el mundo cuente con esta capacidad, pero estamos atrapados en el mundo físico del aquí y el ahora (ya sabes, el coche me está haciendo un ruido raro, me llega el recibo de la hipoteca o lo que sea). Nos centramos en él y nos apartamos de la energía de los demás y de la nuestra colectiva.

Si permanecemos abiertos a ella, a la forma en que nuestra vida y nuestra energía están interconectadas con las de los demás, nos identificaremos menos con nuestro cuerpo físico y más con nuestro ser espiritual.

—He recibido muchísima confirmación visual de que somos algo más que nuestro cuerpo físico, y saberlo me ha proporcionado una paz inmensa —afirma Neil.

Así es como el doctor Spector casa su espiritualidad con su ciencia: apreciando que estamos formados totalmente de energía y que nuestra energía está conectada con la colectiva de todos los seres. Y en este flujo tan notable de energía que nos une a todos se producen momentos de una conexión inexplicable que nos reafirma la vida.

El último día de su estancia en la Tierra, el inventor y visionario Thomas Edison se despertó del coma. Abrió los ojos y miró hacia arriba. Su rostro reflejaba una especie de admiración. Entonces habló por primera vez en mucho tiempo y pronunció tres palabras:

—Esto es precioso.

Prácticamente ochenta años después, otro visionario, Steve Jobs, yacía en su lecho de muerte. Justo antes de hacer el tránsito, contempló con amor a su hermana Patty, a sus hijos y a su compañera Laurene. Luego desvió la mirada hacia un lugar que solo él podía ver y murmuró sus seis últimas palabras:

—Oh, uau. Oh, uau. Oh, uau.

En el momento en que iban a hacer el tránsito, cuando sus seres queridos del Otro Lado se acercaron a dar la bienvenida a sus almas y los bañó la luz acogedora de toda la creación, encontraron las palabras necesarias para transmitir la auténtica maravilla de lo que nos aguarda en nuestro verdadero hogar del Otro Lado. En un instante experimentaron lo realmente interconectados y envueltos en amor y luz que estamos todos. Fue una revelación sencillamente deslumbrante.

Aquí, en la Tierra, podemos tardar un poco más en aceptar la verdad universal de que nos pertenecemos mutuamente y de que somos responsables los unos de los otros. Pero para eso estamos aquí, para aprender juntos las lecciones. La Tierra es una escuela en la que todos estamos aprendiendo una lección colectiva de amor.

Gracias a mis lecturas he sabido que, cuando hacemos el tránsito, esta belleza se nos revela instantáneamente, tal y como hizo con Thomas Edison y Steve Jobs. La mejor forma de describir esta experiencia es llamándola descarga instantánea de verdad.

Cuando hacemos el tránsito, podemos acceder en un milisegundo a toda la vida de experiencia de todas las demás personas. Piensa en ello. Es algo prácticamente incalculable para los que estamos aquí. Es conocer todo acerca de una persona en un instante. Sin embargo, esto es lo que sucede en el Otro Lado, donde ya no tenemos cuerpo físico y donde nos comunicamos de forma telepática, de conciencia a conciencia. Porque, cuando ya no tenemos un cuerpo, ¿qué nos separa de los otros? ¿Qué separa nuestra experiencia de la suya?

Nada.

Lo que he visto en los miles de lecturas que he hecho es que esta transmisión es instantánea y completa. Cuando hacemos el tránsito, entendemos perfectamente que siempre hemos estado conectados con todos los demás, que a lo largo del tiempo siempre hemos formado parte del viaje de vida del resto de las personas.

Nos damos cuenta de que, como seres de luz y energía, todos estamos conectados a la misma corriente enorme de amor que impulsa el universo y lo llena todo de significado.

Por ahora, sin embargo, esta verdad es algo que cada uno de nosotros debe aprender a su propio ritmo. Y estar abiertos a las señales del Otro Lado nos acerca muchísimo a esta verdad tan hermosa.

Los momentos de conexión que tuvieron las personas que aparecen en este libro también pueden sucederte a ti. Es probable que *ya* los estés teniendo. No es un club exclusivo. El poder para transformarnos la vida que poseen las señales del otro mundo está al alcance de todos nosotros. Forma parte del bello paquete con el que todos nacemos.

Estamos constantemente transmitiéndonos mensajes los unos a los otros. Todos somos médiums. Lo sepamos o no, hay momentos en los que todos actuamos como mensajeros del Otro Lado, como «ángeles en la Tierra», por decirlo de algún modo. No solo algunos de nosotros, sino *todos*. Cada uno de nosotros es muy importante para otras personas y para el universo, un universo que está siempre tirando de nosotros hacia nuestra vida mejor y más brillante.

¿Por qué?

Porque todos nacemos mereciéndonoslo.

Cada uno de nosotros nace con el enorme regalo de la luz, la fuerza radiante de nuestro amor, nuestra energía y nuestra exclusividad. Cada uno de nosotros nace con la capacidad para hacer brillar esta luz sobre el mundo, para ayudar a los demás a recorrer su propio camino de vida. Cada uno de nosotros nace con su conjunto absolutamente único de habilidades y atributos que contribuyen a la fuerza de vida universal. Cada uno de nosotros nace con una habilidad innata de marcar una diferencia significativa en el mundo, con independencia de quiénes seamos o lo que hagamos. No es algo que tengamos que solicitar ni esperar conseguir. Es nuestro derecho consustancial. Todos lo compartimos. *Es lo que nos convierte en lo que somos*. Sin embargo, aunque nacemos con este regalo tan asombroso, de nosotros depende desenvolverlo o no, porque estas señales revelan la verdad del universo: que ninguno de nosotros está solo, que estamos en esto juntos, que estamos interconectados de una forma significativa. Todas las señales y mensajes que se describen en este libro ilustran esta verdad.

Cuando empezamos a aceptarlas y a honrarlas, nos acercamos más al conocimiento del camino de poder auténtico, éxito auténtico y felicidad auténtica que tenemos en la vida: descubrir y hacer brillar nuestra luz única y utilizarla para inspirar y ayudar a los demás en su camino de vida. En último término, todos nos elevamos juntos.

Me gustaría relatar una última experiencia que me hizo entender de verdad este mensaje.

En ella estaba implicado mi hijo, Hayden, que toca la trompeta en la banda del colegio. Una tarde en la que tenían programado un concierto, le dijeron que tenía que ponerse un uniforme concreto: zapatos negros, pantalones negros, camisa blanca y corbata. Sin embargo, Hayden es antiuniformes. Es *anti* muchísimas cosas, porque es obstinado, único y muy independiente. La noche del concierto insistió en ponerse sus zapatillas de deporte rojas y en no llevar corbata. Estuvimos discutiéndolo una y otra vez y al final cedí. Llevó sus zapatillas rojas y no se puso la corbata.

Garrett y yo nos sentamos en el auditorio para el concierto sin saber muy bien qué iba a pasar. Salieron los niños (todos con su uniforme a juego excepto uno) y empezaron a tocar una preciosa canción con ritmos africanos. He de decir que me dejaron pasmada.

Algunos tocaban el clarinete y, durante un rato, el precioso sonido de estos instrumentos llenó el auditorio. Luego los clarinetes dieron paso a las flautas, y estas, a su vez, a los tambores.

Entonces Hayden y los demás trompetistas tocaron sus instrumentos y lo hicieron también estupendamente. A continuación, todos los instrumentos se unieron tocando al mismo tiempo y el resultado fue impresionante, una auténtica sinfonía de sonidos, movimientos y melodías distintas fundiéndose para crear otra cosa más grande, más intensa y más hermosa de lo que podía producir un solo instrumento. Ver a Hayden tocando la trompeta con sus deportivas rojas y oírle mezclándose maravillosamente con sus compañeros de la banda para producir algo tan magnífico me conmovió de tal manera que se me saltaron las lágrimas.

Mientras escuchaba la música, recibí una descarga del universo: *Todos somos instrumentos distintos que tocamos nuestras propias notas bellas. Nuestra tarea consiste en ejecutarlas lo mejor posible; sin embargo, cuando tocamos todos juntos, producimos una sinfonía magnífica que nos eleva a todos y hace que nuestro papel individual cobre sentido*. Solo estando juntos podemos crear algo más grande que nosotros mismos, algo verdaderamente asombroso.

Allí, en un auditorio escolar, la belleza de nuestra interconexión refulgió. Si todos tocamos nuestras mejores notas, si todos elegimos nuestro camino de vida más elevado, juntos podemos crear algo muy hermoso. Sin embargo, todos tenemos que practicar nuestra partitura. Estamos aquí para aprender la misma lección de amor, perdón y aceptación. Si practicamos juntos, si nos ayudamos mutuamente a aprender, descubriremos cómo podemos cambiar y enriquecer de una forma realmente mágica el mundo que nos rodea.

Las señales están ahí. Los mensajes están ahí. Las mariposas, las libélulas, los colibríes, las cartas, los arcoíris, el pan de soda y los árboles con corazones están ahí esperando que los veamos. Nuestros seres queridos del Otro Lado se esfuerzan mucho para dirigirnos hacia la felicidad y nuestros Equipos de Luz se dedican a tramar formas de conducirnos hacia nuestro camino más elevado. Estas cosas suceden a nuestro alrededor a diario y de nosotros depende estar abiertos a ellas, ser *conscientes* de ellas.

Porque, cuando somos conscientes, empezamos a ver cosas que anteriormente no habíamos sido capaces de ver. Y, una vez que las vemos, jamás podremos dejar de hacerlo, ni tampoco querríamos nunca dejar de hacerlo.

AGRADECIMIENTOS

Este libro está aquí gracias al amor, el apoyo, el esfuerzo y la luz de muchísimas personas, tanto de aquí como del Otro Lado. Son tantas que no puedo enumerarlas a todas; pero aquí tienes algunas de ellas:

Alex Tresniowski. Tu paciencia, tu amabilidad, tu dedicación, tu apoyo incansable y tu habilidad artística han ayudado a hacer realidad este libro. Eres una luz en este mundo y tienes uno de los corazones más tiernos que conozco. ¡Te estoy sumamente agradecida!

Jennifer Rudolph Walsh. La fuerza de luz que eres en este mundo, todo lo que haces y lo que creas siguen asombrándome e inspirándome. Haces que sucedan cosas milagrosas y me considero muy afortunada, porque el universo me ha permitido tropezar contigo y ser guiada por ti. Eres una estrella en todos los sentidos: ¡la mejor agente, amiga y maestra que podría haber deseado jamás!

Julie Grau. Soy afortunadísima no solo por contar con el regalo de tu extraordinaria edición, sino también por tu extraordinaria amistad. Tu energía es una parte importantísima de este libro. Gracias por tu paciencia, tu apoyo, tu amor y tu orientación. Me siento muy agradecida por haber vuelto a compartir este viaje contigo.

Linda Osvald. Mamá, lo eres todo para mí. Eres la primera persona a la que quiero contar las novedades y mi fuente de amor y apoyo eternos e incondicionales. Te quiero más de lo que jamás podría expresar con palabras. Durante todas las etapas de mi vida me has ayudado a crecer y me has elevado, inspirándome con tu ejemplo y diciéndome que podía hacer y conseguir cualquier cosa. Todo lo que soy, todo aquello en lo que me he convertido, es gracias a tu amor y a la luz de lo que eres. No pasa un día sin que me dé cuenta de lo afortunada que soy por ser tu hija.

John Osvald. Papá, gracias por todo tu amor y tus continuos mensajes. Sé que el lugar en el que estás es muy hermoso.

Marianna Entrup. Gracias por todas las formas en las que has ayudado y te has entregado. Gracias por estar siempre ahí y por ser una parte tan importante de nuestra familia.

Ann Wood. ¡Me siento muy honrada por tener como tía a una dama tan fuerte y con tanta clase!

Christine Osvald-Mruz, mi maravillosa hermana: gracias por ser una parte tan importante y fundamental de mi vida. Eres tan increíble, tan considerada y siempre tan buena amiga… Tenerte por hermana es un auténtico regalo.

John William Osvald, mi increíble hermano: tu sentido del humor y tu implicación en la vida resultan de lo más estimulantes e inspiradores. Gracias por ser una persona en la que puedo confiar y a la que puedo recurrir, y por encontrar siempre una forma de encender la alegría en todas las situaciones.

Garrett. Toda la belleza que ha venido a mi vida está unida a la luz que eres. Gracias por ser un hombre de carácter, fuerza e integridad. Gracias por estar a mi lado una y otra vez, de cualquier forma y en todas ellas. Compartir contigo este viaje por la vida —la paternidad y todo lo demás— y todo lo que esta ha traído consigo es el mayor tesoro de mi corazón.

Ashley. Verte crecer y asumir tu energía es un privilegio. Estoy deseando ver todas las cosas extraordinarias que descubrirás y crearás en este mundo. Eres una fuerza sin igual.

Hayden, mi pequeño Bubba: tu ingenio y tu visión interior son impresionantes y muy poderosos. Sin embargo, tu mayor tesoro es tu amoroso corazón. Que su luz siga guiándote en todo lo que haces y en todo lo que traes a este mundo.

Juliet, mi luz de sol embotellada, la que me trae la luz: llevas alegría y amabilidad allí donde vas. Que el amor que das te vuelva reflejado siempre. Tienes un brillo resplandeciente.

A mis amigos (vosotros sabéis quiénes sois). Gracias por ser una bendición tan grande en mi vida, por estar a mi lado en todas las formas y por traerme las risas.

A Whitney Frick. Gracias por aparecer de una manera tan entusiasta y llena de luz para ayudarme a hacer realidad este libro. Me siento muy agradecida por el regalo que eres para mí.

A mi equipo de Penguin Random House. Gracias por toda vuestra energía y vuestra luz. Este libro no sería un hecho sin los esfuerzos combinados de Sally Marvin, Karen Fink, Rose Fox, Mengfei Chen, Jessica Bonet, Greg Mollica y Evan Camfield, y, por supuesto, de Julie Grau Whitney Frick.

A todos los que han contribuido con historias para este libro. Algunos nombres aparecen mencionados en diversos capítulos, otros han sido cambiados por privacidad; algunos están aquí, en la Tierra, otros se encuentran en el Otro Lado. Ha sido para mí un honor compartir este viaje con vosotros. El amor nos une para siempre y es más fuerte que nada, incluso que la muerte. Las historias que habéis compartido conmigo lo demuestran.

Y a mi Equipo de Luz. Confío siempre en vuestra orientación y vuestro amor.

ACERCA DE LA AUTORA

LAURA LYNNE JACKSON es profesora, conferenciante y médium psíquica. Actualmente trabaja como investigadora médium certificada por Windbridge con el Windbridge Research Center y también está titulada por la Forever Family Foundation. Es autora del libro *La luz entre nosotros*, un éxito de ventas de las listas del *New York Times*. Reside en Long Island junto con su marido y sus tres hijos.

lauralynnejackson.com
Twitter: @lauralynjackson
Instagram: @lauralynnejackson
Puedes encontrar a Laura Lynne Jackson en Facebook

De la misma autora

LA LUZ ENTRE NOSOTROS

Mensajes desde el cielo. Lecciones para nuestra vida

La asombrosa historia de una mujer con un extraordinario don psíquico… y un poderoso mensaje que llega desde el más allá para ayudarnos a vivir más plenamente aquí y ahora.

En *La luz entre nosotros*, Jackson aborda con claridad y elegancia las eternas preguntas que nos atormentan a todos: ¿por qué estamos aquí? ¿Qué pasa cuando morimos? ¿Cómo encontramos nuestro verdadero camino en esta vida? Su historia nos ayuda a comprender el vasto alcance de nuestra conciencia y amplía nuestra percepción de la experiencia humana.